商标授权确权类案例启示录

SHANGBIAO SHOUQUANQUQUANLEI ANLI QISHILU

李 侠 主编

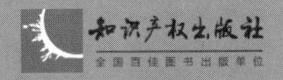

图书在版编目（CIP）数据

商标授权确权类案例启示录/李侠主编. —北京：知识产权出版社，2018.1
ISBN 978-7-5130-5354-9

Ⅰ.①商… Ⅱ.①李… Ⅲ.①商标权-案例-中国 Ⅳ.①D923.435

中国版本图书馆CIP数据核字（2017）第319990号

内容提要

本书以企业知识产权管理人员的需求为导向，优选了山东千慧知识产权代理咨询有限公司近几年代理的40多个典型商标案例。本书主要以商标确权类和授权类案例为主，共分为商标权的取得、商标异议纠纷、商标权的撤销、商标无效宣告纠纷四大板块，重点介绍了企业的商标从申请至注册后各个阶段可能遇到的常见问题，一方面为企业指出常见的商标误区，避免企业在商标问题上走弯路；另一方面，从应对思路、法律依据、证据准备、行政机关和司法机关的审查动态、市场应对等角度给正处于商标困扰中的企业提供解决思路。本书可作为企业的知识产权管理人员、商标代理人等知识产权从业人员参考用书。

责任编辑：许　波　　　　　　　　　　　责任出版：刘译文

商标授权确权类案例启示录
SHANGBIAO SHOUQUANQUEQUANLEI ANLI QISHILU

李　侠　主编

出版发行	知识产权出版社 有限责任公司	网　　址	http://www.ipph.cn
电　　话	010-82004826		http://www.laichushu.com
社　　址	北京市海淀区气象路50号院	邮　　编	100081
责编电话	010-82000860转8380	责编邮箱	xbsun@163.com
发行电话	010-82000860转8101	发行传真	010-82000893
印　　刷	北京嘉恒彩色印刷有限责任公司	经　　销	各大网上书店、新华书店及相关专业书店
开　　本	720mm×1000mm 1/16	印　　张	19
版　　次	2018年1月第1版	印　　次	2018年1月第1次印刷
字　　数	252千字	定　　价	48.00元

ISBN 978-7-5130-5354-9

出版权专有　侵权必究
如有印装质量问题，本社负责调换。

本书编委会

主　编：李　侠
副主编：贾俊颖　王　磊（排名不分先后）
编　委：王　凤　王言亮（排名不分先后）

前 言

中国知识产权事业的发展日新月异，数据统计，2016年我国商标注册申请量达369.1万件，已连续15年位居世界第一。这为我国知识产权事业的发展提供了肥沃的土壤。随着实践的深入，我国的知识产权领域的理论研究和发展令人鼓舞；知识产权法律人的成长成熟令人信心倍增；国家工商行政管理总局商标局（以下简称商标局）、商标评审委员会（以下简称商评委）、知识产权法院等行政及司法机关，不断对商标确权及侵权等案件进行研究总结，引导了商标领域理论研究的完善与深入、商标制度层面的突破与发展、商标实践案例的指导与规范，无一不凸显了我国在这一领域的世界级水准，为中国乃至世界知识产权工作的健康有序发展，做出了贡献；有效发挥了知识产权保障和激励创新，鼓励诚实劳动、诚信经营的作用，为建设有序规范、公平竞争、充满活力的市场环境做出了中国特有的贡献。

知识产权案件有其自身的特点，不仅其本身是复杂的法律问题，案件本身往往也是社会热点，如王老吉与加多宝的商标权之争、乔丹体育的商标权与姓名权冲突、嘀嘀打车的商标侵权案件等。解决知识产权问题，不仅要考虑当前的现有法律法规等相关规定，更要考虑其现行的政策环境、当前的市场秩序、案件的历史渊源等。因此，加强知识产权领域指导案例的作用，就成为当下知识产权领域行之有效的办法。从最高人民法院到北京市高级人民法院，再到北京知识产权法院，甚至于各省高级人民法院，都会定期发布知识产权指导案例，以作为知识产权案件的审判参考、学者的研究对象、实务操作律师及代理人的借鉴等。

本书从山东千慧知识产权代理咨询有限公司所代理有限公司（以下简称千慧）的上万件商标授权、确权类案件中（含行政阶段暨诉讼阶段）精选了近年的42件案例，含商标注册驳回复审类案件9件、商标异议类案件13件、注册商标三年不使用撤销类案件5件、注册商标的无效宣告类案件15件，这些案件都经历了商标局、商评委的行政处理阶段，同时也经历了法院的一审、二审的行政诉讼阶段，甚至有个别案件经历了最高人民法院的再审程序，能够为读者提供全方位的商标案例解读，能够从商标审查标准、商标评审规则、司法审查规则等多个角度了解相应的审查情况，了解最新的审查动态，了解最新的知识产权政策导向和发展趋势，千慧的法律人在很多案件中都付出了超乎常人的努力，一些案件经历了几年甚至近十年的争议历程。这些经历弥足珍贵，千慧人不敢专私，奉献出来，以飨读者。

本书理论与实务操作相结合，尤其注重在实务层面的操作，对有志于商标法律领域研究和探索的律师、商标代理人、商标权利人、高校或研究机构研究人员而言，可以提供一些有益的借鉴和实例。书中疏漏之处，也敬请各位读者不吝指教。能够为我国商标实务的研究和操作做出一点微薄的贡献，我们甚是安慰。

编者
2017年8月18日

目 录

● **第一部分 商标权的取得** /1

案例一 因图形近似而导致驳回的案例
——第 14481934 号 "CAAM" 商标驳回复审申请案 /3

案例二 因英文近似而导致驳回的案例
——第 15013083 号 "Yibaiyi ZB-Jeans" 商标驳回复审案 /7

案例三 以 "商标缺乏显著性" 为驳回理由的案例
——第 12425491 号 "肥桃鸡" 商标驳回复审案 /10

案例四 商标为县级以上行政区划名称之驳回复审案例
——第 10466952 号 "政和 ZHENGHE" 商标驳回复审案 /14

案例五 共存协议的证据效力之探讨
——第 13975119 号 "艾格福" 商标驳回复审及行政诉讼案 /17

案例六 商标英文部分近似判定之探讨
——第 7979519 号 "DAO" 商标驳回复审行政诉讼案 /22

案例七 商标是否缺乏显著性之探讨
——第 7910069 号 "井窖" 商标驳回复审行政诉讼案 /29

案例八 已大量使用之商标驳回抗辩
——第 6113146 号 "INZONE" 商标驳回复审行政诉讼案 /36

案例九　商标近似审查要件之探讨
　　　　——第5087230号"融汇通"商标异议复审行政诉
　　　　讼案　/42

●第二部分　商标异议纠纷　/50

案例一　第9170811号"爱的小桔灯点亮新希望LOVE HOPE KIDS CARE及图"商标异议申请案　/52

案例二　第9893369号"新恒金及图"商标异议及复审案　/58

案例三　第14381682号"固铂COOPERPETERPAN及图"商标异议申请案　/67

案例四　第12214255号"卢雪"商标异议申请案　/73

案例五　第13896770号"维柴亲人"商标异议申请案　/78

案例六　第4525543号"美盛MOSAIC及图"商标异议、复审及行政诉讼案　/83

案例七　第5894807号"鲁证"商标异议、复审及行政诉讼案　/92

案例八　第5676649号"金宇星JINYUXING"商标异议复审及行政诉讼案　/107

案例九　第5731828号"楷模"商标异议复审及行政诉讼案　/115

案例十　第4721126号"一木"商标异议复审行政诉讼案　/124

案例十一　第3804590号"同福华帝缘"商标异议复审行政诉讼案　/130

案例十二　第6289574号"苏诺SONOR及图"商标异议、复审及行政诉讼案　/138

案例十三　第3858497号"伲福达"商标异议、复审及行政诉讼案　/152

● 第三部分　商标权的撤销　/161

案例一　关于商品商标使用证据之提交
　　——第3015865号"金都"商标提供使用证据案　/163

案例二　关于服务商标使用证据之提交
　　——第4978865号"SDA"商标提供使用证据案　/167

案例三　关于提供商标在部分商品上使用证据之法律效果
　　——第4560784号"TAISHO"商标提供使用证据案　/170

案例四　关于撤销注册商标复审案
　　——第6138880号"ZOO"商标提供使用证据及撤销复审案　/173

案例五　关于存在正当理由连续三年不使用商标之认定
　　——第1282247号"皇家礼炮ROYAL SALUTE"商标撤销案　/178

● 第四部分　商标无效宣告纠纷　/181

案例一　第7164447号"JILIYONG"商标无效宣告申请案　/183

案例二　第11536737号"龙大"商标无效宣告申请案　/187

案例三　第4908420号"金号及图"商标无效宣告和行政诉讼案　/193

案例四　第11292296号、第11292268号"岚山港"商标无效宣告申请案　/197

案例五　第8682872号"老三角"商标无效宣告申请案　/201

案例六　第13871126号"亿小鸭"商标无效宣告申请案　/206

案例七　第3483970号"丑小鸭"商标争议及行政诉讼案　/210

案例八　第3733827号"亚星"商标争议及行政诉讼案　/219

案例九　第3381503号"老战士"商标无效宣告及行政诉

讼案 /232

案例十 第7570764号"Lv Deng Xing"商标无效宣告及行政
讼诉案 /239

案例十一 第8989005号"绿色庄园有机GREENMANOR170及图"
商标无效宣告及行政诉讼案 /245

案例十二 第11220718号"修美"商标无效宣告及行政诉
讼案 /253

案例十三 第4194786号"曾子圣ZENGZISHENG"商标争议和行政
诉讼案 /262

案例十四 第7150824号"临工豪壮"商标无效宣告和行政诉
讼案 /270

案例十五 第4717224号"美德盛MEIDESHENG及图"商标争议及
行政诉讼案 /277

● 后　记 /284

第一部分　商标权的取得

➡概述

《中华人民共和国商标法》（以下简称《商标法》）第四条规定："自然人、法人或者其他组织在生产经营活动中，对其商品或者服务需要取得商标专用权的，应当向商标局申请商标注册。本法有关商品商标的规定，适用于服务商标"。

我国商标采取申请在先、注册保护原则，商标申请人想要取得商标权首要的途径就是向国家工商行政管理总局商标局提起商标注册申请。然而，随着我国有效商标量的增加、商标审查尺度日趋严格，商标申请遭遇驳回的情况越来越常见，甚至因商标查询空档期发生的驳回量也在逐年上升。这给企业的生产经营带来了不小的麻烦，因为绝大多数企业是由于需要使用商标所以才办理注册申请，一般提交申请后企业立刻将商标投入使用，待到一年后审查结果出来时，企业已经为使用和宣传商标而投入大量的人力和财力，如果此时更换商标，对企业来说损失巨大。

遇到这种情况，我们可以综合企业对商标的需求和驳回理由，考虑申请驳回复审寻求救济。

《商标法》第三十四条规定："对驳回申请、不予公告的商标，商标局应当书面通知商标注册申请人。商标注册申请人不服的，可以自收到通知之日起十五日内向商标评审委员会申请复审……"

根据笔者分析，商标局作出驳回商标注册申请的理由多为以下几种：一是在相同或者类似的商品/服务上，与在先的商标权利（包括在先注册商标和在先申请商标）相冲突；二是商标缺乏显著性，不具备作为商标注册的基本条件；三是商标包含县级以上行政区划名称，不得作为商标使用；四是商标带有欺骗性，容易使公众对商品的质量等特点或者产地产生误认；五是商标有害于社会主义道德风尚或者有其他不良影响。

在对商标局的驳回理由进行抗辩时，我们应当严格遵守商标法规定，寻找合理、有力的抗辩理由和证据。如：因在先权利发生的驳回，焦点在于商标近似判断和商品类似判断，二者并存是否可能导致相关公众的混淆误认，那么我们就需要从相关公众的认定以及混淆原则适用的基本要件出发，论证商标不可能构成混淆的论点。因商标缺乏显著性发生的驳回，我们就要证明商标本身固有显著性或者商标经过长期大量的宣传使用，取得显著性。就"取得显著性"而言，证据标准要求非常高。因商标包含县级以上行政区划名称发生的驳回，需要通过大量史料、文献等证明该商标的第二含义强于作为地名的含义。因商标带有欺骗性或者存在不良影响而发生的驳回，除了客观举证商标本身具有合法性以外，还需要证明商标申请人的主观善意和商标注册行为的合法性等。

总之，商标驳回的理由多种多样，在驳回复审时，需要个案分析，找出合理的抗辩理由，证明企业的注册意图和行为、商标本身完全符合抗辩要求，具有正当性。需要强调的是，不论是何种驳回案件，企业对案件性质的把握和证据的收集直接关系着案件的结果。凡是申请复审的案件一定是企业非常重视的商标，因此企业的商标管理人员应当对驳回复审案件格外加强重视，并与律师配合提供充分证据，争取案件更高胜算！

案例一

因图形近似而导致驳回的案例

——第 14481934 号 "CAAM" 商标驳回复审申请案

商标图样：CAAM
申请号：14481934
商标类别：35
商品/服务项目：广告；组织商业或广告展览；商业评估；市场分析；组织商业或广告交易会；商业调查；经济预测；市场研究；商业信息；商业管理和组织咨询
申请人：中国汽车工业协会

案情介绍：

驳回理由和法律依据：商标局认为申请商标"CAAM"与在先注册的第 4885787 号" "商标构成近似商标。根据 2013 年《商标法》第三十条之规定，依法驳回申请商标的注册申请。

2013 年《商标法》第三十条："申请注册的商标，凡不符合本法有关规定或者同他人在同一种商品或者类似商品上已经注册的或者初步审定的商标相同或者近似的，由商标局驳回申请，不予公告。"

驳回复审的主要理由：

1. 申请人中国汽车工业协会（CAAM）成立于 1987 年 5 月，是中国境内汽车（摩托车）整车、零部件及汽车相关行业经营者依法成立的非营利性社会团体。"CAAM"是申请人成立时结合行业特色独创设计的协会标识，以英文缩写"CAAM"的变形为设计基调，具有独特的设计内涵和理念。从设计完成之日起，申请人一直持续使用该标识，并进行广泛的宣传和使用，建立了极高的知名度和影响力，使之与申请人之间建立了唯一的指向性联系。

2. 申请商标"CAAM"与第4885787号引证商标"CM"在组成元素、结构、设计风格和整体的视觉效果上区别明显，不会造成相关公众的混淆和误认，没有违反2013年《商标法》第三十条之规定。

3. 由于申请人角色的唯一性和所从事活动的特殊性，申请商标与引证商标面向的客户群体和细分市场不同，因此两商标并存在事实上也不会存在混淆的可能性。

驳回复审的主要证据：申请人简介及知名度和影响力之证据；"CM"标识取得著作权之证据；申请商标的实际使用方式之证据；申请商标持续在各类媒体、活动中宣传、使用等证明其长期、广泛、大量使用之证据。

裁决结果：

商标评审委员会审查认定申请商标与引证商标之间存在区别，故裁定申请商标予以初步审定。❶

对企业的启示：

据统计，2016年商评委审理的驳回复审案件的翻案率约为50%。这一概率对于渴望取得商标注册，前期却遭遇驳回的申请人来说，显然是

---

❶ 商标评审委员会作出的商评字〔2016〕第0000004043号《关于第14481934号"CAAM及图"商标驳回复审决定书》。

值得尝试的。

该案属于"因图形近似而发生驳回"的驳回复审案件，随着审查尺度的严格化，因图形近似而发生驳回的案例越来越常见，图形审查仁者见仁、智者见智的特点也经常令申请人和代理机构摸不清标准，这种情况下，我们强烈建议申请人在创作图形时，务必注重设计的原创性并且做好前期商标检索工作，选择商标注册通过率高的图形进行使用、注册。毕竟该图形未来将用于商业用途，作为典型的商业标识，只有取得商标权才能受到法律的强保护，否则一旦与其他人的图形商标发生近似冲突，将可能陷入法律纠纷中，影响企业发展大局。

这里需要厘清一个概念，不少申请人认为图形作品设计完成就产生著作权，比起商标权来说，著作权的取得更加容易而且一劳永逸，有些机构甚至将著作权神化为"无所不能的权利"误导申请人，以谋取不当利益。其实这种理解是有误区的，诚然著作权的产生遵循"自动取得"原则，但是也正因为著作权授权时未经过实质性在先权利的审查，故导致申请人在主张著作权时很容易被对方推翻，因为两个设计师在完全不知情的情况下，设计出神似的图形，这种情况太常见了，只要对方举证其作品完成时间早于申请人，申请人的著作权主张将无法得到支持，并且必须停止其图形的商业使用。从这一点来看，著作权实质上是一种"弱权利"，申请人仍有必要通过商标权的强保护来维护其图形标识的商业利益。

千慧代理的案件中约 1/3 申请人所申请的图形是已经过一段时间使用，产生了一定影响力的图形。这种情形的难点在于，企业经常会检索出在先近似的图形商标，导致其申请的图形很难取得商标权利。此时重新更换图形成本太高，而且企业也并不接受该种补救方式。那么企业就可以考虑通过驳回复审、撤销等方式争取商标注册了。

参照该案，驳回复审时的主张理由只有一个，那就是申请商标具有区分产品来源的功能，其使用不会造成相关公众的误导和混淆，因为商标的近似判断、商品的类似判断落脚点归根到底还是在于该商标是否具有可注册性，可注册性最基本的要求就是商标具有显著性和区分性。

  基于此，为了支持申请人的主张，在驳回复审过程中，我们需要对申请人和引证商标注册人本身、其所处行业、所处地域、客户群体的特点等进行分析，考虑两商标是否面对相同的公众，是否已经长期共存一段时间，是否已经形成了各自固定的消费市场和消费群体，是否已经产生了一定影响。事实上，在驳回复审案件中，商标评审委员会的审查员更加关注"商标在商业用途中是否会造成混淆的客观事实"，如果申请人在驳回复审中提供大量证据证明商标的实际使用不会造成混淆，那么驳回复审的成功几率就会增加。笔者认为审查员这一标准摆脱了简单的商标近似和商品类似的教条判断，能够结合商标实际使用事实考虑商标授权所产生的影响，显然更加公正合理并且有利于申请人。

案例二

因英文近似而导致驳回的案例

——第15013083号"Yibaiyi 忆百忆-Jeans"商标驳回复审案

商标图样：Yibaiyi 忆百忆-Jeans

申请号：15013083

商标类别：25

商品/服务项目：服装；成品衣；裤子；婴儿全套衣；鞋；帽；袜；手套（服装）；围巾；腰带

申请人：济南百赢服饰有限公司

案情介绍：

驳回理由和法律依据：商标局认为申请商标"Yibaiyi 忆百忆-Jeans"与在先注册的第4236593号"YIBIYI"商标构成近似商标。根据2013年《商标法》第三十条之规定，依法驳回申请商标的注册申请。

2013年《商标法》第三十条："申请注册的商标，凡不符合本法有关规定或者同他人在同一种商品或者类似商品上已经注册的或者初步审定的商标相同或者近似的，由商标局驳回申请，不予公告。"

驳回复审的主要理由：

1. 申请商标与引证商标的组合方式不同，显著性识别部分不同。此外，申请商标的拼音部分是其中文汉字的对应拼音，与中文汉字之间存在一一对应关系，而引证商标是纯字母商标，所以两商标在读音、外形及含义上都区别明显。

2. 申请商标经过大量宣传使用，已在公众中建立一定的知名度和影响力，与申请人之间形成唯一指向性联系，因此申请商标的注册使用完全可以起到区分商品来源的作用，不会造成消费者的混淆误认。未违反2013年《商标法》第三十条之规定，应予以核准注册。

驳回复审的主要证据：申请商标的实际使用方式之证据；申请商标持续、广泛宣传、销售等证据。

裁决结果：

商标评审委员会经审理后认为申请商标符合商标法之规定，依法对申请商标予以初步审定。❶

对企业的启示：

商标局对于商标注册申请的审查主要是平面审查，即针对商标的各个组成要素（中文、英文、图形等）分别对比、分别审查，其中任何一个要素发现在先近似商标存在，商标将整体驳回。具体到本案中，申请商标中的英文部分"Yibaiyi"与引证商标"YIBIYI"仅有一个字母"a"的差别，外形近似、读音近似，按照商标局的审查规则判定为近似商标并无不妥。

不可否认，在普通消费者对商标的识别力和判断力相对不高的中国，商标局这种较为严格的审查方式可以帮助消费者筛选掉一部分可能造成混淆的商标，这也可以说是公权力介入私权利领域内的积极理由。但是平面的审查方式也必然有固化、教条的缺陷，陷入该种审查模式后，容易脱离"相关公众一般注意力"之判断商标近似的标准，造成"一刀切"

---

❶ 商标评审委员会作出的商评字〔2015〕第 0000093415 号《关于第 15013083 号"亿百一YIBAIYI JEANS"商标驳回复审决定书》。

的机械审查结果。

实际情况是，普通消费者对于商标的识别也是有选择的，商标整体差异大，主体部分区别明显，很容易帮助消费者区别此商标和彼商标。此外，在图形、英文和中文组合商标的情况下，中国消费者的识别习惯是中文商标，而非放弃中文部分去拼读英文部分，然后判断该英文究竟是"英译""直译"还是"中文的拼音"。正因为此，千慧在代理该案驳回复审时，就持乐观态度。因为商标局驳回理由中提到的申请商标中"Yibaiyi"是中文"亿百一"的对应拼音，消费者识别的重点自然在"亿百一"上，而引证商标"YIBIYI"仅是无含义英文字母组合，和中文"亿百一"差别太大，这是不争的事实。

显然，商标评审委员会在审理驳回复审案件时充分考虑了申请商标与引证商标的整体区别，并最终核准了申请商标的注册。申请人要意识到，简单的商标注册也要运用"战术"，不仅要了解商标局的审查原则，也要掌握商标评审委员会以及法院的审查标准，在设计商标、预估商标注册风险时充分考虑每个机关的不同审查重点，制定好商标注册策略。此外，申请人在确定品牌发展战略时，选取有自身创意和特色的商标是前提，对商标持续、规范的使用并注重保存商标的宣传使用证据对于商标的确权及后续保护都有重要作用。

案例三

以"商标缺乏显著性"为驳回理由的案例

——第 12425491 号"肥桃鸡"商标驳回复审案

商标图样：肥桃鸡

申请号：12425491

商标类别：25

商品/服务项目：肉；鱼制食品；肉罐头；以水果为主的零食小吃；花生酱；腌制蔬菜；蛋；牛奶制品；食用油脂；豆腐制品

申请人：山东宝聚鼎王西食品有限公司

案情介绍：

驳回理由和法律依据：商标局认为申请商标"肥桃鸡"为鸡的品种名称，用于"肉、蛋、肉罐头"等商品上直接表示商品的品种特点。依据2013年《商标法》第十一条第一款第（二）项之规定，依法驳回其在"肉、蛋、肉罐头"三项商品上的注册申请。

2013年《商标法》第十一条第一款第（二）项："下列标志不得作为商标注册……（二）仅直接表示商品的质量、主要原料、功能、用途、重量、数量及其他特点的"。

驳回复审的主要理由：

1. 申请人援引其所在地山东省肥城市的《山东通志》《肥城县志》

《肥城乡土志》等资料论证"肥桃"一词的由来，进而引出申请商标"肥桃鸡"的合理出处，声明申请商标系申请人独创之臆造词，并非实践中鸡的品种名称。申请商标的使用不会表示商品的品种特点，并未违反《商标法》第十一条第一款第（二）项之规定。

2. 申请人提供了网络上有关"肥桃鸡"的报道和搜索信息，证明实践中关于"肥桃鸡"的介绍全部指向申请人，所以申请商标具有极强的显著性和可识别性，指定使用在"肉、蛋、肉罐头"商品上完全能够起到区分商品来源的作用，因此能够作为商标注册使用。

驳回复审的主要证据：当地史料、文献对于"肥桃"的记载；关于"鸡"的品种分类之专业文献；网络和媒体有关申请人的"肥桃鸡"之报道等宣传证据；网络上关于"肥桃鸡"的搜索结果信息。

裁决结果：

商标评审委员会经审理后认为申请商标符合商标法之规定，依法对申请商标予以初步审定。[1]

对企业的启示：

该案是有关暗示性商标的典型案例。所谓暗示性商标是指某个标识虽然与商品、商品成分或功能等没有明显的联系，但是却旨在创造出一种能与该商品发生联系的指定的思维结构。大家看到该商标便可联想到产品的特点、性质、成分或用途等，如"睡宝（寝具）、舒肤佳（香皂）"。暗示性商标并不是直接反映产品的特点，故仍具有内在显著性，可以作为商标注册。但是，如果暗示性商标对产品的品质特征指向明显时，就容易被认为丧失显著性而构成描述性商标，导致商标无法注册了。

暗示性商标由于具有容易吸引消费者注意、便于记忆、推广成本低

---

[1] 商标评审委员会作出的商评字〔2014〕第0000096541号《关于第12425491号"肥桃鸡"商标驳回复审决定书》。

的优势，故成为申请人最为偏爱的商标类型。我们经常遇到申请人选择暗示性强甚至直接反映产品功能、品质等特点的名称作为商标注册、使用。从市场接受度考量，这种命名方式确实可以达到快速让消费者记忆的效果，然而这种做法的缺陷也显而易见，这类商标在授权时一不小心就很可能因欠缺显著性而无法注册，不仅自己的权益无法得到法律保障，而且淡化成为行业通用名称，"为他人作嫁衣裳"。因此，我们建议企业在商标命名时尽可能避开这类具有较高暗示性的名称，而选择暗示性较低或者有合理来源的臆造词注册使用，提高商标的识别作用和可注册性。

对于那些需要用这种暗示性甚至描述性商标打开市场的行业，如：日常消费品行业，我们建议其采取多品牌战略，主品牌作为企业品牌战略的主线，必须保持稳定性，故应当选择显著性高、独创性强的臆造词作为主品牌比较理想，如"华为""腾讯"等。子品牌一般是适应新产品上线的需要而诞生，生命周期普遍不长，考虑到新产品上市后，模仿抄袭的风险大大存在，企业既要吸引客户的注意力，又要预防维权困境，我们认为可以选择暗示性的名称作为子商标使用，一方面达到促销目的；另一方面也增加商标获得注册授权的机会。该案中的"肥桃鸡"就是典型的"暗示性商标"，作为食品商标，它主要面对普通老百姓，一方面极好地勾起了消费者对于"以肥城桃为食的鸡"的好奇心；另一方面该名称又具有独创性，符合商标注册的要求。

需要提醒申请人注意的是，暗示性商标与描述性商标（仅仅直接反映产品功能、特点等的商标）之间的界限有时很模糊，如果商标暗示性较强则被驳回的机会将会偏高。结合商标审查实践，我们发现近年来商标局和商标评审委员会对于暗示性商标采取严格审查的态度，但凡可能让消费者产生联想的标识，驳回风险就会大大提高。相比之下，法院的态度要宽容、客观得多，法院认为对暗示性商标设置过高的注册门槛并不合适，这样有悖于市场需求实际。笔者对法院的观点颇为认同，因为无论从宣传成本、宣传效果、市场反应来看,暗示性商标所起到的广告宣传功能无疑是最大的,也是最适合当下中国企业的发展状况和市场需求的,毕竟海尔、华为等拥有极大体量的企业也是经历了几十年的积累,商标才达到今天的商誉和价值。更多的企业仍处于需要通过商标带动市场的阶段,不同发展阶段、商标所发挥的作用不同。我们不仅要保障商标区分产源的功能,更要发挥商标的广告宣传功能。鼓励商标权益和功能得到最大程度的释放也应是执法机关和司法机关履行职责所追求的目标。

因此,如果申请人的暗示性商标已经投入使用且仍然希望争取注册权利,笔者建议申请人在市场推广时注意避免将商标作为产品名称进行宣传,侧重加强申请人与商标之间产源关系的宣传,同时收集商标使用、宣传的证据。如果商标被驳回,继续后续驳回复审和诉讼程序寻求救济;如果使用证据被认可,暗示性商标未被淡化为描述性商标,争取商标权利还是存在较大机会的!

案例四

商标为县级以上行政区划名称之驳回复审案例

——第 10466952 号 "政和ZHENGHE" 商标驳回复审案

商标图样：政和 ZHENGHE

申请号：10466952

商标类别：35

商品/服务项目：广告；商业管理咨询；商业专业咨询；商业信息；商业研究；商业管理和组织咨询；统计资料汇编；计算机文档管理；计算机数据库信息系统化；审计

申请人：济南政和科技有限公司

案情介绍：

驳回理由和法律依据：商标局认为申请商标"政和ZHENGHE"是县级以上行政区划的地名，不得作为商标使用，根据 2013 年《商标法》第十条第二款，依法驳回申请商标的注册申请。

2013 年《商标法》第十条第二款："下列标志不得作为商标使用……县级以上行政区划的地名或者公众知晓的外国地名，不得作为商标。但是，地名具有其他含义或者作为集体商标、证明商标组成部分的除外；已经注册的使用地名的商标继续有效。"

驳回复审的主要理由：

1. 通过引经据典，证明"政和"并非仅指福建省南平市政和县，其具有明确的其他含义，而且其他含义更易于被一般公众所接受。事实上，"政和"能够作为商号被合法登记也证明了这一点。因此，申请商标并未违反 2013 年《商标法》第十条第二款之规定。

2. "政和"既是申请人的商标也是申请人的商号，经过申请人广泛大量的使用，在其所属行业中已经具有了较高影响力，与申请人建立了唯一的产源联系，可以作为商标注册使用。

驳回复审的主要证据：商务印书馆 1978 年 12 月出版的《现代汉语词典》、中国民主法治出版社于 2008 年 8 月出版的《雄：汉武帝评传及年谱》等资料关于"政和"渊源和含义的介绍；证明经过申请人使用和宣传，申请商标具有较高影响力、显著性得到增强的证据等。

裁决结果：

商标评审委员会经审理后认为申请商标的第二含义强于其作为县级地名的含义，其注册符合商标法之规定，依法对申请商标予以初步审定。❶

对企业的启示：

"县级以上行政区划的地名或者公众知晓的外国地名，不得作为商标使用"这是商标法的原则性规定，除非有更强理由证明该商标具有强于地名的第二含义，如：凤凰、泰山等，否则该商标不仅不能注册，而且禁止使用，违反相关规定不仅导致商标无法注册，而且有可能因违法使用而受到行政处罚。因此提醒企业，对于这类商标务必要慎用！

---

❶ 商标评审委员会作出的商评字〔2014〕第 040468 号《关于第 10466952 号"政和 ZHENGHE"商标驳回复审决定书》。

如果企业已经将此类名称用作商号申请了工商登记，而且使用了较长时间，无法轻易放弃该商标名称时，我们有必要借助驳回复审的救济途径尽可能阐述商标名称所具有的其他含义，获得商标评审委员会的认可，取得权利。此时，提供权威文献、杂志、书籍等，对于认定地名的第二含义至关重要！

当前，对于县级以上地名的审查政策相对严格，而提供权威、可被接受的网络、文献之记载对于申请人来说，实际上并不容易，即便是在提供了相关证据的情况下，商标评审委员会仍会考虑核准此类商标的社会影响，而不一定支持复审请求。为此，我们建议企业尽可能避免直接使用地名或者包含地名的词语作为商业标识使用，或者采用同音词替代或者外形图形化等表现形式作变通处理。

案例五

共存协议的证据效力之探讨

——第13975119号"艾格福"商标驳回复审及行政诉讼案

商标图样：艾格福

申请号：13975119

商标类别：05

商品/服务项目：杀虫剂，灭微生物剂，除蛞蝓剂，除草剂，治小麦枯萎病（黑穗病）的化学制剂，土壤消毒制剂，杀螨剂，农业用杀菌剂，灭蝇剂，消灭有害动物制剂

申请人：济南艾格福实业有限公司

案情介绍：

2014年1月24日申请人济南艾格福实业有限公司（以下简称"艾格福公司"）向国家商标局提出第13975119号"艾格福"商标注册申请（以下简称"诉争商标"），指定使用的商品为消灭有害动物制剂、杀虫剂、灭微生物剂、除蛞蝓剂，除草剂，治小麦枯萎病（黑穗病）的化学制剂，土壤消毒制剂，杀螨剂，农业用杀菌剂，灭蝇剂。

在注册申请审查阶段，商标局以诉争商标与第6752554号引证商标"艾格弗"商标构成近似为由作出驳回决定，申请人遂向商评委提起驳回复审申请，2015年11月，商评委作出驳回复审决定，认定诉争商标与引证商标构成近似商标。两商标若同时使用在指定商品上，易使消费

者对商品的来源产生混淆误认，故作出驳回诉争商标注册申请的复审决定。❶

艾格福公司不服商评委决定，向北京知识产权法院提起行政诉讼，并补充提交了其与第 6752554 号引证商标注册人签订的一份商标共存协议。北京知识产权法院认为，注册商标专用权系在全国范围内行使，艾格福公司关于农药等产品销售习惯的主张，并不能排除诉争商标与引证商标共存引起消费者混淆误认的可能性。虽然商标系私权，当事人可以自由进行处分，但对私权的处分不应当损害公共利益，商标共存协议一般只是作为排除消费者混淆可能性的重要证据供法院参考，并不能作为诉争商标获准注册的当然依据。如果商标共存协议无法排除相关公众混淆商品来源的可能性，则商标的共存可能损及商标识别功能的发挥及消费者利益，与商标法保护消费者利益的立法精神不符。此种情况下，商标并存协议不是诉争商标获准注册的正当理由。该案中，诉争商标与引证商标读音完全一致，文字构成极为接近，指定使用的商标亦高度一致，故诉争商标与引证商标共存于市场，极易引起相关公众对商品来源的混淆。艾格福公司提交的商标共存协议不能排除相关公众混淆商品来源的高度可能性。艾格福公司的相关主张不能成立，不予支持。据此，北京知识产权法院判决驳回济南艾格福公司的诉讼请求。❷

艾格福公司不服一审判决，向北京市高级人民法院提起上诉，请求撤销原审判决。二审法院经审理，认为原审判决认定事实清楚，适用法律正确，程序合法，予以维持。❸

最终，诉争商标不予核准注册。

---

❶ 商标评审委员会作出的商评字〔2015〕第 0000084540 号《关于第 13975119 号"艾格福"商标驳回复审决定书》。
❷ 北京知识产权法院(2016)京知行初 168 号行政判决书。
❸ 北京市高级人民法院(2016)京行终 3683 号行政判决书。

法律依据：

2013年《商标法》第三十条："申请注册的商标，凡不符合本法有关规定或者同他人在同一种商品或者类似商品上已经注册的或者初步审定的商标相同或者近似的，由商标局驳回申请，不予公告。"

争议焦点：

商标权人对于商标权的处分是否应当有公权力介入？共存协议究竟是行政机关和法院授予商标权的参考证据还是当然依据？

如果是参考证据，则决定权在于行政机关和法院，有关部门将综合商标的合法性予以考量，并决定是否授权。如果是当然依据，则意味着只要申请人提交了与在先商标权人签订的共存协议，其商标就应当获得注册，行政机关和法院没有裁量权力。

显然，法院将共存协议的性质定为"参考证据"，该案判决对于"共存协议"的定性体现了商标权不同于其他普通物权的特殊性，即其权利来源决定了对商标权的处分非绝对自由，要受到市场秩序等限制，行权界限更加严格。

对企业的启示：

"共存协议"非"万能协议"！部分申请人和代理机构夸大"共存协议"的效力，并以此作为确定商标策略的依据，风险很高。

2013年《商标法》第三十条规定旨在通过禁止在相同或类似商品上注册及使用相同或近似的标识，避免消费者对商品或服务来源可能产生的混淆，从而达到保护在先商标权的目的，这是驳回复审案件最常见的驳回理由。然而，由于我国汉字数量的有限导致了商标资源的有限，据统计，常用汉字只有3500字。且商标一如人的名片，要简洁、突出、易记，以便快速吸引消费者的注意力。这样一来，商标文字组合的范围进一步缩小。因此，商标申请中出现在先相同或近似商标的情况在所难免，在后的商标申请人申请的商标往往因与他人在先商标近似而被商标局驳回。而由于商标申请审查周期较长，商标申请人可能为该商标投入了前期的设计、申请注册、市场宣传等费用，出于节约时间成本、资金成本等原因，申请人往往不愿意放弃被驳回的商标。此时，申请人除了积极向商评委提起驳回复审申请，还会与引证商标所有人沟通、协商，签订商标共存协议来克服这种权利冲突。但是，我国法律及司法解释未对商标共存协议的效力作出明确规定，对于商标共存协议的效力，司法实践中主要有两种观点：一是商标权是民事权益，申请商标与引证商标之间是否存在冲突主要是私权性质的民事纠纷，应当允许当事人自由处分相关权益。如果当事人达成了商标共存协议，应当认定其效力，准予申请商标注册；二是商标权虽然是私权，但商标的基本功能是区分商品或服务的不同来源，如果认可商标共存协议的效力，易导致使消费者产生混淆的商标在市场上共存，从而损害消费者的利益。因此，不应当认可商标共存协议的效力，可以说，这两种观点各有道理。商标权为私权，申请商标与在先商标之间是否存在冲突主要是私权纠纷，应当由当事人通过法律程序主张，在驳回复审案件中，申请人与引证商标所有人达成共存协议，消除了当事人之间的权利冲突。而且，申请人与引证商标所有人签订共存协议，表明双方在实际使用商标时不会相互"搭车"，并且可以推定其具有相互区分的善意。因此，对当事人之间的共存协议完全不予考虑，不尽合理。但是，保护消费者利益是《商标法》第三十条的立法目的之一，也是我国《商标法》的立法宗旨之一，故在决定是否允许共存时还应考虑双方商标整体上是否能够为消费者区分，共存是否容易造成消费者混淆。

　　事实上，多年来关于"共存协议"效力的争论一直未中断，各种判决和裁定也并未达成一致意见。在《最高人民法院知识产权案件年度报告（2016）》中发布的典型案例〔（2016）最高法行再103号〕再审申请人谷歌公司与被申请人国家工商行政管理总局商标评审委员会商标驳回复审行政纠纷案中，最高人民法院指出，共存协议是认定申请商标是否违反2001年修正的《商标法》第二十八条规定的重要考量因素。在共存协议没有损害国家利益、社会利益或者第三人合法权益的情况下，不应简单以损害消费者利益为由，对共存协议不予采信。最高人民法院在该案例中肯定了共存协议在商标授权、确权案件中的作用，为企业因商标近似问题导致无法取得注册打开了一扇窗。

综合多年的经验，主流观点对于商标共存协议的效力仍旧持谨慎态度，认为其仅是判断商标是否近似、是否会导致相关消费者混淆的一项考量因素，并不完全具有对抗权利冲突的效力，仍需要结合商标标识本身的近似程度、商品的类似程度、商标标识与商品的关联程度等因素予以考虑。在商标驳回复审案件中，申请人所提供的共存协议并不必然会得到商评委和法院的认可，其效力需要结合案件的具体情况综合认定。我们认为申请商标与引证商标的区别越大，共存协议被接受的机会越高。由于商标申请审查周期较长，企业在申请中的商标尚未取得权利时，应尽量减少包装和宣传投入，防止最终拿不到权利的情况出现。此外，企业可申请多个商标进行储备，以免申请的商标发生驳回时陷入无确权商标可用的尴尬境地。

案例六

商标英文部分近似判定之探讨

——第7979519号"DAO"商标驳回复审行政诉讼案

商标图样： DAO
申请号： 7979519
商品类别： 30
商品/服务项目： 冰淇淋；茶；春卷；方便面；蜂蜜；咖啡；米；面包；糖；糖果。
申请人： 山东稻香园食品有限公司

案情介绍：

申请人于2010年1月8日提交了第7979519号"DAO"商标（以下简称"申请商标"）的注册申请，该商标指定使用在国际分类第30类：茶、方便面、咖啡、糖、糖果、蜂蜜、面包、春卷、米、冰淇淋等商品上，商品类似群组为3002、3009、3001、3008、3013。商标局经审查于2010年8月16日作出ZC7979519BH1号驳回通知，以申请商标与在先第5371296号"DAO"商标（使用商品为：第30类"咖啡；糖；糖果；蜂蜜；糕点；煎饼；面粉；冰淇淋"）构成近似为由，依法驳回申请商标在"咖啡、糖、糖果、春卷、蜂蜜、面包、冰淇淋、米"上使用该商标的注册申请。

稻香园公司不服商标局的驳回通知，向商标评审委员会提出复审申请，之后经诉讼程序，最终申请商标获准在复审商品上的注册申请，具体情况如下。

一、商标驳回复审阶段

申请人复审理由：

1. 申请商标与引证商标外在特征、文字及含义均差异明显，两商标指定使用的商品不同，不构成相同或类似商品上的近似商标。

2. 申请商标是稻香园公司所独创并且使用至今，并没有引起歧义。

申请人提交的主要证据包括：

1. 申请人公司简介、主体资格证明；

2. 申请人所生产的食品外包装、产品实物照片等；

3. 申请人对其食品投放大量广告的证据，包括：广告合同及费用发票，广告图片，宣传资料等。

商标评审委员会的驳回复审决定：

商标评审委员会经审理，于2012年2月23日作出第07564号决定：申请商标"DAO"与第5371296号"悟之道 A DAO"商标的显著识别部分之一"A DAO"相近，两商标整体不易区分，已构成近似商标。申请商标指定使用的咖啡等复审商品与引证商标核定使用的咖啡等商品在功能、用途、销售渠道、消费对象等方面相同或相近，属于同一种或类似商品。两商标并存注册和使用在同一种或类似商品上，易使消费者对商品来源产生混淆、误认。稻香园公司提交的证据不能证明申请商标经过稻香园公司的广泛使用和宣传已具有一定知名度，从而取得了与引证商标明显区别的显著特征。申请商标在咖啡等复审商品上与引证商标已构成使用在同一种或类似商品上的近似商标。综上，稻香园公司的复审理

由不能成立。依据2013年《商标法》第二十八条的规定，商标评审委员会决定对申请商标在复审商品上的注册申请予以驳回。❶

二、商标行政诉讼一审阶段

申请人不服商标评审委员会的决定，在法定期限内向北京市第一中级人民法院提起行政诉讼。请求人民法院判令撤销被诉裁定。诉讼理由如下：

1. 申请商标与引证商标在音、形、义及整体构成等方面具有明显不同，不会造成相关消费者的混淆、误认，两商标不构成近似商标；

2. 申请商标在实际使用中，在"DAO"右侧加入了麦穗图案，意在与原告字号"稻香园"有效连接，从而起到宣传商品和商标的作用。麦穗图案的加入，更易使相关公众识别产品出处，同时更有效地与引证商标进行区分。

被告商标评审委员会辩称：被告坚持第07564号决定中的认定意见，认为该决定认定事实清楚，证据充分，适用法律正确，作出程序合法，其请求法院判决维持该决定。

法院判决结果：

法院经审理认为：该案的焦点问题在于被告认定申请商标违反了2001年《商标法》第二十八条规定的决定是否正确。

《商标法》第二十八条规定，申请注册的商标，凡不符合本法有关规定或者同他人在同一种商品或者类似商品上已经注册的或者初步审定的商标相同或者近似的，由商标局驳回申请，不予公告。对文字商标进行相同、近似比对时，应当从音、形、义等角度进行综合判断，以是否容易导致相关公众的混淆、误认为判断标准。

---

❶ 商标评审委员会作出的商评字〔2012〕第07564号《关于第7979519号"DAO"商标驳回复审决定》。

该案中，申请商标的标识为汉语拼音"DAO"，引证商标的标识由中文"悟之道"和英文"A DAO"组成，对于中国的相关公众而言，标识中的中文部分为显著识别部分，因此引证商标的显著识别部分为中文"悟之道"，两商标从音、形、义等角度分析均差异明显，申请商标与引证商标使用在相同或类似商品上不会导致相关公众的混淆、误认。因此，申请商标的申请注册未违反《商标法》第二十八条的规定，被告的相关认定缺乏事实和法律依据，法院不予支持。❶

综上，法院判决撤销被诉决定，判令被告重新作出决定。

三、商标行政诉讼二审阶段

商标评审委员会不服原审判决，向北京市高级人民法院提起上诉，请求撤销原审判决，维持第07564号决定，其主要上诉理由为：

1. 申请商标为"DAO"，引证商标为"悟之道 A DAO"，由于"A DAO"部分占有相当比例，因此字母"A DAO"亦为显著识别部分之一，加之申请商标没有增加与引证商标相区分的汉字部分，申请商标与引证商标的显著部分之一在字母组成、读音等方面相近，两商标整体不易区分，已构成近似商标。

2. 申请商标指定使用的咖啡等复审商品与引证商标核定使用的咖啡等商品属于同一种或类似商品。两商标注册和使用在同一种或类似商品上，易使消费者对商品的来源产生混淆、误认。

3. 申请人提交的证据不能证明申请商标经过稻香园公司的广泛使用和宣传已具有一定知名度，从而取得了与引证商标明显区别的显著特征。申请商标在咖啡等复审商品上与引证商标已构成使用在同一种或类似商品上的近似商标。

稻香园公司服从原审判决。

---

❶ 北京第一中级人民法院：(2012)一中知行初字第1669号行政判决书。

该案二审审理过程中，双方当事人对申请商标指定使用的复审商品与引证商标核定使用的商品构成相同或类似商品不持异议。

上述事实，有第 07564 号决定、申请商标和引证商标的商标档案、商标局 ZC7979519BH1 号驳回通知、驳回复审申请书、稻香园公司提交的证据和当事人陈述等证据在案佐证。

二审法院认为：该案二审审理的焦点问题在于申请商标是否属于 2001 年《商标法》第二十八条规定的应予驳回申请的情形。

该案中，申请商标为美术字体的字母组合"DAO"，引证商标由中文"悟之道"和字母组合"A DAO"组成，对于中国的相关公众而言，商标中的中文部分为其显著识别部分之一，因此引证商标的显著识别部分之一为中文"悟之道"，而申请商标并无中文，两者差异明显，虽然引证商标还包括字母组合"A DAO"，但其与申请商标美术字体的字母组合"DAO"在读音、外形等方面仍存在区别，从整体角度观察，两商标在文字构成、字母组成、商标读音和外观上差异比较明显，相关公众施以一般注意力，可以将二者区分，申请商标与引证商标使用在相同或类似商品上不会导致相关公众的混淆、误认，申请商标不属于《商标法》第二十八条规定的应予驳回的情形，原审法院相关认定正确，二审法院应予支持。商标评审委员会仅考虑了两商标的字母组合部分，而未从两商标的整体进行比对，所得结论有失偏颇，其相关上诉理由不能成立，二审法院不予支持。

综上，二审法院驳回上诉，维持原判。❶

法律依据：

该案审查适用 2001 年《商标法》。

2001 年《商标法》第三十条："申请注册的商标，凡不符合本法有

---

❶ 北京市高级人民法院（2012）高行终字第 1546 号行政判决书。

关规定或者同他人在同一种商品或者类似商品上已经注册的或者初步审定的商标相同或者近似的，由商标局驳回申请，不予公告。"

争议焦点：

该案的焦点问题在于被告认定申请商标违反了2001年《商标法》第二十八条规定的决定是否正确。

《商标法》第二十八条规定，申请注册的商标，凡不符合本法有关规定或者同他人在同一种商品或者类似商品上已经注册的或者初步审定的商标相同或者近似的，由商标局驳回申请，不予公告。

对于《商标法》第二十八条的适用关键在于两个方面：

1. 申请商标与引证商标是否构成近似商标？
2. 申请商标与引证商标指定商品项目是否相同或类似？

该案中，由于两商标指定商品项目皆为规范的商品项目，其构成相同或类似商品并无疑问。而对于商标是否近似是本案争议的核心问题。该案中法院也明确指出：对文字商标进行相同、近似比对时，应当从音、形、义等角度进行综合判断，以是否容易导致相关公众的混淆、误认为判断标准。

悟之道
A DAO
引证商标

DAO
申请商标

上述引证商标中由上下两部分构成，上方为中文"悟之道"，下方为"A DAO"，整体中文在上，并且汉语是国内消费者的母语，符合普通消费者的识别习惯，成为消费者的首要识别部分，按照普通消费者在识别引证商标时必然是以"悟之道"对其称呼及传播。而申请商标仅为单纯的"DAO"拼音，是申请人字号"稻香园"首字的拼音，与申请人指向明确，消费者在识别时足以区分。换言之，对于商标是否近似最终应以消费者在实践中是否混淆为准,以上述两商标的区分程度,完全可以达到此种效果,自然申请商标理应获准注册。

对企业的启示:

《最高人民法院关于充分发挥知识产权审判职能作用推动社会主义文化大发展大繁荣和促进经济自主协调发展若干问题的意见(法发〔2011〕18号)》第19条规定:妥善处理商标近似与商标构成要素近似的关系,准确把握认定商标近似的法律尺度。认定是否构成近似商标,要根据案件的具体情况。

结合该案的情况即为商标局和商标评审委员会在认定商标近似之时,简单以商标构成要素近似作为了判定商标近似的标准,并未考虑两商标整体上的差异及显著部分的明显差异。两审法院审理过程中充分考虑了商标整体的差异,从整体角度观察二者差异比较明显,以最终是否会导致消费者混淆和误认作为评判标准,进而撤销原驳回复审决定。

该案能够得到法院的支持,我们为之庆幸的同时,也应该看到,企业选择商标要尽可能地规避相应的风险,尽可能地选择独创性强、区分度高的标识作为企业商标,以便能够更好地发挥商标在市场经济运行中的区分职能。

案例七

商标是否缺乏显著性之探讨

——第7910069号"井窖"商标驳回复审行政诉讼案

商标图样：井窖

申请号：7910069

商标类别：33

商品/服务项目：白兰地；果酒（含酒精）；黄酒；酒（饮料）；酒精饮料（啤酒除外）；开胃酒；米酒；葡萄酒；烧酒；蒸馏酒精饮料。

申请人：山东扳倒井股份有限公司

案情介绍：

申请人于2009年12月14日提交了第7910069号"井窖"商标（以下简称"申请商标"）的注册申请，该商标指定使用在国际分类第33类：白兰地；果酒（含酒精）；黄酒；酒（饮料）；酒精饮料（啤酒除外）；开胃酒；米酒；葡萄酒；烧酒；蒸馏酒精饮料等商品上。商标局经审查于2010年8月5日作出ZC7910069BH1号《商标驳回通知书》，对申请商标的注册申请予以驳回，理由为："井窖"作为一种酿酒工艺，以此作为商标用在指定使用的烧酒等商品上缺乏商标应有的显著性。申请人不服商标局的驳回通知，向商标评审委员会提出复审申请，之后经诉讼程序，最终申请商标获准在复审商品上的注册申请。

一、商标驳回复审阶段

申请人复审理由为：

1. 申请商标为原告所独创的词汇，具有独特的含义和较强的显著性。

2. 申请商标经过原告大量、持续的使用，已经使其与原告产生了唯一的产源联系，申请商标与原告及其独特的酿造工艺、口感和品质均形成了密不可分的关系，使申请商标在使用过程中获得了更加强烈的显著性。

驳回复审决定：

商标评审委员会经审理，于 2012 年 4 月 26 日作出的商评字〔2012〕第 18188 号决定：第 7910069 号"井窖"商标由汉字"井窖"构成，"井窖"作为一种酿酒工艺，以此作为商标用在指定使用的烧酒等商品上缺乏商标应有的显著性。申请人提供的证据中，申请商标仅作为商品特点描述性语言，不易使相关公众将其作为区分商品来源的识别标志，不足以证明其经过使用具有作为商品的显著性。申请商标已构成《商标法》第十一条第一款第（二）项所禁止的情形。综上，商标评审委员会决定对申请商标予以驳回。[1]

二、商标行政诉讼一审阶段

申请人不服商标评审委员会的决定，在法定期限内向北京市第一中级人民法院提起行政诉讼。请求人民法院判令撤销被诉裁定。诉讼理由如下：

1. 申请商标为原告所独创的词汇，具有独特的含义和较强的显著性。

---

[1] 商评字〔2012〕第 18188 号关于第 7910069 号"井窖"商标驳回复审决定。

"井"源自原告的商号"扳倒井",及主要商标"国井""扳倒井",是原告"井"系列白酒中的一种。"窖"仅指储藏、存放物品的地洞,与酿造白酒的过程无关。白酒在酿造过程中,一般发酵过程均在"窖池"中进行,而整个过程与水井无关,申请商标"井窖"与酿酒工艺无关;

2. 申请商标经过原告大量、持续的使用,已经使其与原告产生了唯一的产源联系,申请商标与原告及其独特的酿造工艺、口感和品质均形成了密不可分的关系,使申请商标在使用过程中获得了更加强烈的显著性。申请商标的注册并未违反《商标法》第十一条第一款第(二)项的规定。

原告主要提供了以下证据:

1. "井窖"商标系列白酒销售发票及销售合同;
2. "井窖"商标系列白酒广告及广告发票;
3. 原告获得的荣誉证书和认证证书。

被告商标评审委员会辩称:坚持其第18188号决定中的意见,该案认定事实清楚,适用法律正确,请求法院维持第18188号决定。

被告为证明第18188号决定合法,向法院提交了下列证据:(1)申请商标档案;(2)商标驳回通知书复印件;(3)原告在评审程序中提交的复审申请书及证据。

一审法院认为:该案的争议焦点在于申请商标的注册是否违反了《商标法》第十一条第一款第(二)项的规定。

商标的显著特征是指足以使相关公众区分商品或者服务来源的特征,商标标识是否具有显著性,应当综合考虑该标识本身的含义、呼叫和外观构成以及商标指定使用商品或者服务、商标指定使用商品或者服务的相关公众的认知习惯、商标指定使用商品或者服务所属行业的实际使用情况等因素。

申请商标为"井窖",原告主张,"井"源自原告的商号"扳倒井",

及主要商标"国井""扳倒井",是原告"井"系列白酒中的一种;"窖"仅指储藏、存放物品的地洞,与酿造白酒的过程无关。"井窖"一词并非固定搭配词,具有商标应有的显著性。被告虽认为"井窖"为一种酿酒工艺,但其未能举证证明"井窖"为一种酿酒工艺。在原告对"井窖"一词作出合理解释的同时,被告未能证明"井窖"为一种酿酒工艺的情况下,不能认定"井窖"为一种酿酒工艺。在"井窖"并非一种酿酒工艺的情况下,申请商标"井窖"并未直接表示商品的质量、主要原料、功能、用途、重量、数量及其他特点,申请商标的注册并未违反《商标法》第十一条第一款第(二)项的规定。

同时,原告提交的"井窖"商标系列白酒销售发票及销售合同、广告及广告发票等证据,能够证明申请商标在大量、持续的使用过程中本身自有的显著特征得到进一步增强,使得相关公众完全能将其作为商品来源与原告的标识加以准确认知,即申请商标在使用过程中取得了显著性。故第18188号决定认定申请商标的注册申请违反了《商标法》第十一条第一款第(二)项的规定的结论是错误的,一审法院予以支持。

综上,第18188号决定适用法律不当,依法应予撤销。[1]

三、商标行政诉讼二审阶段

商标评审委员会不服原审判决,向北京市高级人民法院提起上诉,请求撤销原审判决,维持第18188号决定,其主要上诉理由为:

申请商标由汉字"井窖"构成,"井窖"作为一种酿酒工艺,以此作为商标用在指定使用的烧酒等商品上缺乏商标应有的显著性。申请商标仅作为商品特点描述性语言,不易使相关公众将其作为区分商品来源的识别标志。

扳倒井公司服从原审判决。

---

[1] 北京市第一中级人民法院(2012)一中知行初字第2491号行政判决书

二审法院认为：

1. 《商标法》第十一条第一款第（二）项规定，仅仅直接表示商品的质量、主要原料、功能、用途、重量、数量及其他特点的标识不得作为商标注册。商标的显著特征是指足以使相关公众区分商品或者服务来源的特征，商标标识是否具有显著性，应当综合考虑该标识本身的含义、呼叫和外观构成以及商标指定使用商品或者服务、商标指定使用商品或者服务的相关公众的认知习惯、商标指定使用商品或者服务所属行业的实际使用情况等因素。申请商标为"井窖"，商标评审委员会作出的第18188号决定认为"井窖"为一种酿酒工艺，但商标评审委员会在诉讼中并未能举出证据证明"井窖"为一种酿酒工艺。扳倒井公司称"井"源自扳倒井公司的商号"扳倒井"，及其主要商标"国井""扳倒井"，是扳倒井公司"井"系列白酒中的一种。申请商标为扳倒井公司所独创，具有较强的显著性。商标评审委员会在没有任何证据证明的情况下，就认定申请商标直接表示商品的质量、主要原料、功能、用途、重量、数量及其他特点，申请商标的注册违反了《商标法》第十一条第一款第（二）项的规定有误，原审法院依法予以纠正正确。

2. 《商标法》第十一条第二款规定，前款所列标志经过使用取得显著特征，并便于识别的，可以作为商标注册。该案中，扳倒井公司提交的"井窖"商标系列白酒销售发票及销售合同、广告及广告发票等证据，能够证明申请商标在大量、持续的使用过程中本身自有的显著特征得到进一步增强，使得相关公众完全能将其作为商品来源与扳倒井公司的标识加以准确认知，即申请商标在使用过程中取得了一定的显著性。

综上，原审判决认定事实清楚、适用法律正确、程序合法，应予维持。二审法院驳回上诉，维持原判。❶

---

❶ 北京市高级人民法院（2012）高行终字第1932号行政判决书。

法律依据：

该案审查适用 2001 年《商标法》。

2001 年《商标法》第十一条第一款第（二）项："下列标志不得作为商标注册……（二）仅仅直接表示商品的质量、主要原料、功能、用途、重量、数量及其他特点的"。《商标法》第十一条第二款规定："前款所列标志经过使用取得显著特征，并便于识别的，可以作为商标注册。"

争议焦点：

该案的争议焦点在于申请商标的注册是否违反了 2001 年《商标法》第十一条第一款第（二）项的规定？

2001 年《商标法》第十一条规定：

仅仅直接表示商品的质量、主要原料、功能、用途、重量、数量及其他特点的标识不得作为商标注册。

前款所列标志经过使用取得显著特征，并便于识别的，可以作为商标注册。

该案申请商标被驳回，均因商标局和商家评审委员会认为，"井窖"作为一种酿酒工艺，以此作为商标用在指定使用的烧酒等商品上缺乏商标应有的显著性。对于因缺乏显著性而不予注册的商标如何获准注册？

1. 需要证明商标本身并不缺乏显著性。实践中并不存在以"井"作为酿酒处所的事实，更不存在"井窖"此类酿酒工艺。对于上述驳回理由，并无事实依据，而纯粹为主观推断，这种推断明显不能成立。

2. 第十一条第二款规定可以得出的结论是即使商标的显著性并不强，在经过个使用后也会取得或增强显著性。业内最知名的莫过于"小肥羊"和"六个核桃"案例。在"六个核桃"案例中，商标评审委员会和法院指出：养元公司提供的证据可以证明，使用被异议商标（六个核桃）的商品销售区域至少涉及全国 13 个省和直辖市；养元公司聘请了梅婷和陈鲁豫作为形象代言人在多份报纸、商场超市招牌、高速路牌、公交车身等多处刊登了广告；"六个核桃"经使用获得消费者信得过产品荣誉证书，被河北省工商行政管理局认定为知名商品；养元公司还提供了"六个核桃"在河北、山东等各地工商行政管理局的受保护记录30份。根据上述事实，商标评审委员会和法院均认为，被异议商标经过使用取得了显著特征，便于识别，可以作为商标注册。该案中申请人所提供的证据同样也发挥了同样的证明作用。

对企业的启示：

1. 企业在选择商标时，需要听取商标专业人士的建议，尽量选择具有显著性的文字进行商标注册。这样易通过审查，更降低被同行业异议的风险。

2. 如若企业对于所选择和使用的商标必须体现某一显著性不强的理念，并且无法更改，类似与本案中显著性有较大争议之商标，必须做好前期准备工作：

一方面，企业要配合代理机构从行业内角度充分证明商标为独创，并非直接表明商品的质量、功能、用途等特点；

另一方面，企业要配合代理机构提供充分有效的证据证明申请商标经过使用显著性进一步增强。

该案中，即因为"井窖"商标在两方面皆有所突破，最终申请商标获准注册。在此指导思想下，申请人第7910071号"井窖经典"商标同样经过复审、诉讼程序获准注册。❶

---

❶ 北京市高级人民法院(2012)高行终字第1924号行政判决书。

案例八

已大量使用之商标驳回抗辩

——第 6113146 号"INZONE"商标驳回复审行政诉讼案

商标图样：INZONE
申请号：6113146
商标类别：35
商品/服务项目：广告；为零售目的在通信媒体上展示商品；商业管理咨询；进出口代理；推销（替他人）；人事管理咨询；商业场所搬迁；文秘；会计；自动售货机出租。
申请人：山东银座商城股份有限公司

案情介绍：

申请人于 2007 年 6 月 18 日申请了第 6113146 号"INZONE"商标（以下简称"申请商标"），2010 年 1 月 7 日，国家工商行政管理总局商标局（以下简称"商标局"）以申请商标与在先第 1535826 号"I.P.ZONE"引证商标（使用服务：第 35 类"广告；商业橱窗布置；广告设计；广告策划；组织商业或广告展览；推销（替他人）；人事管理咨询；货物展出；进出口代理；计算机数据库信息系统化"）构成指定在类似服务上的近似商标为由，依据 2001 年《商标法》第二十七条、第二十八条，2002 年《中华人民共和国商标法实施条例》第二十一条的规定，对申请商标作出部分驳回决定，驳回申请商标在"广告、为零售目的在通信媒体展示商品、人事管理咨询、文秘、商业管理咨询、进出口代理、推销（替他人）"（以下简称"复审服务"）上的注册申请，申请人不服，遂向商标评审委员会提出驳回复审申请。经审理，商标评审委员会作出决定，驳回申请商标在复审服务上的注册申请。❶

申请人不服商标评审委员会的决定向北京市第一中级人民法院提起行政诉讼。后又经二审诉讼程序，最终申请商标获准在复审服务上的注册申请。

一、商标驳回复审阶段

申请人复审理由：

1. 申请商标与引证商标在外形、呼叫及含义等方面区别显著，不构成近似商标；

2. 申请商标已通过大规模使用具有了较高知名度和市场影响力，而引证商标并未实际使用，没有任何知名度，申请商标的使用不会造成消费者混淆；

3. 申请人已经针对引证商标提出撤销三年不使用申请。

申请人并未提交申请商标的相关使用证据。

驳回复审决定：

2011年5月23日，商评委依据《商标法》）第二十八条的规定，作出商评字〔2011〕第09028号《关于第6113146号"INZONE"商标驳回复审决定书》（以下简称"第09028号决定"），决定认为：

第6113146号"INZONE"商标与第1535826号"I.P.ZONE"商标整体字母构成仅一字之差，其余字母均相同且排列顺序一致，使二者在

---

❶ 商评字〔2011〕第09028号《关于第6113146号"INZONE"商标驳回复审决定书》。

整体文字呼叫上较为相近，均并存于广告、进出口代理等同一种或类似服务上，易导致相关消费者的混淆或误认，已构成《商标法》第二十八条所指的使用在同一种或类似服务上的近似商标。银座公司并未提交申请商标的相关使用证据，关于引证商标是否实际使用不属于本案审理范围。依据《商标法》第二十八条的规定，商标评审委员会决定，申请商标在复审服务上的注册申请予以驳回。

二、商标行政诉讼一审阶段

申请人不服商标评审委员会的决定，在法定期限内向北京市第一中级人民法院提起行政诉讼。请求人民法院判令撤销被诉裁定。诉讼理由如下：

1. 申请商标与引证商标在外形、呼叫及含义等方面区别显著，不构成近似商标；

2. 申请商标已通过大规模使用具有了较高知名度和市场影响力，而引证商标并未实际使用，没有任何知名度，申请商标的使用不会造成消费者混淆；

3. 申请人已经针对引证商标提出撤销三年不使用申请。

同时其向法院补充提交如下证据：

1. 公司简介；

2. 申请人及其分公司、子公司主体资格证明；

3. 申请人及其分公司、子公司获奖证明；

4. 2008—2010 年度申请人在中国零售行业百强榜上位列前茅的排名文件；

5. 申请人的广告宣传合同及费用证明，以及申请人宣传资料文件等，证实其广告投放量；

6. 申请人在全国各地的店面照片等。

法院判决结果：

法院经审理认为：申请商标"INZONE"与第1535826号"I.P.ZONE"商标对比，由"IN""I.P."分别与"ZONE"组合而成，均为中国普通消费者常见常用的英文单词，前者含义可以理解为"时尚地带""潮流地带"，后者含义可以理解为"网络地带"，两者发音明显不同，外形上亦能区分，应判定未构成近似商标。商标评审委员会认定申请商标与引证商标构成指定在类似服务上的近似商标，认定事实错误，予以纠正。综上，法院判决撤销被告作出的商评字〔2011〕第09028号驳回复审决定，判令其重新作出决定。❶

三、商标行政诉讼二审阶段

商标评审委员会不服原审判决，向北京市高级人民法院提起上诉，请求撤销原审判决，维持第09028号决定，其主要上诉理由为：申请商标与引证商标构成《商标法》第二十八条所规定的使用在同一种或类似服务上的近似商标。

银座公司服从原审判决。

在本案二审庭审中，商标评审委员会认为申请商标"INZONE"没有具体中文含义，属于自造词，其理由为银座公司在商标评审阶段提交的复审申请书有明确表述："申请商标'INZONE'系六个英文字母组合而成的，该组合本身亦没有对应的中文含义，属于自造词。而申请人的企业名称为'山东银座商城股份有限公司'，企业商号为'银座'，'INZONE'系申请人对'银座'的音译"。银座公司对此予以认可，坚持"INZONE"是"银座"的音译。

---

❶ 北京市第一中级人民法院（2011）一中知行初字第2366号行政判决书。

二审法院认为：

将申请商标"INZONE"与引证商标"I. P. ZONE"进行对比，分别由"IN""I. P."与"ZONE"组合而成，尽管申请商标与引证商标在字母构成上仅有中间一个字母之差，但引证商标的"P"字母左右各有一个点，使得上述两商标整体视觉效果区别明显，且两商标的发音明显不同，申请商标亦无具体的中文含义，申请商标与引证商标若使用在同一种或类似服务上，不会使相关公众产生混淆误认。申请商标的注册申请并未违反《商标法》第二十八条的规定，原审判决撤销第09028号决定并责令商标评审委员会重新作出决定正确，二审法院予以支持。

综上所述，原审判决认定事实基本清楚，适用法律正确，程序合法，应予维持。商标评审委员会关于申请商标的注册申请违反了《商标法》第二十八条规定的上诉理由缺乏事实和法律依据，对其上诉请求，二审法院不予支持。依照《中华人民共和国行政诉讼法》第六十一条第（一）项之规定，判决驳回上诉，维持原判。❶

法律依据：

该案审查适用2001年商标法。

2001年《商标法》第二十八条："申请注册的商标，凡不符合本法有关规定或者同他人在同一种商品或者类似商品上已经注册的或者初步审定的商标相同或者近似的，由商标局驳回申请，不予公告。"

对企业的启示：

1. 商标如果已经使用是否必须申请，并坚持权利用尽，直到最终判决？

---

❶ 北京市高级人民法院（2012）高行终字第726号行政判决书。

该案的终审判决结果给予上述问题的答案不言而喻。实践中,无论是对于仅有个别字母不同的英文商标审查,还是对于仅有1个汉字不同的4字汉字商标的申请,目前在行政审查阶段皆存在一个共同的审查标准——驳回商标的注册申请。面对不利的驳回决定及驳回复审决定,如若申请商标已经使用或者对于企业意义非凡则要求企业必须权利用尽,争取商标的注册。其原理即如该案所显示,法院在诉讼中将结合商标客观实际情况具体分析适用法条。企业和代理机构所需要做的就是不轻言放弃,努力争取商标获准注册。

2. 除了上述处理方式,企业在商标选择和布局上是否有更有效的方式?

尽管该案申请商标最后以获得商标权利画上一个圆满的句号。但自2007年6月商标开始申请,直到2012年7月终审判决做出,整整5年的时间企业都在困扰于核心服务上的核心英文商标的申请过程中。倘若结果相反,5年的诉讼过程及5年中对于该商品的投入都将付之东流。因此,对于任何要打造自身品牌的企业而言,商标的选择、布局非常重要。假如在1996年申请人成立之时开始谋划并申请此件商标,也许就不会有引证商标的存在,更不会有复杂的诉讼程序。

另外,建议企业在将权利用尽争取诉争商标的同时,必须提出备选方案,注册替代商标,有备无患。

案例九

商标近似审查要件之探讨

——第 5087230 号"融汇通"商标异议复审行政诉讼案

商标图样：融汇通
申请号：5087230
商标类别：36
商品/服务项目：电子转帐；与信用卡有关的调查；经纪；保险；银行；金融服务；金融分析；金融咨询；信用卡服务；借款卡服务
申请人：青岛融汇通网络服务有限公司

案情介绍：

一、商标驳回复审阶段

申请人青岛融汇通网络服务有限公司于 2005 年 12 月 28 日向商标局申请注册第 5087230 号"融汇通"商标（以下简称"诉争商标"），指定使用商品在第 36 类保险等服务项目上。

林辉忠于 2004 年 1 月 15 日向商标局提出申请第 3888843 号"汇融 HuiRong"及图商标（以下简称"引证商标"）注册申请，2006 年 7 月 28 日获准注册，核定使用的商品为第 36 类保险等服务项目上。

商标评审委员会在第 03488 号决定中认为：第 5087230 号"融汇通"商标（以下简称"申请商标"）指定使用的保险等服务项目与第

3888843号"汇融HuiRong及图"商标(以下简称"引证商标")核定使用的保险等服务项目属于同一种或类似服务。申请商标为纯文字商标"融汇通",引证商标由汉字"汇融"、拼音"HuiRong"及图组成。根据传统的认读习惯,汉字既可以左起识读,也可以右起识读,引证商标可以认读为"汇融",也可认读为"融汇"。申请商标与引证商标汉字部分近似,使用在同一种商品或类似服务上,易使相关公众对服务的来源产生误认。融汇通公司提交的证据不足以证明申请商标经使用已与融汇通公司建立唯一对应关系,两者构成使用在同一种或类似商品上的近似商标。依据2001年《商标法》第二十八条的规定,决定:申请商标予以驳回。

二、商标行政诉讼一审阶段

青岛融汇通网络服务有限公司不服商评委于2010年2月22日作出的商评字〔2010〕第03488号《关于第5087230号"融汇通"商标驳回复审决定书》(以下简称"第03488号决定"),向北京市第一中级人民法院提起行政诉讼[1]。

融汇通公司认为诉争商标与引证商标未构成类似,商评委认定诉争商标构成使用在同一种或类似商品上的近似商标证据不足。具体理由如下:(1)申请商标为我公司独创,有其完整的融会贯通的含义,与引证商标在音形义上存在极大不同,不会导致消费者的误认。读音上申请商标与引证商标对应位置文字读音均不同,消费者不会将文字拆分后按从右至左的古语方式认读并混淆。含以上引证商标内涵无法阐述,但申请商标含义明显。在整体形状构成上,申请商标为文字,引证商标则包括图形、拼音和汉字,两商标对消费者的视觉冲击力是完全不同的。(2)我公司注册申请商标系合法有效的法律行为,应当受到法律的保护。

---

[1] 北京市第一中级人民法院(2010)一中知行初字第1484号行政判决书。

据此，请求法院依法撤销第 03488 号决定。

在一审诉讼中，商标评审委员会认为申请商标与引证商标核定使用的保险等服务项目属于同一种或类似服务。引证商标的"汇融"根据传统的右读认读习惯可读为"融汇"与申请商标汉字部分文字构成、呼叫近似，使用在同一种或类似商品上易使相关公众对服务来源产生误认，构成使用在同一种或类似服务上的近似商标。请求法院依法维持第 03488 号决定❶。

一审法院在诉讼中查明：2004 年 1 月 15 日，林辉忠在第 36 类的保险、金融评估、（保险、银行、不动产）、金融服务、艺术品评估、不动产代理、不动产中介、经纪、担保、代管产业、典当经纪商品上申请注册了第 3888843 号"汇融 HuiRong 及图"商标（即引证商标）。该商标专用期限自 2006 年 7 月 28 日起，至 2016 年 7 月 27 日止。

2005 年 12 月 28 日，融汇通公司向商标局提出第 5087230 号"融汇通"商标（即申请商标）的注册申请，申请商品类别为第 36 类，指定使用商品为保险、银行、金融服务、金融分析、金融咨询、信用卡服务、借款卡服务、电子转账、与信用卡有关的调查、经纪。

针对融汇通公司的商标注册申请，商标局于 2009 年 3 月 12 日以申请商标与在类似服务项目上已注册的引证商标近似为由作出 ZC5087230BH1 号《商标驳回通知书》，驳回申请商标的注册申请。融汇通公司不服，向商标评审委员会提出复审申请。在复审阶段，融汇通公司向商标评审委员会提出，申请商标经过该公司多年的宣传和使用，在相关公众中建立了极高知名度。申请商标为该公司所独创，该公司为申请商标投入了大量的宣传费用，已经形成了自己的商标形象和市场，并取得了较多荣誉。申请商标与其已经建立了唯一、排他性的联系。请求核准申请商标的注册❷。

针对该复审申请，商标评审委员会于 2010 年 2 月 22 日作出第 03488

---

❶ 北京市第一中级人民法院(2010)一中知行初字第 1484 号行政判决书。
❷ 北京市第一中级人民法院(2010)一中知行初字第 1484 号行政判决书。

号决定,对申请商标予以驳回。融汇通公司不服该决定向法院提起行政诉讼。在诉讼中,当事人对申请商标与引证商标所核定使用的服务类似未持异议。融汇通公司称其申请商标有融会贯通之意,对此被告亦未提出反驳。上述事实有第 03488 号决定、申请商标和引证商标档案以及当事人陈述等证据在案证实。

一审法院通过审理认定:关于申请商标与引证商标是否构成近似应当从其音、形、义方面予以对比认定。申请商标的文字是"融汇通",与引证商标的汉字"汇融"及汉语拼音"HuiRong"读音相去甚远;申请商标仅为三个书法体的中文文字,与引证商标的变形立体 HR 图形、中文文字和汉语拼音所组合而成的整体形状完全不同;申请商标暗含融会贯通之意,而引证商标并无确切含义。因传统的倒读习惯并非公众的主流认读读法,倒读的人群不会构成相关公众的多数。同时,即使少数公众将引证商标从右至左倒读,申请商标与引证商标对比,由于两者同样存在音、形、义三方面的明显差异,仍不足以使少数公众将对比的商标混同认读。因此,申请商标与引证商标不构成近似,不是类似商品或服务上的近似商标。第 03488 号决定认定事实有误,适用法律不当,应当予以撤销。依照《中华人民共和国行政诉讼法》第五十四条第(二)项第 1 目、第 2 目之规定,判决:

1. 撤销被告国家工商行政管理总局商标评审委员会商评字〔2010〕第 03488 号《关于第 5087230 号"融汇通"商标驳回复审决定书》。

2. 被告国家工商行政管理总局商标评审委员会重新作出关于第 5087230 号"融汇通"商标的复审决定。

三、商标行政诉讼二审阶段

商评委因商标驳回复审行政纠纷一案,不服北京市第一中级人民法院(2010)一中知行初字第 1484 号行政判决,向北京市高级人民法院提起上诉,请求撤销原审判决,维持第 3488 号决定❶。其主要上诉理由是:申请商标指定使用的保险等服务项目与引证商标核定使用的保险等服务项目属于同一种或类似服务。申请商标为纯文字商标"融汇通",引证商标由汉字"汇融"、拼音"HuiRong"及图组成。根据传统的认读习惯,汉字既可以左起识读,也可以右起识读,引证商标可以认读为"汇融",也可认读为"融汇"。申请商标与引证商标汉字部分近似,使用在同一种或类似服务上,易使相关公众对服务的来源产生误认,两者已构成使用在同一种或类似商品上的近似商标。

融汇通公司服从原审判决。

二审法院经审理认为:2001 年《商标法》第二十八条规定,申请注册的商标同他人在同一种商品或者类似商品上已经注册的或者初步审定的商标相同或者近似的,由商标局驳回申请,不予公告。申请商标的文字是"融汇通",引证商标是由中文"汇融"和汉语拼音"HuiRong"及图形组成,申请商标与引证商标相比,申请商标仅为三个书法体的中文文字,与由变形立体 HR 图形、中文文字和汉语拼音所组合而成的引证商标整体形状完全不同,读音也相去甚远。传统的倒读习惯并非公众的主流认读读法,并且引证商标中的汉语拼音"HuiRong"已标注了引证商标的读音,引证商标不可能从右至左认读。故,申请商标与引证商标在音、形、义三方面存在明显差异,申请商标与引证商标不构成类似商品或服务上的近似商标,原审判决对此认定正确。第 3488 号决定认定事实有误,适用法律不当。综上,二审法院判决:驳回上诉,维持原判❷。

被异议商标与引证商标对比图:

---

❶ 北京市高级人民法院(2011)高行终字第 46 号行政行政判决书。
❷ 北京市高级人民法院(2011)高行终字第 46 号行政判决书。

第一部分　商标权的取得

融汇通

诉争商标

汇融
HuiRong

引证商标

法律依据：

该案审查适用 2001 年《商标法》。

2001 年《商标法》第二十八条："申请注册的商标，凡不符合本法有关规定或者同他人在同一种商品或者类似商品上已经注册的或者初步审定的商标相同或者近似的，由商标局驳回申请，不予公告"。

2001 年《商标法》第三十一条："申请商标注册不得损害他人现有的在先权利，也不得以不正当手段抢先注册他人已经使用并有一定影响的商标。"

对企业的启示：

1. 商标检索查询是商标注册申请的必要前提，同时注册过程中要充分考虑企业字号的商标化保护。

企业商标注册要做好前期的检索查询工作，商标注册前的查询，是申请商标注册的重要步骤，其查询结果虽不具备法律效力，但它可使商标注册申请人做到心中有数，减少盲目性，尽最大可能降低商标注册风险，故在降低费用开支的同时，成功提升了注册概率，避免了诸多的无效劳动。结合该案分析，青岛融汇通网络服务有限公司将其字号"融汇通"申请注册商标之前，若能及时做好检索查询工作，那些与其申请商标存在相同或者近似的商标就能被检索出来，在注册过程中可以提前做好相关预案，若有可能，还可以对准备注册的商标进行修改或调整，增加商标注册成功的机率。

企业除了要对需要注册的商标做好前期检索之外，还需构建名称权转化商标权的有效保护机制，充分通过商标权来保护企业字号❶。例如，该案申请人青岛融汇通网络服务有限公司，其成立时间是2000年4月，而其将字号申请注册商标的时间为2005年12月，期间间隔将近六年之久，因为没能及时将自己的字号"融汇通"三个字申请注册为商标，进而导致在其申请注册商标时，被已于2004年1月提出申请注册"汇融HuiRong"商标的异议人提出商标近似异议；我们假设融汇通公司在成立之时或者之前就已经将其字号"融汇通"申请注册为商标，它就可以以其注册成功的商标对抗"汇融HuiRong"商标。

所以企业需重视对名称权的保护，及时将自己的企业字号申请注册为商标，从不同的角度对企业字号权切实加以保护。

2. 在商标注册暨后期的商标维护过程中，若遇到异议、无效宣告、三年不使用撤销等程序，企业要及时寻求救济途径，建立有效的商标保护及维护体系。

在该案中，青岛融汇通网络服务有限公司申请注册"融汇通"商标被商标局以商标近似原因驳回，融汇通公司又向商标评审委员会提出复审，后又经过一审、二审行政诉讼，最终二审法院以申请商标与引证商标不构成近似，不是类似商品或服务上的近似商标为由支持了融汇通公司的主张，"融汇通"商标也得以成功申请注册。

企业有效保护商标权应建立起多元化的商标维权机制，商标申请遭遇异议程序，概括来说，企业有三种维权途径❷。

在上述案例中，融汇通公司向商标局提出申请注册"融汇通"商标后，商标局会依据《商标法》对申请商标进行商标相同及近似审查，而这种审查是严格按照商标法条文进行的平面化的审查。这种审查过于程序化，它并不考虑申请商标的使用时间、功能、用途等要素，只是对商标和适用的商品进行相同和近似性的比对，例如本案中"融汇通"和

---

❶ 林国荣,杨文森.商标权与字号权的权利冲突[T].福建师范大学,2003(1):27-30.
❷ 刘洁.做好商标维权,实现长远发展[J].中国农资,2011(11):64-65.

"汇融 HuiRong"，商标局根据传统的倒读习惯，"融汇"也可读作"汇融"认定两商标近似，驳回了融汇通公司的申请，如果这时融汇通公司放弃驳回复审程序，其商标权益就不会得到有效维护。

其后，融汇通公司向商标评审委员会提出复审，商标评审委员会相对于商标局而言，开始注重商标实体内容的审查，例如商标评审委员会审查商标是不是知名商标、是不是已经持久适用、消费者的认可度等等要素，但其整体的审查程序还是偏重程序轻实体的，在遇到争议较大的案件时，企业的商标权益还是难以得到维护，在上述案件中，"融汇通"商标申请再次商标评审委员会驳回。

到了行政诉讼阶段，法院作为审判机关，是正义守护的最后一道屏障，所以法院更加注重对实体证据的审查，更立体更全地地考虑商标申请的各种因素，其判决也更合理，更贴近实际。在上述案例中，法院最终支持了融汇通公司的主张，"融汇通"商标也得以注册成功。

综上，企业在申请注册商标遭遇驳回、异议、无效宣告等程序时，要寻求多元化的救济途径，不要在最初维权受挫时停滞不前、放弃维权，最终导致自己的商标权益得不到救济。

第二部分　商标异议纠纷

➡ 概述

2013年《商标法》第三十三条规定："对初步审定公告的商标，自公告之日起三个月内，在先权利人、利害关系人认为违反本法第十三条第二款和第三款、第十五条、第十六条第一款、第三十条、第三十一条、第三十二条规定的，或者任何人认为违反本法第十条、第十一条、第十二条规定的，可以向商标局提出异议。公告期满无异议的，予以核准注册，发给商标注册证，并予公告。"

第三十五条第三款规定："商标局做出不予注册决定，被异议人不服的，可以自收到通知之日起十五日内向商标评审委员会申请复审。"

商标异议是商标授权程序中的重要环节。设立商标异议程序，公开商标局初步审定的商标，可便于商标局接受社会各界的监督和意见，公正公开审理商标注册申请；同时也便于真实权利人主张权利、寻求对违法注册行为的行政救济。

我们看到，异议人提起异议申请大多是基于恶意抢注、不正当竞争、权利冲突等理由，随着企业知识产权意识的增强，商标侵权或者打擦边球仿冒的形式发生了新的变化，多数案件无法简单、直观认定，需要通过对申请人具备主观恶意、恶意使用或者恶意竞争等情况的推定和论证作为支撑，此时如果异议人提供的证据不充分，论理存在漏洞，很容易异议不成功。

2013年《商标法》修改时为了有效遏制恶意异议，加快权利人的授权进度，规定对于经商标局异议审查后作出准予注册决定的，直接发放商标注册证。对于商标注册不服的，异议人只能请求对该注册商标宣告无效。这意味着，如果异议人不能在异议阶段阻止被异议商标注册的话，其将成为合法的注册商标，所有使用、宣传等行为都因合法而受到行政机关、司法机关的保护。在当前的执法水平下，异议人对于该注册商标的使用、宣传行为再向有关机关主张权利，或者请求认定其构成不正当竞争行为时，将非常困难，更不用提侵权赔偿了。

可见，商标异议成功与否对于真实权利人而言至关重要。目前商标异议的审查采取书面审查且未设置质证程序，在异议人无法当面陈述其意见、无法进行证据交换的情况下，要想获得大的胜算，必须提供全面、充足的法律依据和证据并进行充分的说理，以影响审查员的态度。

基于以上考虑，我们摘选出不同类型的商标异议案件，期望通过对案件的分析和证据的解析增强异议人的维权意识和证据意识，在提高异议成功率上给予大家一定的帮助和借鉴！

案例一

第9170811号"爱的小桔灯点亮新希望 LOVE HOPE KIDS CARE 及图"商标异议申请案

商标图样：

申请号： 9170811

商标类别： 16

商品/服务项目： 小册子（手册）；海报；文具；书籍；印刷出版物；绘画板；期刊；教学材料（仪器除外）；削铅笔器；书写材料

被异议人（商标申请人）： 远誉广告（上海）有限公司

异议人： 济南广播电视台

异议人的理由和依据：

被异议人于2011年3月3日申请了第9170811号" "（文字部分：爱的小桔灯点亮新希望 LOVE HOPE KIDS CARE）商标（以下简称"被异议商标"），2013年10月27日经商标局初步审定并刊登在1381期《商标公告》上。2014年1月6日，济南广播电视台对被异议商标提出异议申请。理由如下：

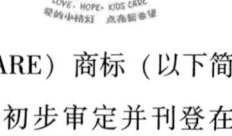

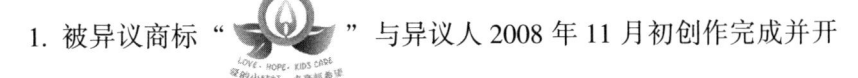

1. 被异议商标""与异议人 2008 年 11 月初创作完成并开始使用的著作权作品""构成实质性相似，被异议商标的注册申请未经异议人的许可，侵犯了异议人在先著作权，违反了 2013 年《商标法》第三十二条之规定。

2. 作品""是异议人旗下 Music 88.7 济南音乐广播的知名公益栏目"同读一本书：小桔灯爱心读书行动"的活动 LOGO。该活动主要面对偏远贫困地区小学，向社会及团体发起爱心图书捐赠的形式，让城市和乡村的孩子同读一本书。活动从 2009 年 1 月 1 日起开办至今 4 年多时间里，已帮助 60 多所乡村小学建立起了爱心图书室，送去书籍 100 多万册，在社会上产生了极大的反响。因此，异议人对于""作品不仅享有著作权而且已经将其作为商标用于商业用途并产生了一定的影响力，对此同为媒体行业的被异议人对该活动不可能不知晓，也不可能不知道异议人的活动 LOGO。

3. 有证据显示，被异议人是 Music 88.7 济南音乐广播的广告总运营，协助异议人进行整体频道包装、活动组织等。其有大量机会接触和了解 Music 88.7 "小桔灯爱心读书行动"的 LOGO，在明知的情况下其未经异议人的许可，将与该活动 LOGO 非常近似的被异议商标注册在活动密切相关的"书籍、文具"等产品上，不仅侵犯了异议人在先的著作权和商标权，而且损害了"小桔灯爱心读书行动"的关注者、参与者和广大公益活动支持者的感情，产生了恶劣的社会影响。其行为明显违反了 2013 年《商标法》第十五条有关规定，理应予以驳回。

异议人的主要证据：

1. 异议人及"小桔灯爱心读书行动"的基本情况介绍；

2. 异议人作品的《作品登记证书》、作品委托设计合同、作品确认单等证明异议人系作品的著作权人的证据；

3. 异议人在被异议商标申请日以前发布的显示异议人作品的产品目录及报刊宣传资料；

4. 异议人自2009年起在活动中使用该作品的照片、报道等；

5. 异议人与被异议人签订的商业合同复印件等。

被申请人在法定限期内未提交答辩。

裁决结果：

商标局审查认为，异议人的"同读一本书：小桔灯爱心读书行动 TONG DU YI BEN SHU MUSIC 88.7 及图"标识，其图形部分由烛台及树叶组成。异议人提供的委托设计合同可以证明其于2008年完成"同读一本书 小桔灯爱心读书行动 TONG DU YI BEN SHU MUSIC 88.7 及图"标识的设计。其产品目录及报刊宣传资料可以证明异议人已将上述图形进行了一定的公益宣传。异议人提供的《作品登记证书》可以证明异议人已将其"图形"作品进行了著作权登记。上述证据可以证明异议人自2008年起已就该图形享有著作权。

被异议商标"爱的小桔灯点亮新希望 LOVE HOPE KIDS CARE 及图"所含图形部分的主体同样是烛台及树叶，与异议人的"同读一本书 小桔灯爱心读书行动 TONG DU YI BEN SHU MUSIC 88.7 及图"标识中的图形在造型特征、视觉效果上基本相同。

综上，商标局认定被异议商标损害了异议人的在先著作权，依法不予核准注册。[1]

---

[1] 商标局作出的(2015)商标异字第0000050845号《关于第9170811号"爱的小桔灯点亮新希望 LOVE HOPE KIDS CARE 及图"商标不予注册的决定》。

法律依据：

该案审查适用 2013 年《商标法》。

2013 年《商标法》第十五条第二款："就同一种商品或者类似商品申请注册的商标与他人在先使用的未注册商标相同或者近似，申请人与该他人具有前款规定以外的合同、业务往来关系或者其他关系而明知该他人商标存在，该他人提出异议的，不予注册。"

2013 年《商标法》第三十二条："申请商标注册不得损害他人现有的在先权利，也不得以不正当手段抢先注册他人已经使用并有一定影响的商标。"

对企业的启示：

该案中，异议人依据《商标法》第十五条第二款关于"合同、业务往来关系及其他关系抢注他人在先使用的商标"之规定和第三十二条第一款关于"保护权利人现有在先权利"之规定，向商标局提出了异议，最终商标局依据《商标法》第三十二条驳回了被异议商标的注册申请。

根据立法规定，适用第十五条第二款关于"合同、业务往来关系及其他关系抢注他人在先使用的商标"之规定，要求："商品相同或者类似+商标相同或者近似+商标已经使用但未注册+抢注人主观明知+双方具有特定关系"，同时具备以上条件方能适用该条款。该案中，异议人将其LOGO用于公益活动中，被异议商标则申请在"文具、书籍"等商品上，虽然本案中二者具有关联性，被异议商标所使用的"书籍、文具"等正是异议人倡议捐助的产品，但是显然还未达到类似商品/服务的程度，因此适用第十五条第二款的条件并不具备，这也是商标局未能支持的原因。

实践中，我们遇到大量在先权利被抢注的案例。根据法律规定和相关司法解释，《商标法》第三十二条所保护的"在先权利"指被异议商标（被申请商标/诉争商标）申请日之前，权利人依法享有的除商标权以外的民事权利或者其他应予保护的合法权益。包括：著作权、姓名权、外观专利权、商号权以及具备一定条件的"商品化权"。其中，侵犯在先著作权案件是此类案件中占比最高的，然而最终在先著作权能够成功对抗在后商标权的，数量并不多。事实上，企业通过商标监测很容易发现与自己的著作权作品高度近似的商标，但是往往在理解第三十二条的适用问题和证据提供上出现问题。

异议程序中适用第三十二条保护企业在先著作权必须同时满足以下要件：

第一，要求异议人或其利害关系人应当在被异议商标申请日以前已经通过创作、继承、转让等方式取得著作权；

第二，要求被异议商标与在先著作权作品相同或者实质性相似；

第三，要求被异议人有可能接触或者事实上接触过著作权作品；

第四，被异议商标的申请注册行为并未经得著作权人的许可。

事实上，上述四个要件标准是比较高的。适用本条并不要求著作权作品具有影响力，但是要求被异议人有可能接触或者事实上接触过著作权作品。笔者认为如要满足此项要求，要求著作权人或者证明作品在被异议商标申请日以前已经公开发表；或者证明被异议人通过某种渠道，私下接触过尚未公开发表的作品。同时该要求也是出于对被异议人主观方面的考量，如果被异议人接触过或者有可能接触到著作权作品，那么其申请商标的善意就很难成立，被异议商标侵害在先作品著作权的事实即可认定。该案中，异议人提供的"异议人与被异议人签订的商业合同复印件"可以有效证明被异议人接触过或者可能接触过作品，广大企业在商业活动中要特别注意留存此类证据。

最难举证的就是异议人或其利害关系人系在先著作权人这个事实了。通常而言，证据包括：著作权登记证书、最早发表作品的证据、创作作品的合同、文稿和确认书等。实践中，企业创作和发表作品的证据往往不予留存，更别提办理著作权登记证书了。往往是在案件过程中，后补一份《著作权登记证书》作为著作权证据提交，因版权局办理作品登记时只作形式审查，不作实质审查，故晚于被异议商标申请日以后补办的著作权登记证书的证明力相当低，在没有其他证据的佐证下，无法作为证据被商标局接受。2017年3月1日正式施行的《最高人民法院关于审理商标授权确权行政案件若干问题的规定》第十九条第三款中明确了"商标注册证、商标公告"可以作为权利人主张在先著作权的初步证据，充分考虑了权利人举证难的客观情况，为部分已将作品申请为商标的在先著作权人提供了新的举证思路。即便如此，要作为定案证据仍需要配合提供前述的其他证据更为有利。

尽管有行政机关的审查标准和法院的司法解释予以明确，但是实践中有关商标权和著作权的权利冲突之认定问题始终是个难点，分歧很大。毕竟对于两个合法权利的取舍还是要尊重客观、公平的事实，而事实就需要以充分证据作为支撑。有鉴于此，我们建议企业创作完成作品之初就及时办理版权登记，同时务必留存有关作品创作（委托创作）、发表、宣传、使用的一切证据，形成知识产权的维权理念和档案管理体系，才能充分举证、有力维权。

案例二

第 9893369 号"新恒金及图"商标异议及复审案

商标图样： [图形]新恒金

申请号： 9893369

商标类别： 42

商品/服务项目： 技术研究；技术项目研究；科研项目研究；工程；研究与开发（替他人）；节能领域的咨询；材料测试；物理研究；机械研究；化学分析

被异议人（商标申请人）： 山东新恒金表面工程技术有限公司

异议人：济南新恒金科技有限公司

案情介绍：

一、商标异议阶段

被异议人于 2011 年 8 月 25 日申请了第 9893369 号"[图]"商标（以下简称"被异议商标"），2012 年 7 月 27 日经商标局初步审定并刊登在 1321 期《商标公告》上。公告期内，济南新恒金科技有限公司对被异议商标提出异议申请。理由如下：

1. 被异议人之法定代表人曾是异议人之股东兼经理，"新恒金及图"

商标系异议人率先使用的商标。被异议人的注册行为违反了《商标法》第十五条之规定；

2. 异议人依法享有"![图]"作品的著作权，被异议商标的注册侵害了异议人的在先著作权，违反了2011年《商标法》第三十一条之规定；

3. "新恒金"是异议人在先登记的企业字号，被异议商标完整包含了异议人的商号并使用在同一行业，侵犯了异议人之在先企业商号权，违反了2001年《商标法》第三十一条之规定。

异议人的主要证据：

1. 异议人企业简介及荣誉证书；

2. 异议人"![图]"作品的创作方案；

3. 异议人将"![图]"标识作为商标持续进行商业使用的证据；

4. 工商局出具的被异议人成立信息；

5. 异议人企业登记信息，显示企业股东情况；

6. 被异议人法定代表人在异议人企业任职及工作情况的说明；

7. 被异议人恶意竞争的证据材料等。

被申请人在法定限期内未提交答辩。

商标局异议裁定：

商标局经审查后认为，异议人于第42类"技术研究、技术项目研究"等服务项目上未在先申请注册"新恒金及图"商标，未提供充分的证据证明在中国大陆已在先使用"新恒金及图"商标并使之有一定影响，故被异议商标并未违反2001年《商标法》第三十一条之规定。另外，异议人称被异议商标注册违反《商标法》第15条证据不足，被异议商标予

以核准注册。❶

异议人不服该裁定，根据2001年《商标法》之规定，依法向商标评审委员会提起异议复审申请。

二、商标异议复审阶段

申请人（原异议人）异议复审理由：

1. 申请人"新恒金及图"商标为申请人独创，经过大量使用及宣传已与申请人形成唯一对应的关系，被异议商标的注册系恶意抢注他人在先使用并有一定影响商标；

2. 被申请人的法定代表人杨国权曾是申请人的股东兼经理，被申请人未经授权擅自注册被异议商标"新恒金及图"，属于恶意抢注被代表人商标的行为；

3. "新恒金及图"作品系申请人员工于2008年创作完成的职务作品，申请人依法享有对其享有在先著作权。被异议商标的注册侵害了申请人在先著作权；

4. "新恒金"系申请人商号，被异议商标的注册侵犯了申请人在先商号权；

5. 被申请人此前进行过一系列不正当竞争行为，已经被人民法院认定并判为侵权，这充分说明被申请人具有一贯的恶意，本次注册被异议商标的行为也难谓正当。为维护申请人的合法权益，对被申请人的恶意申请行为应予制止。

申请人的主要证据：

1. 申请人商标设计方案；

---

❶ 商标局作出的（2013）商标异字第0000028286号《新恒金商标异议裁定书》。

2. 申请人商标的宣传、广告证据；

3. 申请人商标实际使用图片；

4. 申请人客户名单、销售合同等；

5. 被申请人企业登记信息；

6. 被申请人的法定代表人在申请人企业任职及工作情况；

7. 被申请人恶意竞争的证据材料及申请人的举报函；

8. 济南市中级人民法院（2012）济民三初字第143号民事判决书，证实被申请人进行不正当竞争行为损害申请人合法权益等。

被申请人（原被异议人）的答辩理由：

1. 被申请人是经过合法注册成立的公司，被异议商标是对自身商号的注册，未侵犯申请人的商号权；

2. 被异议商标是被申请人的股东设计而成，被申请人对该商标标识享有著作权，将其作为商标注册合理合法；

3. 被申请人申请注册被异议商标已经过申请人同意，而非申请人所说的恶意抢注。申请人所提交证据也不能证明被申请人存在恶意抢注行为；

4. 申请人主张其对"新恒金及图"的标识拥有在先著作权的证据不充分，故对于其主张事实不应予以支持。

被异议人提供其公司营业执照复印件作为证据。

商标评审委员会的异议复审裁定：

商标评审委员会经审查认为，申请人在"防腐喷绘"等服务上已经使用"新恒金及图"商标并具有了一定知名度。被申请人的法定代表人曾任申请人公司股东及经理，其与申请人之间存在2013年《商标法》第十五条所指的代表关系。被申请人主张其申请被异议商标已经过申请人同意但未提交证据证明，故不能成立；另一方面，被申请人该主张也充分说明被申请人在明知申请人在先使用"新恒金及图"商标的情况下,仍在与申请人所从事服务密切相关的技术研究、材料测试等服务上申请注册被异议商标,主观恶意明显,其注册被异议商标的行为将极易导致相关公众混淆。因此,被申请人的行为已经构成2013年《商标法》第十五条第一款所指情形。同时,基于申请人在先使用"新恒金及图"商标已经具有一定知名度,被申请人具有明知的主观恶意,被异议商标的注册亦违反2013年了《商标法》第三十二条关于申请商标注册不得以不正当手段抢先注册他人已经使用并有一定影响力的商标之规定。据此,被异议商标应当不予核准注册。

经查明,"新恒金"亦为申请人在先使用并有一定知名度的商号,被申请人对此亦知晓。被申请人虽主张其自身商号亦为"新恒金",但其商号的使用时间晚于申请人,且已经被人民法院判定为不正当竞争行为而禁止继续使用,因此被申请人以此为抗辩不予支持。据此,被异议商标的注册侵犯了申请人的在先商号权,违反了2013年《商标法》第三十二条申请商标注册不得损害他人现有在先权利的规定,依法应当不予核准注册。

关于申请人主张被异议商标侵犯了其在先著作权的主张,因申请人提交的设计方案为申请人自行出具证据,无设计人的签字或者授权,故不能认定申请人享有著作权,申请人该项主张不予支持。

综上,商标评审委员会依法裁定不予核准被异议商标注册。❶

法律依据:

该案异议阶段审查适用2001年《商标法》,异议复审阶段审查适用2013年《商标法》。补充2001年《商标法》第十五条:"未经授权,代理人或者代表人以自己的名义将被代理人或者被代理人的商标进行注册,

---

❶ 商标评审委员会作出的商评字〔2014〕第0000091895号《关于第9893369号"新恒金及图"商标异议复审裁定书》。

被代理人或者被代表人提出异议的，不予注册并禁止使用"。

2013年《商标法》第十五条："未经授权，代理人或者代表人以自己的名义将被代理人或者被代表人的商标进行注册，被代理人或者被代表人提出异议的，不予注册并禁止使用。

就同一种商品或者类似商品申请注册的商标与他人在先使用的未注册商标相同或者近似，申请人与该他人具有前款规定以外的合同、业务往来关系或者其他关系而明知该他人商标存在，该他人提出异议的，不予注册。"

2013年《商标法》第三十二条："申请商标注册不得损害他人现有的在先权利，也不得以不正当手段抢先注册他人已经使用并有一定影响的商标"。（即：2001年《商标法》第三十一条）

对企业的启示：

该案中，在异议阶段商标局对于异议人的主张并未支持。在异议复审阶段，异议人在原有主张和证据基础上补充新的证据和理由，商标评审委员会最终部分支持了其主张，裁定不予核准被异议商标注册。主要事实并没有区别的情况下，商标局和商标评审委员会作出不同的裁决结果，说明两个机关的审查原则和尺度还是有区别的，商标评审委员会在案件审理时考察的维度和程序上，更类似于司法审查。当前，我国商标审查机关和司法机关都将"倡导诚信原则、遏制恶意抢注"作为审理商标授权、确权类案件的主导思想，这对于广大企业的维权无疑是有帮助的。一旦抢注人的恶意被认定，那么阻止该商标注册的概率将大大增加，了解主管机关的主导思想也可以引导我们将案件重点放在对恶意认定的证据准备上。同时还要提醒广大企业，如果在异议阶段无法阻止被异议商标注册，则有必要继续无效宣告程序乃至行政诉讼程序，如做充足的准备，翻案是完全有可能的。

在异议和异议复审阶段，申请人（原异议人）均依据《商标法》第十五条和第三十二条（2001年《商标法》第三十一条）主张不予核准被异议商标注册。就这两个条款的适用我们进行如下分析：

一、第十五条第一款适用问题

该案主要讨论《商标法》第十五条第一款的适用问题，本款规定旨在禁止代理人、代表人的恶意抢注行为，这类恶意抢注行为往往伴随不正当竞争，对企业的伤害更大，因此在适用本条款时主管机关也会做扩大解释。

第一，在代理人或者代表人的范围界定上，既包括法律所规定的已经建立民事法律关系的代理人或代表人（与企业建立特定关系的人），也包括代理、代表关系停留在磋商阶段或者法律关系终止后代理人、代表人的擅自注册行为。此外，根据2017年《商标审理标准》规定，将与代理人、代表人之间存在亲属、投资等关系的申请人的商标申请行为认定为串通合谋抢注行为，也归于代理人、代表人恶意抢注之列，适用本条款规定。这一规定显然更利于权利人维权，因为现实中，代理人或者代表人直接以自己的名义抢注商标并不多见，更常见的是代理人或代表人通过其或者亲属参股、控股的企业或者关联企业抢注商标，在《商标审理标准》出台前，这种情形是否属于第十五条第一款规定的情形并无统一标准，这也是该案中商标局异议阶段并未支持申请人关于第十五条主张的原因。现在对该种情形适用法条的明确显然符合客观实际，降低了企业的维权难度。

第二，申请商标需指定在与被代理人、被代表人的商标相同/类似的商品/服务上；且商标之间构成相同或者近似。这里所指"被代理人、被代表人的商标"不仅包括其已经在先使用的商标，也包括其他属于被代理人、被代表人的商标。需要注意的是，此处对于"商品/服务类似"的判断需以相关公众的判断为标准，遵循混淆原则和个案判定原则。比如本案中，申请人主要从事"防腐喷绘"服务，归属于第37类；被异议商标申请注册在第42类"技术项目研究；工程"服务上，二者看似属于毫无关联的两类服务内容，但是结合案情，申请人实际上为客户提供"防腐喷绘"工程外包服务，在其经营范围和宣传中也明确有这方面的工程服务，因此商标评审委员会遵循个案判定原则，认定二者构成类似服务合情合理。

二、第三十二条适用问题

关于适用第三十二条保护在先著作权的分析，在"爱的小桔灯点亮新希望 LOVE HOPE KIDS CARE 及图"商标异议申请案中已做分析，该案中不再赘述。该案中申请人无法提供设计人授权或者经第三方公证的声明书等，证据证明力低，导致其著作权主张无法认定。再次提醒企业注意的是，由于作品著作权的取得无须官方审核或者认可，对于著作权人的举证要求反而更高。所以企业务必树立著作权发表意识和权利意识，留存有关著作权证据，必要时提前进行公证。

实践中，很多企业以申请注册的商标损害在先企业字号权为由主张权利，但是多数主张都不被支持。因为以在先字号权对抗后的商标申请需具备的两个要件：①该字号在中国已经具有一定知名度；②商标的注册使用易导致相关公众混淆，致使字号权人的利益可能受损。企业很难提供相关证据，也很难把握尺度。笔者认为，此类案件最好同时从证明商标申请人恶意着手寻找证据，胜算将更大。比方说：二者属于同一地区、竞争对手或存在一定关系，二者存在其他纠纷或者争议，被申请人同时存在抢注申请人商标、专利，损害申请人合法权利的其他行为等。

关于"不得以不正当手段抢先注册他人已经使用并有一定影响的商标"之适用问题。该条款是注册在先原则的例外，即对于使用在先商标对抗注册/申请在先的商标，要求：首先注册行为具有不正当性，请注意如果商标本身具有不正当性则应适用第十条有关规定；再者，商标申请前，该商标已经在先使用并具有一定影响；最后，与他人商标相同或近似；所使用的商品和服务相同或类似。这里有关商标知名度的证据同时也可以作为推定申请人注册行为具有不正当性的证据，被申请人损害申请人权利和合法权益的行为、被申请人不当利用和攀附申请人合法权益牟利的行为，都可以视为具有不正当性。

综上，无论是适用商标法第十五条还是第三十二条，如果能够充分证明被异议商标的注册存在恶意或者不正当性，即使其他证据存在一定缺失对于判决来说也没有太大影响，毕竟商标法最终保护的是诚实守信的合法行为和公平竞争的市场秩序。

案例三

第 14381682 号"固铂 COOPERPETERPAN 及图"商标异议申请案

商标图样：

申请号：14381682

商标类别：37

商品/服务项目：运载工具（车辆）清洁服务；运载工具（车辆）防锈处理服务；汽车保养和修理；运载工具（车辆）上光服务；汽车清洗；喷涂服务；橡胶轮胎修补；轮胎硫化处理（修理）；轮胎翻新

被异议人（商标申请人）：彼得潘（北京）信息技术有限公司

异议人：固铂轮胎橡胶公司

案情介绍：

异议人的理由和依据：

被异议人于 2014 年 4 月 15 日申请了第 14381682 号" "（文字部分：固铂 COOPERPETERPAN 及图）商标（以下简称"被异议商标"），2015 年 2 月 27 日经商标局初步审定并刊登在 1445 期《商标公告》上，固铂轮胎橡胶公司在法定限期内对被异议商标提出异议申请。理由如下：

1. 被异议商标与异议人在先注册的第 7270602 号"铁头仕 COOPER

KNIGHT 及图"商标构成使用在第 37 类相同服务上的近似商标,违反了 2013 年《商标法》第三十条有关规定,应予以驳回。

2. 被异议商标与异议人在先注册在第 12 类"轮胎"商品上的第 994591 号"COOPER"、第 4397600 号"cooper"、第 5648637 号"固铂"、第 G881821 号" COOPERTIRES "商标具有相同的客户群体和消费渠道,被异议商标中的"轮胎翻新、轮胎修补"为异议人商标所使用商品"轮胎"的下游服务行业,二者密不可分,可被认定为类似商品和服务;被异议商标的中文和图形部分与异议人引证商标完全相同,英文部分则完整包含了异议人引证商标的英文部分,二者可认定为近似商标。考虑到异议人商标在被异议商标申请之前已经在"汽车轮胎"行业建立了较高知名度,被异议商标的注册使用极易误导公众,造成消费者的误认误购,其注册违反了《商标法》第三十条有关规定,应予以驳回。

3. 早于被异议商标申请日以前,异议人的"COOPER"" COOPERTIRES "系列商标在"轮胎"商品上就已达到驰名商标要求的知名度和影响力。即使不认可被异议商标与异议人引证商标在商品/服务上的类似性,但是不可否认二者之间密切的关联性。据此,被异议商标的申请注册构成对异议人驰名商标的摹仿,误导公众并损害异议人的合法利益,根据《商标法》第十三条第三款之规定,应不予核准注册。

4. 异议人是世界知名轮胎生产企业,"COOPER"和"固铂"是其对应的中英文商号,被异议商标的申请注册侵犯了异议人在先商号权,违反了《商标法》第三十二条有关规定。

5. 被异议人是一家汽车轮胎经销企业且实际销售异议人"COOPER"和"固铂"系列轮胎商品,因此其对异议人的"COOPER""固铂"及图形和 LOGO 不可能不知晓,其注册被异议商标的行为难谓正当,有违诚实信用原则,应依法予以驳回。

异议人的主要证据:

1. 异议人商标的部分荣誉;

2. 异议人国内外商标注册情况；

3. 异议人商标的销售、广告宣传及实际使用证据；

4. 异议人提供"修补轮胎"服务的部分门店照片和服务场景照片；

5. 被异议人在京东网站的宣传截图。

被异议人答辩理由：

1. 异议人的引证商标使用在第 12 类商品上，被异议商标使用在第 37 类服务上，二者分属商品分类表的不同类别，面对不同的消费群体和销售渠道，根本不构成类似商品上的商标；

2. 被异议商标与异议人引证商标外形区别明显，二者不构成近似商标；

3. 被异议商标的注册系合法正当注册，未违反商标法的规定，应予核准。

被异议人提供了企业营业执照、商品区分表等证据。

裁决结果：

商标局审查认为被异议商标与异议人在先注册在第 12 类 "轮胎" 等商品上的第 994591 号和第 4397600 号 "COPPER" 商标、第 5648637 号 "固铂" 商标、第 G881821 号 "COPPER TIRES 及图" 商标构成近似商标；被异议商标指定使用服务与异议人引证商标指定使用商品联系紧密，二者的销售/服务场所多有重合，被异议商标的注册易产生误导，使相关消费者的服务来源产生混淆误认。

故，根据 2013 年《商标法》第十条第一款七项、第三十条之规定，依法裁定被异议商标不予注册。❶

---

❶ 商标局作出的(2016)商标异字第 0000035051 号《关于第 14381682 号 "固铂 COOPER PETER PAN 及图" 商标不予注册的决定》。

法律依据：

该案适用 2013 年《商标法》

《商标法》第十条："下列标志不得作为商标使用……（七）带有欺骗性，容易使公众对商品的质量等特点或者产地产生误认的。"

《商标法》第十三条："……就不相同或者不相类似商品申请注册的商标是复制、摹仿或者翻译他人已经在中国注册的驰名商标，误导公众，致使该驰名商标注册人的利益可能受到损害的，不予注册并禁止使用。"

《商标法》第三十条："申请注册的商标，凡不符合本法有关规定或者同他人在同一种商品或者类似商品上已经注册的或者初步审定的商标相同或者近似的，由商标局驳回申请，不予公告。"

《商标法》第三十二条："申请商标注册不得损害他人现有的在先权利，也不得以不正当手段抢先注册他人已经使用并有一定影响的商标。"

对企业的启示：

该案中，异议人在异议申请中并未提出第十条第一款第（七）项之理由，但是商标局主动适用该条款作为裁定的依据，这是行政机关主动行政的体现。与司法机关"不告不理"不同，商标局会主动审查商标是否违反第十条和第十一条关于禁止删除注册和禁止使用之绝对性条款规定，并在异议程序中主动纠正。

裁定中，商标局对于异议人在先商号权的主张并未进行评述，由于商标局最终所作裁决已经达到阻止被异议商标注册的目的，故笔者不再进行评论。此外，关于第十三条适用问题，商标局和商标评审委员会均遵循"按需认定"原则，在认定被异议商标违反第三十条规定之后即无需对引证商标是否构成驰名再进行审查了。

第十条第一款第七项所规定的情形是禁止作为商标使用的事由，旨在维护社会公共秩序和公共利益，因此适用条件非常严格。适用本条款需要注意以下几点：

首先，"带有欺骗性，容易使公众对商品的质量等特点或者产地产生误认的"，按照文义解释，商标带有欺骗性并不是禁止使用的理由，只有容易使相关公众产生错误认识并引导其消费行为的"欺骗性商标"才是本项规制的对象。因此是否"容易产生误认"是适用本项规定时，异议人需要证明的重点。

其次，法律规定的"误认"情形主要包括两种：一是对商品质量、品质、功能、用途、原料等特点产生误认；二是对产地产生误认，指商标中包含地理因素所导致的产地误认。根据2017年《商标审查标准》之规定，将"误认"情形又作扩张性适用，即商标包含企业名称，该企业名称与申请人名义存在实质性差异，导致公众对商品/服务来源产生误认的情况（如商标为"潮创集团"，申请人是广州潮创房地产开发有限公司）；商标由他人姓名构成，未经本人许可，易导致公众对商品/服务来源产生误认（如商标"葛优"，使用商品：医用营养品、杀害虫剂等）。《商标审查标准》中将误认情形从原有的"商品特点误认"和"产地误认"扩展到"产源误认"，即从原有的公共利益保护扩展到特定主体的私权保护，按照本项规定的立法其图来看存在争议之处，实践中对于是否适用于"产源误认"情形各个机关也没有统一意见。商标局进行审查时一般以此标准执行，该案中由于COOPER在全球汽车、轮胎及配件领域内的知名度，被异议人申请被异议商标明显具有欺骗性，容易造成相关公众的误认，故商标局从该角度出发，适用了第七项规定。而在商标评审委员会和法院的判例中，我们也看到类似案件适用第十条第一款第八项的情形。为了有效保障权利人的权益，尤其在进入司法审查阶段为法官提供更自由的适用空间，提醒企业遇到此两类案件时最好同时适用第十条第一款第七项和第八项更为稳妥。

该案中，商标局还适用了第三十条关于相对理由的规定，将"轮胎"与"汽车保养和修理；橡胶轮胎修补；轮胎翻新"等服务认定为类似商品和服务，突破了《类似商品和服务区分表》的规定。笔者提醒企业注意，在商标局和商标评审委员会的审查中，究竟是突破分类表适用第三十条还是给予驰名商标扩大保护适用第十三条，并没有标准答案。但是有一点可以肯定，如果可以适用第三十条，那么商标局和商标评审委员会将不再审查第十三条了。同样保险起见，如果遇到不同类别或者不类似的商品/服务，企业最好同时适用第三十条和第十三条规定。

　　适用第三十条我们必须遵循"混淆原则"，以相关公众是否会造成混淆误认作为判断商品/服务类似和商标近似的标准。那么在此原则指导下，商标局和商标评审委员会突破《类似商品和服务区分表》判定商品/服务类似，须满足如下要件：①被异议商标与引证商标具有较高的近似性；②被异议商标所使用的商品/服务与引证商标核定使用的商品/服务具有较强关联性。如本案中第12类轮胎与第37类车辆维修、轮胎翻新等，面对相同的客户群体和市场渠道，具有极强的关联性；③引证商标具有较强的显著性、独创性；④引证商标具有较高知名度；⑤被异议人具有主观恶意；⑥被异议商标的注册使用，容易导致公众的混淆误认。鉴于对《类似商品和服务区分表》的突破旨在避免混淆的前提下制止恶意注册行为，故上述第2项和第5项为关键要件。在准备相关证据方面，企业需要紧紧围绕这6个要件进行准备，如果第2项和第5项证据非常充分，那么胜率将大大增加。

案例四

第 12214255 号"卢雪"商标异议申请案

商标图样：卢雪
申请号：12214255
商标类别：41
商品/服务项目：教育；培训；安排和组织培训班；安排和组织会议；流动图书馆；图书出版；翻译；节目制作；健身俱乐部（健身和体能训练）；为艺术家提供模特服务
被异议人（商标申请人）：北京创世星辰企业管理咨询有限公司
异议人：卢雪

案情介绍：

异议人的理由和依据：

被异议人于 2013 年 3 月 1 日申请了第 12214255 号"卢雪"，2014 年 5 月 6 日经商标局初步审定并刊登在 1406 期《商标公告》上，知名剪纸艺术家、中国艺术剪纸协会会长卢雪在法定限期内对被异议商标提出异议申请。理由如下：

1. 异议人卢雪是国内外知名的剪纸艺术家，以其唯美风格，诗化表现剪纸艺术，成为我国艺术剪纸的代表人物。其创办中国艺术剪纸协会和卢雪艺术剪纸馆，被授予中国地质大学客座教授、2005 年被中国艺研究院聘为"民间艺术创作研究员",多次收到外国邀请举办个人作品展、出席国内外重要活动,作品被中国人民大会堂、外国元首及名人所收藏。卢雪被香港媒体称为"国宝级艺术家",在国内外艺术界具有极高的知名度和影响力。

2. 被异议商标与异议人的姓名完全相同,注册使用在"教育、培训、安排和组织会议、节目制作"等服务上,很容易令消费者对服务来源产生误认,以为这些服务系由异议人或者与异议人具有特定联系的企业提供。因此被异议人申请被异议商标的行为具有明显攀附异议人声誉的恶意,损害了异议人在先的姓名权,违反了2013年《商标法》第三十二条之规定,依法应予驳回。

3. 异议人2012年参加过被异议人举办的《学习型东北企业家论坛》,与被异议人具有往来关系,因此被异议人对于异议人理应知晓,其注册行为具有明显恶意,有违诚信原则,理应予以驳回。

异议人的主要证据:

1. 异议人履历及成就简介;

2. 异议人参加社会活动图片及与国内外知名人士的部分合影;

3. 被异议商标申请注册前,关于异议人的部分网络宣传材料;

4. 各地学教及研究中心向异议人颁发的聘书复印件;

5. 异议人在学校进行辅导、举办讲座等教育活动的照片;

6. 卢雪作品出版、展览的证据;

7. 异议人为中小学生创作的剪纸教程出版封皮复印件;

8. 被异议人企业简介及其董事长的有关宣传资料;

9. 异议人参加被异议人举办《学习型东北企业家论坛》活动照片。

被异议人在法定限期内未提交答辩。

裁决结果：

商标局审查认为，异议人为知名剪纸艺术家，创办中国艺术剪纸协会担任会长，并出席各种活动。被异议商标"卢雪"指定使用服务为"培训、图书出版、为艺术家提供模特服务"等，与异议人所在行业具有一定关联，且异议人提供的证据可以证明异议人在该行业内已具有较高知名度，被异议商标的注册侵犯了异议人的姓名权，以及可能使消费者误认为标有该商标的服务内容与异议人存在关联，从而对服务的真实来源产生混淆。

故，依据2013年《商标法》第十条第一款第七项、第三十二条之规定，决定不予核准被异议商标注册。❶

法律依据：

该案适用2013年《商标法》

《商标法》第十条："下列标志不得作为商标使用……（七）带有欺骗性，容易使公众对商品的质量等特点或者产地产生误认的。"

《商标法》第三十二条："申请商标注册不得损害他人现有的在先权利，也不得以不正当手段抢先注册他人已经使用并有一定影响的商标。"

对企业的启示：

商标法所保护的姓名包括户籍登记中的姓名、别名、笔名、艺名、雅号、绰号等所有使公众联想到特定人物的姓名。根据商标法律规定和法律实践，共有三个法条涉及对姓名权的保护，姓名权人、近亲属及后人需要根据被异议商标所损害的法益适用相应的条款：

一是第十条第一款第七项："带有欺骗性，容易使公众对商品的质量

---

❶ 商标局作出的(2015)商标异字第0000060185号《关于第12214255号"卢雪"商标不予注册的决定》。

等特点或者产地产生误认的"不得作为商标使用。

该案中商标局主动适用第十条第一款第七项作为不予核准被异议商标注册的理由在于该商标由卢雪女士的姓名构成，考虑到卢雪女士作为国内艺术剪纸行业公众人物的地位和影响力，被异议人在卢雪女士所从事的艺术剪纸关联性极强的教育培训、文体行业擅自注册被异议商标的行为容易导致公众对服务来源产生误认。这种带有欺骗性的商标对我国艺术剪纸行业的发展和公众的合法权益都将产生破坏作用，因此应为法律所禁止。权利人在适用本项规定时，需要提供证据证明商标所指向特定的人与商标所指定的商品/服务之间具有较强关联性，容易使公众造成产源误认结果，其主张方能得到支持。反之，假设"卢雪"商标被使用在"化工、家电"等商品上，与"艺术剪纸"行业相去甚远，那么该商标产生产源误认的可能性极低，自然无法适用本项规定。

二是第十条第一款第八项："有害于社会主义道德风尚或者有其他不良影响的"不得作为商标使用。

本项规定适用于商标中含有政治、宗教、历史方面的公众人物姓名，且该商标足以对我国政治、经济、文化、宗教、民族等社会公共利益和公共秩序产生消极、负面影响的情形。首先，商标法所保护的人物是在国内外相关领域具有影响力和代表性的人物，包括历史人物和当代人物。如孔子、梅兰芳、普京等；其次，该商标足以对社会公益和公共秩序产生不良影响。一般认为这三类公众人物身份特殊，社会影响力广，将其姓名作为商标注册使用带来的后果不可想象，因此适用本项规定时，商标指定使用在何种商品/服务上并非必需考量因素。当然如果在特定商品上的使用可能对其人格造成丑化、贬损效果的话，商标局不予注册此类商标的机会更将大大增加。

三是第三十二条前半段："申请商标注册不得损害他人现有的在先权利"。

与第十条第一款的立法目的不同，本条旨在以保护在先姓名权人的民事权利为目的，故适用本条需满足以下两个要件：①该姓名权人具有一定知名度和影响力，在公众中该商标直接指向该姓名权人；②该商标可能给姓名权人造成损害，此处并不要求"实际损害"，只要被异议商标所指定的商品/服务上，公众能够将该商标与特定姓名权人建立对应关系，即可认为存在损害可能性。一般我们认为姓名权人的知名度越高，其受损可能性越高、损害结果将越严重，因此提供姓名权人知名度证据对于推定损害非常重要。另外，此类案件的发生往往并非巧合，而是被异议人主观上具有利用姓名权人声誉或者损害姓名权人合法权益的恶意，因此我们尽可能搜寻被异议人知晓异议人，或者与异议人存在特定关系的证据对于事实认定也将有极大帮助作用。该案中，异议人提供其受邀参加被异议人举办的活动照片即对案件定性起到关键作用。

  实践中，我们遇到此类侵犯姓名权的案件，权利人的证据往往容易提供且非常充分，因此异议成功概率较高。基于此，企业以他人姓名作为商标注册时应极其慎重并事先取得姓名权人的书面许可，这作为今后法律纠纷中的抗辩至关重要。

案例五

第 13896770 号"维柴亲人"商标异议申请案

商标图样：维柴亲人
申请号：13896770
商标类别：07
商品/服务项目：空气滤清器（引擎部件）；机油滤清器（引擎部件）；柴油滤清器（引擎部件）；汽车发动机冷却用水箱；马达和引擎用传动带；增压机；汽车水泵；空气压缩泵；气泵（车库设备）；汽车发动机用机油泵

被异议人（商标申请人）：杨梅红
异议人：潍柴动力股份有限公司

案情介绍：

异议人的理由和依据：

被异议人于 2014 年 1 月 13 日申请了第 13896770 号"维柴亲人"商标（以下简称"被异议商标"），2015 年 1 月 20 日经商标局初步审定并刊登在 1440 期《商标公告》上。2015 年 4 月 18 日，潍柴动力股份有限公司对被异议商标提出异议申请。理由如下：

1. 异议人作为国内综合实力最强的汽车及装备制造集团之一，在汽车动力装置及相关产品上具有极高知名度。"潍柴"商标系异议人独创，经过 60 多年的使用宣传，已在消费者中享有极高的知名度和美誉度，并与异议人形成了唯一产源联系。

2. 被异议商标与异议人在先注册在第 7 类"车辆马达、引擎及其零部件，泵，阀和各类气动元件"商品上的第 3175016 号"潍柴"商标、第 3763034 号"潍柴动力 WEICHAI POWER 及图"商标、第 9324221 号"潍柴动力 WEICHAI POWER 及图"、第 9364908 号"潍柴动力 WEICHAI POWER 及图"系列商标构成使用在相同和类似商品上的近似商标，极易造成消费者的混淆和误认，违反了 2013 年《商标法》第三十条之规定，应依法予以驳回。

3. "潍柴"系异议人长期使用的知名企业商号，与"潍柴"外形近似的被异议商标的注册侵犯了异议人在先商号权，违反了 2013 年《商标法》第三十二条之规定，应依法予以驳回。

4. 被异议商标由"维柴"和"亲人"两部分组成，其中"维柴"系对异议人之"潍柴"商号兼商标的抄袭模仿，"亲人"系对国内重型汽车龙头企业中国重型汽车集团有限公司（以下简称"中国重汽"）之"亲人服务"知名商标的复制摹仿。众所周知，潍柴动力与中国重汽之间有着悠久的历史渊源，作为自然人的被异议人将两家企业核心商标组合注册为被异议商标绝非巧合，具有明显的攀附他人知名商标商誉的主观恶意，有违诚实信用原则，应依法予以制止。

异议人的主要证据：

1. 中国内燃机工业协会出具的证明被异议人在行业内的排名、影响力的证明；

2. 异议人的商品销售、出口证据；

3. 异议人驻外办事处及特约维修站目录复印件；

4. 异议人商标的实际使用图片；

5. 异议人各种媒体广告及宣传资料，广告投放量证明；

6. 各级领导前往视察异议人的照片和报道；

7. 异议人引证商标注册清单以及异议人在其他类别注册"潍柴"商标的清单；

8. 关于异议人与中国重型汽车集团有限公司之关系报道和法律文书；

9. 异议人从网络上查询到哈尔滨的维柴亲人服务配件经营店相关信息。

被异议人答辩理由：

1. 被异议商标与异议人引证商标外形区别明显，二者不构成近似商标；

2. 被异议商标的注册不会导致消费者误认误购，符合法律注册规定。

被异议人提供了企业营业执照等证据。

裁决结果：

商标局审查认为，被异议商标与异议人系列引证商标所使用的商品构成相同/类似商品。异议人提供证据可以证明"潍柴"商标具有较高知名度，被异议商标与引证商标读音、字形均构成近似，易使相关公众误认为其与"潍柴"商标系来自同一市场主体的系列商标或存在特定联系，从而对商品的来源产生混淆误认。因此，双方商标已构成使用在同一种或类似商品上的近似商标。

综上，商标局依据2013年《商标法》第三十条有关规定不予核准被异议商标注册。[1]

---

[1] 商标局作出的(2016)商标异字第0000027363号《关于第13896770号"维柴亲人"商标不予注册的决定》。

法律依据：

该案适用 2013 年《商标法》

《商标法》第三十条："申请注册的商标，凡不符合本法有关规定或者同他人在同一种商品或者类似商品上已经注册的或者初步审定的商标相同或者近似的，由商标局驳回申请，不予公告。"

《商标法》第三十二条："申请商标注册不得损害他人现有的在先权利，也不得以不正当手段抢先注册他人已经使用并有一定影响的商标。"

对企业的启示：

该案中，商标局并未对异议人所主张的第三十二条"在先商号权"进行审查，根据以往在先商号权对抗在后商标权的案例，该案中异议人提供了其在行业内具有极高知名度和影响力的证据，以及被异议人利用异议人声誉谋取不正当利益的证据，认定被异议商标损害异议人在先商号权应是不存在疑义的，但是在异议案件审查中商标局有时会优先审查商标权之间的对抗，如果能够认定被异议商标侵犯他人在先商标权，则对于异议人的其他主张便不再审查了，该案就属于这类情况。但是从权利声索角度来说，笔者仍旧主张异议人将其所有可主张的合法权利和权益明确列举，以便于审查员对案件全面审查、迅速定性。

在异议裁定中，商标局认为被异议商标与异议人引证商标所指定的商品构成相同和类似商品并无异议，因为无论是从《类似商品和服务区分表》中的群组划分，还是考虑双方的功能用途、消费群体、销售渠道等，都符合类似商品的判断标准。双方争议的焦点集中在"潍柴"和"维柴亲人"是否构成近似商标。

根据最高人民法院的司法判断商标原则包括三点：①以相关公众的一般注意力为标准。这里的相关公众不仅包括客户和消费者，也包括同行业者；②既要进行整体比对，又要对主要部分进行比对；③应考虑请求保护的注册商标的显著性和知名度。商标近似判断的标准比较明确，笔者在此就不对商标局对于两商标近似的结论进行评价，重点就异议人的主张和证据对本案结论的影响提出建议。

就文字的组成、读音和含义来看，"潍柴"和"维柴亲人"二者确有区别。但是异议人提到非常重要的一点在于"潍柴"和"亲人"分别为国内具有行业影响力的潍柴和中国重汽的商标，且两件商标在国内同行业都具有较高知名度。根据商标法之规定，异议人虽然与"亲人"商标没有利害关系，无法对被异议人抢注"亲人"商标的行为提出异议，但是被异议商标由"潍柴"同音、外形近似的"维柴"和"亲人"组合而成，被异议人具有注册恶意之推理却已坐实。这一点对于案件最终的走向发挥了重要作用。

实践中，企业经常会遇到这种"奇葩"的恶意注册案例，而且大多数企业也只具有区域影响力，很难确认其商标是否达到"知名"的标准。在应对此类案件时，我们不仅要根据商标法和司法解释的规定，对商标近似判断作全面分析，更要对被异议人注册的商标情况、被异议人，甚至被异议人股东或者法定代表人的商标注册情况和商标使用情况进行全面调研，做到充分举证，尽可能全地收集对方恶意注册之证据，才能有效遏制恶意抢注行为。

案例六

第 4525543 号"美盛 MOSAIC 及图"商标异议、
复审及行政诉讼案

商标图样：

申请号：4525543

商标类别：05

商品/服务项目：消灭有害动物制剂；杀害虫剂；消灭有害植物制剂；防蛀剂；除莠剂；除草剂；杀寄生虫剂；污物消毒剂；医用饲料添加剂；杀螨剂

被异议人（商标申请人）：吉邦化肥（山东）有限公司

异议人：美盛公司（美国）

案情介绍：

被异议人于 2005 年 3 月 7 日申请了第 4525543 号" "商标（以下简称"被异议商标"），2008 年 2 月 27 日经商标局初步审定并刊登在 1109 期《商标公告》上。2008 年 5 月 30 日，美盛公司针对被异议商标提出异议申请，但是未被商标局支持。美盛公司不服商标局的异议裁定，于 2011 年 4 月 8 日向商标评审委员会依法提出异议复审申请后，本案还经历了行政诉讼程序。后续程序及具体情况如下。

一、商标异议复审阶段

申请人（原异议人）的异议复审理由：

1. 被异议商标与申请人在先注册的第 4226255 号 "Mosaic" 商标、第 4118226 号 "MOSAIC" 商标、第 4228482 号 "美盛" 商标构成使用在类似商品上的近似商标，违反了 2001 年《商标法》第二十八条之规定（三件引证商标的使用商品均为第 01 类 "肥料；磷酸盐；氮；碳酸钾；农业用钾；磷酸盐（动物饲料成分）；氮（动物饲料成分）"）。

2. 申请人是世界最大的高浓度磷肥和钾肥生产商，在全球多个国家和地区设有分、子公司，"美盛" 和 "MOSAIC" 作为申请人广泛使用的中英文商号，在全球化肥行业具有极高知名度和影响力。未经许可，被申请人申请注册被异议商标的行为侵犯了申请人在先商号权，违反了 2001 年《商标法》第三十一条之规定。

3. 申请人的 "美盛" "Mosaic" 商标早已在世界范围内享有很高声誉，申请人持续多年以 "Mosaic 美盛" 形式组合使用其商标的方式也早已为相关公众所熟知和接受，被异议商标完全抄袭申请人商标的使用形式，是典型的搭便车、攀附申请人商誉的不正当行为，有害于社会主义道德风尚，易产生不良影响，违反了 2001 年《商标法》第十条第一款第八项有关规定。

4. 被申请人未经许可，将与申请人 " " 图形作品几乎完全一致的图形作为商标一部分申请注册，侵犯了申请人在先著作权，违反了 2001 年《商标法》第三十一条之规定。

申请人的主要证据：

1. 国际化肥工业协会出具的证明文件；

2. 申请人公司介绍资料；

3. 申请人公司登记文件；

3. 申请人位列2010年度世界500强企业排名榜单；

4. 引证商标国内外注册证复印件。

商标评审委员会先后通过邮寄送达和公告送达方式向被申请人送达答辩通知，被申请人在法定限期内未予答辩。

异议复审裁定结果：

商标评审委员会审查认为本案的焦点集中在两点：一是被异议商标与引证商标是否构成使用在类似商品上的近似商标；二是被异议商标的注册是否构成"损害他人现有在先权利"之情形。

关于焦点问题一，审查员认为被异议商标指定使用的"消灭有害动物制剂、消灭有害植物制剂"等商品与引证商标所使用的"肥料"等商品在功能、用途、销售渠道等方面差别较大，二者不属于类似商品。

关于焦点问题二，审查员认为申请人所主张的在先权利为商号权和著作权，但是申请人提交的证据或晚于被异议商标注册申请日，或系自行制作，不足以证明"美盛""MOSAIC"作为其商号在先使用并具有一定知名度，亦不足以证明其对引证商标中的图形部分享有在先著作权。故，被异议商标的注册未构成"损害他人现有的在先权利"之情形。

针对申请人主张被异议商标构成第十条第一款第八项"有害社会主义道德风尚或有其他不良影响"之情形，审查员认为本项规定仅适用于"商标本身对社会公共利益和公共秩序产生消极、负面影响的情形"，被异议商标并不属于不得作为商标使用之标志。

综上，商标评审委员会依法裁定核准被异议商标注册。❶

---

❶ 商标评审委员会作出的商评字〔2013〕第112158号《关于第4525543号"美盛MOSAIC及图"商标异议复审裁定书》。

二、商标行政诉讼阶段

申请人美盛公司（本案原告）不服商标评审委员会（本案被告）作出的异议复审裁定，于法定限期内向北京市第一中级人民法院起诉，请求人民法院判令撤销被诉裁定，并判令被告重新作出裁定。诉讼理由如下：

1. 被告关于"诉争商标与引证商标所使用的商品不属于类似商品，二者未构成使用在类似商品上的近似商标"的认定过于教条，未考虑客观实际和行业属性、消费群体、销售渠道的特殊性，应予纠正。

2. 对比诉争商标的组成形式和原告商标的实际使用方式，可以发现诉争商标的组成形式与原告的商标实际使用方式完全相同。如果双方商标所使指定的商品同时在市场上销售，极易造成消费者的混淆与误认。

3. 原告对"MOSAIC"" "设计拥有毋庸置疑的在先著作权。诉争商标的申请显然构成对原告著作权的损害，违反了《商标法》第三十一条之规定，被告认为原告对图形部分不享有著作权的裁定属于事实认定错误，应当依法予以改正。

（1）根据原告与设计公司的协议约定，早于诉争商标申请之前，自 2004 年起原告即享有对"MOSAIC"" "设计作品的著作权；

（2）原告不仅完成其作品创作，而且通过在多国将其申请商标注册、在新闻发布会和农资专刊上公开使用等各种方式向社会发表、公示；

（3）基于原告在全球化肥行业所具有的影响力，第三人吉邦化肥（山东）有限公司同为化肥公司，完全有机会接触到原告的核心 LOGO "Mosaic"，因此第三人抄袭或者模仿原告的作品嫌疑颇大。

4. 第三人的商标注册行为具有明显的攀附原告商誉谋取不当利益的恶意。

（1）第三人在其网站上宣称其是美国吉邦化肥有限公司在大陆成立的一家合资企业，如果真如此，那么第三人自然不会不知道注册地同样在美国的世界化肥领导企业原告美盛公司，因此如果说第三人没有抢注恶意，实在很难令人信服；

（2）根据第三人网站内容显示，其在烟台设有分公司吉邦化肥（烟台）分公司，早于其烟台分公司成立的三年多以前，原告也早已在烟台设立了美盛化肥（烟台）有限公司。重要的是，根据吉邦化肥（烟台）分公司宣传网页显示二者住所地就在相邻的隔壁。如果说第三人不知晓原告及其商标实难令人相信，更难让人相信其注册行为存在"巧合"；

（3）第三人公司系生产化肥的公司，从其企业名称和网站宣传上可以看出，其目前根本不生产"杀虫剂、除草剂、医用饲料添加剂"等商品，而且事实上在市场上原告也从未发现其销售上述商品。考虑到，原告引证商标非低显著性商标，因此第三人的注册行为难谓正当。

原告不再坚持诉争商标违反2001年《商标法》第十条第一款第八项的诉讼理由。

原告的主要证据（诉讼阶段提交的新证据）：

1. 诉争商标申请人吉邦化肥（山东）有限公司及其烟台分公司的网站宣传截图、企业信息公示档案；

2. 原告与设计公司签订的设计合同、定稿文件、作品版权登记证书及中文译本等证明原告享有在先著作权的证据；

3. 原告在部分国家的商标注册证；

4. 原告通过发布会、专刊媒体发布LOGO的照片证据；

5. 原告烟台公司的企业信息档案。

被告答辩理由：

1. 诉争商标与引证商标在功能、用途、销售渠道上差别较大，二者不属于类似商品。

2. 原告在行政程序中提交的证据不足以证明其享有在先著作权。

3. 原告提交的证据不足以证明第三人具有不正当竞争、傍名牌的主观恶意,亦不足以证明被异议商标的注册会扰乱正常的市场秩序。

第三人未提交书面陈述意见。

裁决结果:

法院经审理认为,案件的焦点在于诉争商标是否违反 2001 年《商标法》第二十八条和第三十一条之规定。

首先,类似商品是指在功能、用途、生产部门、销售渠道、消费对象等方面相同,或者相关公众一般认为其存在特定联系,容易造成混淆的商品。人民法院审查判断商品是否类似,应当考虑商品的功能、用途、生产部门、销售渠道、消费群体等是否相同或者具有较大的关联性,《类似商品和服务区分表》可以作为判断商品是否类似的参考,但并非唯一依据。本案中,诉争商标指定使用的杀害虫剂等商品与原告引证商标核定使用的肥料等商品均为农用生产资料,在生产部门上具有较大关联性,且销售渠道基本一致,消费群体也基本相同,故已构成类似商品。诉争商标由引证商标组合而成,已构成近似标识。综上,诉争商标与引证商标已构成使用在类似商品上的近似商标,原告的该项诉讼理由成立。

其次,原告在诉讼阶段补充提交的其享有在先著作权的证据并未在行政阶段提交,因此并非被告作出被诉裁定的依据,故不属于本案审理范围。被告基于原告在异议复审阶段提交的证据认定其不足以证明诉争商标损害原告在先著作权并无不当。

综上,法院部分支持了原告的诉讼理由,撤销被告原裁定,判令其重新作出"不予核准诉争商标注册"的异议复审裁定。[1]

法律依据:

该案审查适用 2001 年《商标法》。

---

[1] 北京市第一中级人民法院作出的(2014)一中行(知)初字第 8780 号行政判决书。

2001年《商标法》第十条第一款第八项:"下列标志不得作为商标使用……(八)有害于社会主义道德风尚或者有其他不良影响的。"

2001年《商标法》第三十八条:"申请注册的商标,凡不符合本法有关规定或者同他人在同一种商品或者类似商品上已经注册的或者初步审定的商标相同或者近似的,由商标局驳回申请,不予公告。"

2001年《商标法》第三十二条:"申请商标注册不得损害他人现有的在先权利,也不得以不正当手段抢先注册他人已经使用并有一定影响的商标。"

对企业的启示:

该案历经商标异议、异议复审和行政诉讼一审三个阶段,最终以美盛公司胜诉告终。仅就此而言,我们认为对企业最大的启示在于,应尽可能穷尽所有法律救济途径维护自己的权利,即使第一个程序败了,第二个程序败了,可能第三个程序、第四个程序就反败为胜了。当然,穷尽法律救济应当是在计算企业成本收益前提下所做出的选择,不可一概而论。

该案异议复审和诉讼阶段的争议焦点基本相同,主要是两点:一是两商标所使用的商品究竟是否属于类似商品;二是被异议商标(诉争商标)是否损害了美盛公司在先著作权。在异议复审阶段,除了上述两个主张以外,美盛公司还主张被异议商标违反2001年《商标法》第三十一条之规定"损害了其在先商号权"、构成第十条第一款第八项所指"有害社会主义道德风尚"之情形,但是这两项理由在诉讼阶段原告均不再坚持。在此,需要提醒企业注意的是,商标授权、确权类行政诉讼案件审查的对象是行政程序阶段商标评审委员会作出裁决的程序是否合法、行政裁决本身是否合法合理,行政程序中商标评审委员会所扮演的角色更类似于司法机关居中裁决的角色,其应当根据当事人主张的理由和提供的证据作出公正裁决,因此商标评审委员会是被动的,程序的启动、法律依据、证据收集等均依赖于当事人。对于进入司法审查的行政裁决，当事人也仅能在原行政程序所主张的范围内提出诉讼理由，非因法定原因不得随意变更或者增加。诉讼阶段，美盛公司放弃其在异议复审阶段所主张的在先商号权及诉争商标有害社会主义道德风尚之诉讼理由即是其行使诉讼权利的表现。但是倘若其在诉讼阶段变更法律依据和诉讼理由，由于新提出的法律依据和诉讼理由并未经过商标评审委员会的审理，因此自然不在法院审查之列。为了避免自行政阶段起就因法律错误、诉讼理由不充分等情况导致主张不被支持的情况，我们建议企业在行政阶段尽可能将所有相关的法条依据、诉讼理由均进行全面的陈述和分析，即使未被接受，在诉讼阶段仍可以继续主张；相反一旦漏掉某项重要的法律依据和诉讼理由，则会为后续的诉讼程序带来巨大麻烦。

争议焦点及其启示：

焦点一是关于类似商品的判断问题，法院再次重申其审查判断商品是否类似应当考虑商品的功能、用途、生产部门、销售渠道、消费群体等是否相同或者具有较大的关联性。

本案中，二者指定使用商品的对比如下表所述：

商标	Mosaic 美盛	Mosaic 第4226255号	美盛 第4228482号	MOSAIC 第4118226号
	诉争商标	引证商标一	引证商标二	引证商标三
商品项目	消灭有害动物制剂;杀害虫剂;消灭有害植物制剂;防蛀剂;除莠剂;除草剂;杀寄生虫剂;污物消毒剂;医用饲料添加剂;杀螨剂	肥料;磷酸盐;氮;碳酸钾;农业用钾;磷酸盐(动物饲料成分);氮(动物饲料成分)	肥料;磷酸盐;氮;碳酸钾;农业用钾;磷酸盐(动物饲料成分);氮(动物饲料成分)	肥料;磷酸盐;氮;碳酸钾;农业用钾;磷酸盐(动物饲料成分);氮(动物饲料成分)

通过上表的对比，使用商品具有较大关联性一目了然。

此外，我们还将关注点放在二者共同的消费群体——农民，具有文化水平低、商标识别能力更弱的特点上，这类消费群体主要靠直观印象而非理性分析来识别商品来源和出处，我们不宜用专业人员对类似商品的判断标准来要求他们，对他们而言因为这样显然要求过高，我们可以想见的是，他们接触到的商品只要商标基本相同、同属农资产品，他们一般都会产生混淆性购买。

该案带给我们的启示还在于，我们在解读法律、适用法律时应当采取发展、客观的眼光，对于商标等知识产权案件而言尤其如此。法律在案件中的适用不仅需要考量当初商标申请时的客观情况，还要考虑当下的市场状况和社会背景，因为商标授权不是暂时性的法律行为，而是可以根据商标权人的需要，无限期拥有的垄断权。消费者在购买时依据的是其当下对品牌的认知能力，而不会用10年前的品牌认知指导当下的购买行为。这种矛盾也需要我们在适用法律时在不同价值中寻求利益平衡，"解百纳""金骏眉"们不都是这种情况吗？

焦点二是关于诉争商标是否损害了美盛公司在先著作权的问题。美盛公司在诉讼阶段提交的关于其享有在先著作权之证据效力并未得到法院的认可，这一点再次说明在行政程序中充分举证的重要性。如果申请人（被申请人）在行政阶段怠于举证，则将承担举证不能的不利后果，对于因此造成其主张未能得到商标评审委员会支持的情况，即使提起行政诉讼，法院一般也不再进行审查，因为商标评审委员会是依据当时双方提交的证据进行审查，而在作出裁决时也并未出现违法情形。如果存在有关证据，即使在行政程序并未提交，我们建议仍旧可以在诉讼阶段提交，当然这些证据不会成为定案证据，但是可以作为证明对方当事人存在恶意的例证，影响到法官对案件的判断，对于当事人还是有些帮助的。

案例七

第5894807号"鲁证"商标异议、复审及行政诉讼案

商标图样：鲁证
申请号：5894807
商标类别：36
商品/服务项目：保险；资本投资；期货经纪；证券和公债经纪；基金投资；证券交易行情；经纪；担保；受托管理；银行
被异议人（商标申请人）：鲁证创业投资有限公司
异议人：鲁证期货股份有限公司

案情介绍：

被异议人于2007年2月7日申请了第5894807号"**鲁证**"商标（以下简称"被异议商标"），2009年11月13日经商标局初步审定并刊登在1191期《商标公告》上。2010年2月3日，鲁证期货股份有限公司针对被异议商标提出异议申请，2012年8月23日，商标局作出异议裁定，认为：异议人未能提供证据证明其于"证券交易行情"等服务项目上在先使用"鲁证"商标，故异议人称被异议人抢先注册其在先使用"鲁证"商标证据不足，异议人称被异议商标申请注册易造成消费者混淆

误认证据不足。裁定核准被异议商标注册。❶

鲁证期货股份有限公司不服商标局的异议裁定，于 2012 年 9 月 13 日向商标评审委员会依法提出异议复审申请，该案还经历了行政诉讼程序。后续程序及具体情况如下。

一、商标异议复审阶段

申请人（原异议人）的异议复审理由：

1. 申请人成立于 1995 年，是经中国证监会批准，在山东省工商局注册登记，由齐鲁证券有限公司控股的专用期货公司。申请人经营多年，已经在相关行业群体中享有很高的知名度。

2. 第 931799 号"鲁证指数"商标（核定使用在第 36 类"证券交易行情；证券经纪；金融咨询；金融分析；经纪；不动产经纪人；不动产代理；产业代管；信托"服务项目上）最先由山东企业产权交易所申请注册，后因企业改制原因导致商标到期未及时办理续展。被异议商标的原申请人为林涛，2012 年转让给现商标注册人鲁证创业投资有限公司。林涛在明知情况下仍申请注册被异议商标的行为构成对他人商标的恶意抢注。

3. 被异议商标与申请人商号相同，基于申请人在行业的影响力，被异议商标的注册使用损害了申请人在先商号权，违反了 2001 年《商标法》第三十一条之规定。

4. 被异议商标初始注册人林涛借申请人维护自身权益的急切心理，向申请人索要高额转让费，其行为构成了不正当竞争，违反了《反不正当竞争法》第二条、第五条之规定。

---

❶ 商标局作出的(2012)商标异字第 19038 号商标裁定书。

被申请人（原被异议人）答辩理由：

1. 第931799号"鲁证"商标的原注册人山东企业产权交易所已被依法撤销，且该商标到期后并未续展。被申请人申请注册被异议商标合法正当。

2. 申请人与山东企业产权交易所无任何关系，其不具备依据2001年《商标法》第三十一条提出异议复审请求的主体资格。

3. 申请人无证据证明被异议商标侵犯了其在先商号权。

4. 被申请人通过网站、报纸等途径一直对被异议商标进行使用。

针对被申请人的答辩，申请人的质证意见：

1. 被异议商标原注册人为林涛，其在2007年提出被异议商标注册申请时，所提交的材料不符合2001年《商标法》第四条和《自然人办理商标注册申请注意事项》第1~4条的规定。

2. 申请人的母公司齐鲁证券有限公司自2001年正式开业便一直使用"鲁证"作为公司简称且具有了一定知名度，申请人作为其控股子公司有权且事实上持续在经营活动中合理使用"鲁证"，居所地同在山东省济南市的林涛不可能对"鲁证"品牌不知晓。加之，被申请人鲁证创业投资有限公司是在香港成立的公司，其公司名称与齐鲁证券有限公司2010年5月成立的全资子公司名称完全相同，这些事实足以说明被异议商标的注册绝非巧合，而是有预谋的恶意抢注行为。

3. 被申请人未提供任何证据证明鲁证创业投资有限公司已取得在中国大陆地区经营相关证券、期货业务的资质，也无证据证明其一直适用"鲁证"商标。

4. 被申请人向商标评审委员会提供虚假营业执照，系"以欺骗手段取得商标注册"的行为，违反了2001年《商标法》第四十一条第一款之规定。

针对申请人的质证意见，被申请人再次作出答辩：

1. 被异议商标的申请注册符合《商标法》的规定，不存在恶意抢注行为；

2. 申请人通过不道德行为干预被申请人在山东的业务，故被申请人才向法院提起诉讼；

3. 申请人的证据均非原件，被申请人对其真实性不予认可。

申请人的主要证据

1. 被异议商标档案及注册申请材料；

2.《商业银行法》《证券法》《期货交易管理条例》等被异议商标所涉及行业相关法律；

3. 申请人公司变更沿革档案，相关文件和批复等；

4. 山东泉鑫期货经纪有限公司股东会决议；

5. 被申请人在香港进行工商登记的资料、股东信息、公司章程；

6. 被申请人在未取得被异议商标所有权的情况下，仍旧针对申请人恶意提起民事侵权诉讼，被法院裁定驳回起诉的裁定书。

7. 外资企业在国内经营的相关法律规定；

8. 齐鲁证券有限公司在深圳成立的子公司"鲁证创业投资有限公司"的营业执照。

被申请人两次答辩均未提交证据。

异议复审裁定结果：

商标评审委员会经审理查明：

1. 被异议商标由林涛（地址：山东省济南市历城区山大南路16号3号楼7单元102号）于2007年2月7日申请，现已转让至本案被申请人。

2. 双方均提到的第931799号"鲁证指数"商标于1995年3月1日

由山东企业产权交易所提出注册申请,1997年1月14日核准注册,核定使用在第36类证券交易行情等服务上。该商标专用权至2007年1月13日,但因到期未续展,该商标专用权已经丧失。

3. 申请人名称2007年2月14日由"山东泉鑫期货经纪有限公司"第一次变更为"鲁证期货经纪有限公司",2007年12月27日第二次变更为"鲁证期货有限公司",2012年12月10日第三次变更为"鲁证期货股份有限公司"。齐鲁证券有限公司为申请人的股东之一。

结合当事人陈述的内容、查明事实和2013年《商标法》的规定,进行如下审理:

1. 关于被异议商标的申请注册是否违反了2013年《商标法》第三十二条规定,损害申请人商号权。商标评审委员会审理认为,申请人将"鲁证"作为商号登记时间晚于被申请商标申请注册的时间,因此不能认定被异议商标的申请注册损害了申请人主张的相关商号权。

2. 被异议商标的申请注册是否构成第三十二条"以不正当手段抢先注册他人已经使用并有一定影响的商标"。商标评审委员会认为,该规定适用要件要求在被异议商标申请注册之前,他人商标应在被异议商标指定使用的相同或者类似服务上经使用达到一定影响的程度。该案中,申请人提交的使用证据多数形成日期早于被异议商标的申请注册日,且有关证据显示齐鲁证券有限公司在相关文件中使用"鲁证"字样。由此表明,"鲁证"标识在被异议商标申请注册之前,已在齐鲁证券有限公司与中国证监会山东监管局等部门之间使用并在相关行业内形成一定的影响。同时也表明被异议商标的原注册人及被申请人并非"鲁证"标识的独创或在先使用人。

据审理查明,被异议商标的原注册人与齐鲁证券有限公司地处同一区域。作为在第36类服务上申请注册被异议商标的自然人或公司,应对同一区域的同行业或者相关行业有所了解,故被异议商标的原注册人在应知"鲁证"为他人在先使用商标的情况下,在与齐鲁证券有限公司经营相关的保险、期货经纪等服务上申请注册被异议商标,难谓正当。因此,可以认定被异议商标的申请注册构成了以不正当手段抢先注册他人在先使用并有一定影响的商标,违反了2013年《商标法》第三十二条的规定。

3. 关于被异议商标的申请注册是否符合2013年《商标法》第四条的规定。商标评审委员会认为,被异议商标的原注册人为自然人,其申请注册的被异议商标使用在第36类保险、银行等起点较高且专业性强的服务上,上述服务的经营主体应是符合国家相关资质、资格认定的企业单位,而被异议商标原注册人作为自然人,其注册行为已明显超出其使用能力和使用范围。加之,被异议商标的原注册人在申请时就应已知晓"鲁证"为他人在先使用的商标。故可推定被异议商标的注册属于没有真实商业使用意图的注册行为,违反了《商标法》第四条的规定,进而亦构成2013年《商标法》第四十四条第一款规定的"以不正当手段"注册商标的情形。

综上,商标评审委员会认为申请人所提异议复审理由成立,被异议商标不予核准注册。❶

二、商标行政诉讼阶段

被申请人鲁证创业投资有限公司(本案原告)不服商标评审委员会(本案被告)作出的异议复审裁定,于法定限期内向北京知识产权法院起诉,请求人民法院判令撤销被诉裁定,并判令被告重新作出裁定。诉讼理由如下:

1. 诉争商标不属于2013年《商标法》第三十二条规定的以不正当手段抢先注册他人已经使用并有一定影响的商标。被诉裁定认定的在先使

---

❶ 商标评审委员会作出的商评字〔2015〕第0000021227号《关于第5894807号"鲁证"商标异议复审裁定书》。

用人为"齐鲁证券有限公司",现有证据不能证明其与第三人存在股东关系;第三人提交的证据不能体现其将"鲁证"商标使用在保险、资本投资等行业中,且齐鲁证券有限公司与证监会山东监管局等部门之间的文件系公文手续,并非商业使用被异议商标;仅仅根据原告与第三人处于同一省市就认定原告注册商标存在恶意缺乏事实依据。

2. 诉争商标未违反2013年《商标法》第四条的规定。《商标法》第四条未明确要求自然人必须具备经营资格;诉争商标已经由原申请人林涛转至原告名下,符合经营主体资格的要求,不存在超出使用能力和使用范围的情形。

3. 诉争商标不属于2013年《商标法》第四十四条第一款规定的以"不正当手段"取得注册的情形。《商标法》第四十四条第一款针对的是损害公共利益等绝对禁止注册的行为,而本案系针对第三人的相对利益,故不适用于本案。

原告诉讼阶段未提交证据。

被告辩称:

坚持被诉裁定的认定。被诉裁定认定事实清楚,适用法律正确,作出程序合法,请求人民法院判决驳回原告的诉讼请求。

第三人鲁证期货股份有限公司提交书面陈述意见:

1. 诉争商标是对第三人及其关联公司齐鲁证券有限公司实际使用并具有一定影响力商标的恶意抢注,违反了2013年《商标法》第三十二条,依法应予驳回;

2. 被异议商标的原申请人林涛是原告的股东及实际控制人,其申请诉争商标并不具有真实使用意图,欠缺合法性和正当性基础,违反了2013年《商标法》第四条和第四十四条第一款的规定;

3. 原告实际控制人林涛通过不正当手段大量抢注、囤积多个金融行业知名商标，构成了以不正当手段申请商标注册的行为，严重扰乱金融市场的正常秩序，造成不良影响，违反了2013年《商标法》第四十四条第一款的规定。

综上，被诉裁定认定事实清楚，适用法律正确，依法应予维持，原告的诉讼请求依法应予驳回。

第三人诉讼阶段补充提交的主要证据：

1. 证监会关于核准齐鲁证券有限公司作为第三人的股东身份的通知、关于同意山东省齐鲁证券经纪有限公司更名为齐鲁证券有限公司的批复。

2. 证监会网站、搜索引擎显示的搜索网页，证明有关齐鲁证券有限公司的记载均载有"鲁证期货""齐鲁证券"等标识。

3. 近年来第三方组织和机构有关第三人的报道、宣传。

4. 证监会"关于同意山东省齐鲁证券经纪有限公司筹建的批复"，该证据显示：证监会于2001年同意筹建山东省齐鲁证券经纪有限公司，并同意山东企业产权交易所改组为一家证券营业部后并入山东省齐鲁证券经纪有限公司。

5. 林涛申请注册的商标档案信息。该证据显示，林涛作为申请人申请注册了"中超""巴克莱""淮海村镇""淮海农商"等34个金融行业商标，涵盖第36类在内近十个类别。

裁决结果：

法院经审理认为该案的焦点在于诉争商标是否违反2013年《商标法》第四条和第三十二条之规定。

1. "鲁证"商标已经在先使用并有一定影响。

（1）法院认为，从第三人在复审程序及诉讼程序提供的证据可知，齐鲁证券有限公司将"鲁证"标识使用在其向证监会、山东监管局等部门之间的往来文件中，这些往来文件不仅在上述部门之间流转，而且在证监会的网站上予以公布，相关公众通过网络渠道可以知晓；此外，通过网络搜索齐鲁证券有限公司可以看到"鲁证期货""齐鲁证券"等标识，上述内容属于提高公司知名度的公司介绍及宣传，相关公众通过上述内容可以将"鲁证"标识与齐鲁证券有限公司形成唯一对应关系，据此可以判定齐鲁证券有限公司对"鲁证"标识的使用构成商标意义上的使用。

（2）齐鲁证券有限公司使用"鲁证"标识的时间自2001年开始至诉争商标申请时止，时间跨度长达七年之久。鉴于证券投资等领域的相关公众主要为投资群体，该群体对领域内的从事证券业务的经营主体敏感性较强，据此可以判断"鲁证"商标已经为一定范围内的相关公众所知晓。

2. 关于原告注册诉争商标是否具有恶意，是否违反《商标法》第四条的问题。

从该条规定的精神来看，民事主体申请注册商标，应该有使用的真实意图，以满足自己的商标使用需求为目的，其申请注册商标的行为应具有合理性或正当性。

（1）原告主张其一直在使用"鲁证"商标并在金融投资行业有很大的知名度，但并未提供任何商标使用证据支持其上述主张。

（2）原告系在香港成立的公司，其在中国境内从事诉争商标指定使用的保险、证券等服务应当取得相关监管机构的审批，但原告并未提供任何资质证明。

（3）原告在明知其不享有诉争商标权利的情况下仍然通过诉讼向第三人主张高额赔偿，其申请注册诉争商标的目的难谓正当。

（4）诉争商标原申请人林涛除申请注册了诉争商标以外，还注册了"中超""巴克莱""淮海村镇""淮海农商"等34个商标，系典型的无合理理由大量注册囤积其他商标的行为。

综合以上事实，法院认为，林涛与齐鲁证券有限公司地处同一区域，其在申请注册诉争商标之前应当知晓"鲁证"商标系他人在先使用的商标，在此情况下仍申请注册诉争商标，该行为显属恶意，结合林涛还大量注册囤积多个他人拥有的知名商标的行为，法院据此判定，林涛申请注册诉争商标系不以使用为目的。尽管诉争商标已经转让至原告名下，但原告亦不具有在保险、证券等服务上从事经营活动的资质，且未提供任何使用诉争商标的证据，结合林涛系原告股东及董事这一事实，以及原告在不具有诉争商标权利的情况下仍然向第三人索要高额赔偿的事实，本院认定，原告申请注册诉争商标亦不以使用为目的，其注册行为不具有正当性及合理性，违反了2013年《商标法》第四条。

此外，法院认为《商标法》第四十四条第一款系针对已注册的商标，被告在被诉裁定中直接适用该条款不妥，予以纠正。

综上，法院支持了被告关于诉争商标的申请注册违反了2013年《商标法》第四条、第三十二条的认定，驳回原告的诉讼请求。❶

法律依据：

本案异议阶段审查依据2001年《商标法》，异议复审和行政诉讼阶段审查依据2013年《商标法》。

2013年《商标法》第四条："自然人、法人或者其他组织在生产经营活动中，对其商品或者服务需要取得商标专用权的，应当向商标局申请商标注册。"。

2013年《商标法》第三十二条："申请商标注册不得损害他人现有的在先权利，也不得以不正当手段抢先注册他人已经使用并有一定影响的商标。"（即：2001年《商标法》第三十一条）

2013年《商标法》第四十四条第一款："已经注册的商标，违反本法第十条、第十一条、第十二条规定的，或者是以欺骗手段或者其他不

---

❶ 北京知识产权法院(2015)京知行初字第4491号行政判决书。

正当手段取得注册的,由商标局宣告该注册商标无效;其他单位或者个人可以请求商标评审委员会宣告该注册商标无效。"(即:2001年《商标法》第四十一条第一款)

《反不正当竞争法》第二条第一款:"经营者在市场交易中,应当遵循自愿、平等、公平、诚实信用的原则,遵守公认的商业道德"。

《反不正当竞争法》第五条:"经营者不得采用下列不正当手段从事市场交易,损害竞争对手:……擅自使用他人的企业名称或者姓名,引人误认为是他人的商品……"。

《自然人办理商标注册申请注意事项》有关规定:"一、个体工商户……可以以执照上登记的负责人名义提出商标注册申请。一负责人名义提出申请时应提交以下材料的复印件(一)负责人的身份证;(二)营业执照。

3. 其他依法获准从事经营活动的自然人,可以以其在有关行政主管机关颁发的登记文件中登载的经营者名义提出商标注册申请,申请时应提交以下材料的复印件:(一)经营者的身份证;(二)有关行政主管机关颁发的登记文件。

4. 自然人提出商标注册申请的商品和服务范围,应以其在营业执照或有关登记文件核准的经营范围为限,或者以其自营的农副产品为限。

申请人提供虚假材料取得商标注册的,由商标局撤销该注册商标。"

对企业的启示:

笔者认为本案对企业的启示不仅仅是案件应对技巧,而且提醒企业要对这类常见的抢注现象给予充分的重视。

近年来,国内商标交易市场活跃,囤积商标的现象屡见不鲜。囤积者的心态大致有两种:一种是在常见日用品类别如:服装、食品、化妆品类别囤积一批好名字,这些类别申请量大、好名字越来越稀缺,而且天猫、京东等电商均要求上线品牌为注册商标,故商标需求量大,很多企业愿意花合理价格购买商标。这种行为没有损害他人的民事权利，也没有为法律所禁止，我们认为属于法律容忍范围内的、民事主体的自愿行为；另一种是有目标的、大量注册某一行业或者某一地区具有影响力企业的商标，这种行为具有事先预谋，通常以谋取不正当利益为前提，不仅损害了企业的民事权益而且对市场秩序造成了不良影响，属于法律禁止的恶意囤积行为。这种恶意囤积者其实就是我们常说的恶意抢注人，他们通常具有一定的法律知识，具有商标注册经验，躺枪对象一般是实力雄厚但是存在商标漏洞的企业，特别是国有企业。抢注人通常取得商标注册甚至通过商标局初审后就提起商标侵权诉讼，索要高额赔偿；更有抢注人会在商标注册后通过将商标转让给第三方企业的形式，将自己洗白，造成善意商标注册的假象，给受害企业取证制造障碍。

遇到这类情况，受害企业切不可抱着"破财消灾"的幻想私了，应当争取通过法律手段维护自身权益。不可否认，破财消灾方式可以节省时间，但是抢注人很多是不讲诚信、贪得无厌的，与其谈和的风险仍旧很大。所以企业要做多手准备：首先，坚决针对抢注人的商标提起异议或者无效宣告申请，占据主动权。对于抢注人已经提起侵权诉讼的，企业应同时向受案法院提出中止审理或者驳回对方起诉的请求。其次，保存好抢注人敲诈索赔的证据，如：意向书、邮件、录音、录像证据等，并对抢注人的背景和商标囤积情况进行调查，收集对方恶意抢注的证据。最后，收集自己在先使用、善意使用的证据，或者自己对商标享有其他在先权利的重要证据。

该案就是典型的恶意抢注案件。受害企业主张权利时常见法律依据包括2013年《商标法》第四条、第七条第一款、第三十二条和第四十四条第一款。

第七条第一款规定"申请注册和使用商标，应当遵循诚实信用原则"，在代理过程中，我们曾遇到过商标局在异议案件中引用该条款作为遏制恶意抢注的法律依据，但是有法院对此持不同观点，认为《商标法》

并未将第七条第一款原则性规定列为提起异议或者无效宣告申请的法律依据，因此该条款不宜作为法律依据在裁决中适用。为了规避因法律适用问题造成企业维权不利，笔者在此提醒企业在不同法律程序中要准确应用该原则性条款，为了应对后续的诉讼程序，建议企业在引用该条款的同时根据案情同时引用第四条、第十条第一款第七项或第八项、第三十二条等规定更为稳妥。当然，笔者认为诚实信用原则作为民法的帝王原则，在法律实践中理应得到尊重和承认。因《商标法》立法缺陷导致企业无法直接在商标诉讼案件中适用，显然不利于企业合法权利的保障，也不利于公平市场秩序的建立。因此，有必要通过立法解释或者未来的修法程序予以弥补。

第四十四条第一款则明确了商标自始无效的几种情形，遵循立法原意，本条款明确仅适用于已注册商标宣告无效的情况。其中，商标局只能依职权启动宣告无效程序，而商标评审委员会也只能依申请启动无效宣告程序。根据行政法"法无授权不可为"原则，在商标异议程序、商标不予注册复审的答辩程序中，企业不宜引用本条款规定主张权利。

该案争议焦点在于《商标法》第四条之理解以及第三十二条所指"商标在先使用并产生一定影响"之认定。

就《商标法》第四条而言，商标评审委员会和法院均认为其可作为遏制非法囤积商标资源行为的法律依据予以适用。在株式会社百利达上诉商标评审委员会二审行政判决书中，北京市高级人民法院认为："商标法第四条规定作为宣示性规定，其立法本意在于规范商标申请的目的，即申请商标应当出于生产、经营所需，而非囤积商标资源，造成商标资源的浪费。"[1] 在圣博食品贸易公司上诉商标评审委员会二审行政判决书中，北京市高级人民法院也进一步指出："商标专用权作为一种民事权利，应由法律规定的民事主体来行使，申请商标注册的主体必须为自然

---

[1] 北京市高级人民法院（2016）京行终字 1459 号行政判决书。

人或者依法登记注册的法人、其他组织，申请注册商标的目的应是基于生产、经营之需要。"❶ 上述判决指导我们在适用第四条时，首先应当证明抢注人注册商标的数量超出合理范围，缺乏合理解释。如该案中抢注人申请商标达34件且多为金融类商标，金融企业鲜有注册如此多的商标注册需求，即便有，商标名称也是具有密切相关性的。本案抢注人的行为显然有悖常理；再者，应当证明抢注人注册商标的目的不是出于生产、经营所需。这个可以从抢注人的主体资格、抢注人是否具有抢注商标所使用范围的经营资格、抢注人是否有实际使用行为、抢注人注册商标后是否有诉讼索赔或者洽谈转让行为等方面进行分析。企业需同时就上述两方面提供充分证据，让法院确信抢注人非基于生产、经营之需要囤积商标，则其主张可以获得法院支持。

关于第三十二条所指"商标在先使用并产生一定影响"之认定。在"商标使用"的认定上，北京市高级人民法院作出的（2010）高行终字第294号行政判决书中指出："商标使用应当具有真实性和指向性，即商标使用是商标权人控制下的使用，该使用行为能够表达出该商标与特定商品或服务的关联性，能够使相关公众意识到该商标指向了特定的商品或服务"❷，该案中齐鲁证券公司将"鲁证"标识公开使用在与主管部门的往来文件中且通过各类网站予以发布，这说明齐鲁证券公司主观上具有使用"鲁证"商标的意图，客观上进行了使用"鲁证"商标的行为，且达到了在相关公众中建立"鲁证"商标与齐鲁证券公司所提供的金融服务之间唯一指向关系的效果，故可认定为商标意义上的使用。由于金融行业的专业性和特殊性，加上网络的传播效果，其任何商标使用行为都会在短时间内引起相关公众的关注，故可以认定其商标使用产生了一定影响。对于广大企业来说，在适用第三十二条主张权利时，一方面要收集证据证明抢注人主观上存在恶意；另一方面要证明在相同或者类似商

---

❶ 北京市高级人民法院(2016)京行终字3641号行政判决书。
❷ 北京市高级人民法院作出的(2010)高行终字第294号行政判决书。

品上，企业已经在先使用商标并具有一定影响。具有一定影响并不要求商标持续使用达到一定程度，但是要达到相关公众知晓的程度。譬如企业、企业股东在某个领域具有一定的知名度或者网络上短时间出现大量有关企业从事某项活动、投资某个项目的信息，这些都可以作为"具有一定影响力"的证据。在千慧代理的案件中，我们发现证明商标具有一定影响力并不困难，难点在于提供在先使用的证据。有些时候企业还只是在筹划、选稿、内部商议和申报阶段，商标就已经被他人知晓并抢注了，此时如果有关证据留存不完整，再加上无法提供抢注人与企业之间的关系之证据，那么依据第三十二条主张权利将很难被支持。鉴于此，我们认为防范于未然，企业做好保密工作、与相关人员签订完整的保密协议，留存有关会议记录证据、申报证据等至关重要。

案例八

第5676649号"金宇星JINYUXING"商标异议复审及行政诉讼案

商标图样：金宇星 JINYUXING

申请号：5676649

商标类别：12

商品/服务项目：汽车；机车；车轮；自行车；摩托车；电动自行车；手推车；陆、空、水或铁路用机动运载器；车辆轮胎；缆车。

被异议人（商标申请人）：台州市金宇机电有限公司（原王加许）[1]

异议人：山东金宇轮胎有限公司

案情介绍：

被异议人于2006年10月23日申请了第5676649号"金宇星JINYUXING"商标（以下简称"被异议商标"），2009年4月20日经商标局初步审定并刊登在1164期《商标公告》上。2009年5月19日，山东金宇轮胎有限公司针对被异议商标提出异议申请，2011年5月25日，商标局作出异议裁定，认为二者不构成类似商品上的近似商标，故裁定核准被异议商标注册。

山东金宇轮胎有限公司不服商标局的异议裁定，于2011年7月19日

---

[1] 第5676649号"金宇星"商标原申请人系王加许，2014年9月20日转让至台州市金宇机电有限公司。

向商标评审委员会依法提出异议复审申请后，该案还经历了行政诉讼程序。

一、商标异议复审阶段

申请人（原异议人）的异议复审理由：

1. 被异议商标与申请人在先注册的第4487671号"金宇"商标构成使用在相同和类似商品上的近似商标，根据《商标法》第二十八条、第二十九条之规定，应依法予以驳回；

2. 申请人早于被异议商标申请注册前在车辆轮胎制造行业已具有较高知名度和影响力，被异议商标的申请注册损害了申请人在先商号权，根据《商标法》第三十一条之规定，应依法予以驳回；

3. 被异议商标系对申请人在先商标的模仿，违反了诚实信用原则，不应核准该商标注册。

被申请人（原被异议人）答辩理由：

1. 被异议商标与申请人商标未构成类似商品上的近似商标；
2. 被异议商标没有恶意注册的故意，没有损害申请人的在先商号权。

申请人的主要证据：

1. 申请人相关情况介绍；

2. 申请人具有良好经营状况的证明文件；

3. 申请人商标的广告宣传情况；

4. 申请人及"金宇"商标所获荣誉情况；

5. 申请人商标注册证；

6. 国家工商行政管理总局商标局关于"金宇"商标认定为驰名商标的批复。

被申请人的主要证据：

1. 实际使用被异议商标的经营主体的经营资质；
2. 使用被异议商标商品的使用情况和销售情况证据；
3. 被异议商标广告宣传情况；
4. 被异议商标及经营主体所获荣誉情况。

异议复审裁定结果：

商标评审委员会经审理认为，被异议商标完整包含了异议人引证商标，且未形成新的含义，二者指定使用商品类似或者密切相关，如果并存易造成消费者的混淆或者误认，故两商标已经构成使用在相同或者类似商品上的近似商标。

申请人提交的在案有效证据尚不足以证明其字号于被异议商标申请日前在相关公众中已具有一定知名度，因而无法证明被异议商标的申请注册构成损害其在先权利的情形。

综上，商标评审委员会认为申请人所提异议复审理由部分成立，依法裁定被异议商标不予核准注册。[1]

二、商标行政诉讼阶段

（一）一审阶段

被申请人王加许（本案原告）不服商标评审委员会（本案被告）作出的异议复审裁定，于法定限期内向北京市第一中级人民法院起诉，请求人民法院判令撤销被诉裁定，并判令被告重新作出裁定。诉讼理由如下：

1. 被异议商标与引证商标（申请人"金宇"商标）不构成近似商

---

[1] 商标评审委员会作出的商评字〔2013〕第05271号《关于第5676649号"金宇星"商标异议复审裁定书》。

标。原告认为被异议商标具有特定的含义，而非被告所述未形成新的含义。被告仅以被异议商标完全包含引证商标就认定二者构成近似商标是错误的；

2. 被异议商标与引证商标所使用商品不构成类似商品。被异议商标所使用的商品除"车辆轮胎"属于1208群组以外，其他商品与引证商标所使用的1208群组商品均不属于相同或者类似商品。（注：第4487671号"金宇"引证商标核定使用商品为第12类"车辆外胎胎面（拖拉机）；汽胎（轮胎）；汽车内胎；车辆轮胎；车辆用轮胎；充气外胎（轮胎）；车辆实心轮胎；车轮胎；汽车胎；飞机轮胎"。）

被告辩称：

坚持被诉裁定的认定。被诉裁定认定事实清楚，适用法律正确，作出裁定程序合法，请求人民法院判决驳回原告的诉讼请求。

第三人山东金宇轮胎有限公司提交书面陈述意见：

1. 被异议商标与引证商标构成使用在类似商品上的近似商标；

2. 引证商标具有较高知名度，2011年引证商标被认定为驰名商标的事实说明引证商标的知名度长期、持续存在。被异议商标的使用将误导相关公众，损害第三人的合法权益；

3. 被异议商标的注册存在明显恶意。

综上，被诉裁定认定事实清楚，适用法律正确，依法应予维持，原告的诉讼请求依法应予驳回。

原告和第三人诉讼阶段均未提交证据。

法院判决结果：

法院经审理认为该案的焦点集中在二者是否构成使用在类似商品上的近似商标。

根据相关法律规定，商标近似是指商标文字的字形、读音、含义或者图形的构图及颜色，或者其各要素组合后的整体结构相似，或者其立体形状、颜色组合近似，易使相关公众对商品的来源产生误认或者认为其来源与注册商标的商品有特定的联系。该案中，被异议商标由文字"金宇星JINYUXING"组成，其显著识别部分"金宇星"完整包含了引证商标"金宇"，二者在文字构成、呼叫、含义上未形成明显差异，构成近似商标。

根据相关法律规定，商品类似是指在功能、用途、生产部门、销售渠道、消费对象等方面相同，或者相关公众一般认为其存在特定联系、容易造成混淆的商品。该案中，引证商标核定使用的商品均与轮胎有关，其仅与被异议商标指定使用的车辆轮胎商品构成类似商品，而与被异议商标指定使用的其他商品如自行车、缆车等在功能、用途、生产部门、销售渠道、消费对象等方面差异较大，未构成类似商品。被告的相关认定错误，本院予以纠正。

综上，北京市第一中级人民法院部分支持了被告的裁定，依法驳回原告的诉讼请求。[1]

(二) 二审阶段

上诉人（原审被告）国家工商行政管理总局商标评审委员会不服北京市第一中级人民法院的行政判决，向北京市高级人民法院提起上诉。

裁决结果：

北京市高级人民法院经审理认为，各方当事人对于商标评审委员会关于被异议商标与引证商标构成近似商标的认定不持异议。焦点在于类似商品的认定问题。

该案中，引证商标核定使用的商品为车辆轮胎、飞机轮胎等，不但

---

[1] 北京市第一中级人民法院(2013)一中知行初字第1464号行政判决书。

与被异议商标指定使用的车辆轮胎商品构成类似商品,而且与被异议商标指定使用的汽车、机车、车轮、摩托车等商品属于整体与部件的关系,在生产部门、销售渠道、消费对象等方面有高度重合之处,应认定为类似商品;但是与被异议商标指定使用的其他商品如自行车、电动自行车、手推车、缆车以及陆、空、水或铁路用机动运载器在功能、用途、生产部门、销售渠道、消费对象等方面差异较大,未构成类似商品。商标评审委员会的相关认定依据不足,原审判决予以纠正是正确的,但其认定引证商标核定使用的商品与被异议商标指定使用的除车辆轮胎外的所有其他商品在功能、用途、生产部门、销售渠道、消费对象等方面差异较大,均未构成类似商品,亦有失妥当,本院依法予以纠正。❶

商标评审委员会依据北京市高级人民法院作出的终审判决,于2015年6月29日重新作出《关于第5676649号"金宇星JINYUXING"商标异议复审裁定书》,依法不予核准被异议商标在车辆轮胎、汽车、机车、车轮、摩托车商品上的注册;核准其在自行车、电动自行车、手推车、陆、空、水或铁路用机动运载器、缆车商标上的注册。❷

法律依据:

该案审查适用2001年《商标法》。

2001年《商标法》第二十八条:"申请注册的商标,凡不符合本法有关规定或者同他人在同一种商品或者类似商品上已经注册的或者初步审定的商标相同或者近似的,由商标局驳回申请,不予公告。"

2001年《商标法》第三十一条:"申请商标注册不得损害他人现有的在先权利,也不得以不正当手段抢先注册他人已经使用并有一定影响的商标。"

---

❶ 北京市高级人民法院(2014)高行终字第892号行政判决书。
❷ 国家工商行政管理总局商标评审委员会商评字〔2013〕第05271号重审第0000000757号异议复审裁定书。

对企业的启示：

正如该案一审和二审法院指出，该案焦点集中在被异议商标与引证商标是否构成近似，其使用商品是否构成类似。

遇到商标纠纷，商标是否近似、商品是否类似是我们首先需要判断的问题。二者同时成立，撤销或者阻止对方注册才存在事实基础。

该案中，就商标近似判断而言，被异议商标 金宇星JINYUXING 和引证商标 金宇 均是纯文字商标，二者均为常见字体。"金宇"属于臆造词，并非汉字中的常见词语，故显著性较强。被异议商标中的"星"字位于词尾，整体含义并未发生改变，因此二者无论从文字构成、呼叫、含义等方面均未形成明显差异，构成近似商标。随着商标申请量增大，商标审查愈发严格，词尾带有"星""宝贝""缘""亭台楼阁"处所词等商标，判为近似商标的几率较高。此外，结合2016年12月商标局和商标评审委员会发布的《商标审查及审理标准》，"中文商标由三个或者三个以上汉字构成，仅个别汉字不同，整体无含义或者含义无明显区别，易使相关公众对商品或者服务的来源产生混淆的，判定为近似商标。如：帕尔斯与帕洛尔斯、莱克斯顿与莱克斯蔓等。"[1] 在此，提醒正在商标起名或者申请商标的企业注意，务必事先了解商标审查规则，做好商标注册前查询和风险评估，尽可能降低商标驳回风险。

就商品类似判断而言，该案中商标评审委员会、北京市第一中级人民法院以及北京市高级人民法院对于商品类似的界限认定是持不同意见的。商品类似判断不是简单的量化过程，也不是从商标审查员、法官的个人角度进行的对比判断，而是站在相关公众的角度，不考虑大家的知识水平和认知能力而进行的普遍性对比，符合以下标准之一的方可判为

---

[1] 中华人民共和国国家工商行政管理总局商标局与商标评审委员会2016年12月共同发布的《商标审查及审理标准》。

类似：要么是在功能、用途、生产部门、销售渠道、消费对象等方面相同的商品；要么是相关公众一般认为其存在特定联系、容易造成混淆的商品，我们认为依此标准所进行的类似判断更加符合实质正义的要求，也能更好地保护商标权人的合法权益。该案中在此标准指引下，北京市高级人民法院经对比认为轮胎与汽车、机车、车轮和摩托车商品属于整体与部件的关系，在生产部门、销售渠道、消费对象等方面存在高度重合之处，故判定为类似商品。

另外，商品类似判断过程中也同样需要考虑引证商标的显著性、知名度等因素。该案引证商标"金宇"虽然于2011年被认定为驰名商标，晚于被异议商标的申请日期，但是驰名商标的培育和价值累积是一个长期的过程，不是一朝一夕形成的。认定为驰名商标的事实从某种程度上也肯定了此前一段时期"金宇"在轮胎行业的知名度持续存在，也承认了山东金宇轮胎有限公司对于该驰名商标所享有的合法商誉。因此，虽然驰名认定时间晚于被异议商标的申请日期而无法作为判决的事实依据，但是可以作为参考，对判决或者裁定者产生一定的影响。另外，我们需要提醒企业注意的是，在商标争议行政案件中，对于新产生的证据，可能对于案情有影响或者帮助作用的，要及时提交给商标局或者商标评审委员会，以便帮助审查员查明事实、作出合理裁决。如在本阶段未能提交的，也可在行政诉讼中举证阶段提交，但是可能因此延长案件审理程序，影响企业的合法维权。

案例九

第 5731828 号"楷模"商标异议复审及行政诉讼案

商标图样： 楷 模
申请号： 5731828
商标类别： 19
商品/服务项目： 非金属门；非金属折门；非金属百叶窗；非金属门框；非金属楼梯；地板；石料；玻璃马赛克；陶瓷窑具；非金属简易小浴室。
被异议人（商标申请人）： 孙保英
异议人： 东莞市楷模家居用品有限公司

案情介绍：

被异议人于 2006 年 11 月 20 日申请了第 5731828 号"**楷 模**"商标（以下简称"被异议商标"），2009 年 8 月 13 日经商标局初步审定并刊登在 1432 期《商标公告》上。2009 年 10 月 19 日，东莞市楷模家居用品有限公司针对被异议商标提出异议申请，2011 年 10 月 17 日，商标局作出异议裁定，认为二者不构成类似商品上的近似商标，故裁定核准被异议商标注册。

东莞市楷模家居用品有限公司不服商标局的异议裁定，于 2011 年 11 月 29 日向商标评审委员会依法提出异议复审申请后，该案还经历了行政诉讼程序。

一、商标异议复审阶段

申请人（原异议人）的异议复审理由：

1. 被异议商标与申请人在先注册在第 20 类"家具；渔篮；工作台；画框；家具门；窗帘环；枕头"商品上的第 3826807 号"楷模"商标构成使用在类似商品上的近似商标，根据 2001 年《商标法》第二十八条之规定，应依法予以驳回；

2. 申请人"楷模"商号早于被异议商标申请注册前在国内家具制造行业已具有较高知名度和影响力，被异议商标的申请注册损害了申请人在先商号权，其使用易导致相关公众混淆。根据 2001 年《商标法》第三十一条之规定，应依法予以驳回。

被申请人（原被异议人）答辩理由：

1. 被异议商标与申请人商标指定使用商品存在较大区别，未构成类似商品。被异议商标的使用不会导致相关公众产生混淆；

2. 被异议商标的注册没有损害申请人的在先商号权。

申请人的主要证据：

1. 申请人相关情况介绍；
2. 申请人引证商标注册证；
3. 申请人商标使用和宣传情况证明；
4. 申请人及引证商标所获荣誉情况。

被申请人的主要证据：

1. 被申请人及商标实际使用人的主体资格证明
2. 企业相关情况和经营状况介绍；

3. 被申请人及被异议商标所使用商品的销售、加盟证据；

4. 企业宣传资料；

5. 被异议商标及经营主体所获荣誉情况。

异议复审裁定结果：

商标评审委员会经审理认为，被异议商标指定使用的"非金属门、非金属折门、非金属门框"商品与申请人引证商标指定使用的"家具、家具门"商品在功能用途、销售渠道、消费对象等方面存在较大关联性，应属于类似商品。被异议商标与引证商标完全相同，它们并存使用在关系密切的商品上不易起到区分商品来源的作用，构成了2001年《商标法》第二十八条所指的使用在类似商品上的近似商标。

申请人提交的在案有效证据尚不足以证明其字号于被异议商标申请日前在相关公众中已具有一定知名度，因而无法证明被异议商标的申请注册易导致公众混淆，致使申请人利益可能受到损害。

综上，商标评审委员会认为申请人所提异议复审理由部分成立，依法裁定被异议商标在"非金属门、非金属折门、非金属门框"商品上不予核准注册。[1]

二、商标行政诉讼阶段

（一）一审阶段

被申请人孙保英（本案原告）不服商标评审委员会（本案被告）作出的异议复审裁定，于法定限期内向北京市第一中级人民法院起诉，请求人民法院判令撤销被诉裁定，并判令被告重新作出裁定。诉讼理由如下：

---

[1] 商标评审委员会作出的商评字〔2013〕第28997号《关于第5731828号"楷模"商标异议复审裁定书》。

1. 被异议商标复审商品与引证商标核定使用商品功能用途、销售场所、消费对象等方面均不相同，不属于类似商品；

2. 被异议商标经过长期大量商业使用，能够和引证商标加以区分。

综上，被异议商标申请注册未违反2001年《商标法》第二十八条的规定。

被告辩称：

坚持被诉裁定中的意见。被诉裁定认定事实清楚，适用法律正确，程序合法，请求人民法院判决驳回原告的诉讼请求。

第三人东莞市楷模家居用品有限公司提交书面陈述意见：

1. 被异议商标与引证商标构成使用在类似商品上的近似商标。其使用将误导相关公众，损害第三人合法权益。

2. 原告在其提供的广告宣传证据中将"楷模"商标与"KOOMO"商标同时使用。其使用行为模仿第三人的"楷模"商标与"COOMO"商标组合使用的使用方式。因此被异议商标的注册和使用存在明显恶意。

综上，被诉裁定认定事实清楚，适用法律正确，依法应予维持，原告的诉讼请求依法应予驳回。

原告在诉讼阶段提交的主要证据：

被异议商标的使用证据，包括报刊、杂志刊登的广告，产品宣传册等。

第三人在诉讼阶段提交的主要证据：

引证商标所获荣誉等相关资料。

法院判决结果：

法院经审理认为，该案的焦点集中在被异议商标所指定使用的非金属门、非金属折门、非金属门框商品，与引证商标核定使用的商品是否属于类似商品。被异议商标申请注册是否违反2001年《商标法》第二十八条的规定。

该案中，被异议商标指定使用的非金属门、非金属折门、非金属门框商品均与引证商标核定使用的家具、家具门存在较大的关联性。上述商品直接或为成品和部件的关系或具有较强的通用性，从消费对象和销售渠道因素考虑也具有一定的重叠性，属于类似商品。加之上述商标标识近似，因此被异议商标申请注册违反2001年《商标法》第二十八条规定。被异议商标的商业使用证据不足以证明其通过宣传和使用已经使相关公众将其与引证商标指向的商品来源相区分。商标评审委员会作出的第28997号裁定认定事实清楚、适用法律正确。

综上，北京市第一中级人民法院依法驳回原告的诉讼请求。[1]

（二）二审阶段

上诉人（原审原告）孙保英不服北京市第一中级人民法院的行政判决，向北京市高级人民法院提起上诉。上诉理由为：

1. 原审判决认定被异议商标指定使用商品与引证商标核定使用商品存在较大关联性、属于类似商品，理由不足；

2. 商标评审委员会第28997号裁定超越评审范围，违反评审程序，剥夺了上诉人的答辩机会，原审判决对此没有作出处理，应予以纠正；

3. 经上诉人多年努力，被异议商标已经具有了一定知名度，能够与引证商标相区分。

---

[1] 北京市第一中级人民法院(2013)一中知行初字第3398号行政判决书。

裁决结果：

北京市高级人民法院经审理认为，被异议商标指定使用的"非金属门、非金属折门、非金属门框"商品与引证商标核定使用的"家具门"商品亦构成类似商品。被异议商标与引证商标属于相同或者基本相同商标。孙保英提交的相关证据亦不足以证明被异议商标经实际使用，已经能够与引证商标相区分。因此，被异议商标的注册申请违反了《商标法》第二十八条的规定，原审判决及第28997号裁定的相关认定并无不当。

就原告提出商标评审委员会超越评审范围的主张，法院认为，"虽然楷模公司的复审理由仅涉及被异议商标所指定的1909小类的非金属门、非金属折门，与第3826807号引证商标所指定的商品2012小类家具门为类似商品"，但是楷模公司提出的复审请求为对被异议商标不予核准注册，该复审请求并未限定于被异议商标在非金属门、非金属折门商品上的注册申请，因此，商标评审委员会根据楷模公司的复审申请，对被异议商标在"非金属门、非金属折门、非金属门框"三项商品上的注册申请不予核准并未超出复审申请范围，其审理程序并无不当。[1]

综上，北京市高级人民法院驳回上诉，维持原判。

法律依据：

该案审查适用2001年《商标法》。

2001年《商标法》第二十八条："申请注册的商标，凡不符合本法有关规定或者同他人在同一种商品或者类似商品上已经注册的或者初步审定的商标相同或者近似的，由商标局驳回申请，不予公告。"

2001年《商标法》第三十一条："申请商标注册不得损害他人现有

---

[1] 北京市高级人民法院（2014）高行终字第1139号行政判决书。

的在先权利,也不得以不正当手段抢先注册他人已经使用并有一定影响的商标。"

对企业的启示:

"两家楷模傍地走,安能辨我是雄雌",这句话用在该案上是再贴切不过了。对比被异议商标与引证商标如下:

对比项目	5731828(被异议商标)	3826807(引证商标)
商标	楷 模	楷 模
商品	非金属门;非金属折门;非金属百叶窗;非金属门框;非金属楼梯;地板;石料;玻璃马赛克;陶瓷窑具;非金属简易小浴室	家具;渔篮;工作台;画框;家具门;窗帘环;枕头
类别和群组	1901;1902;1906;1907;1909;1910	2001;2002;2003;2004;2012;2013;2014

就其法律属性来说,两件商标外形基本无差别,焦点在于两组分属不同类别的商品是否可以跨类别认定为近似商品。根据类似商品区分表所述:第 19 类主要包括非金属建筑材料,第 20 类主要包括家具及其部件,两类商品的功能用途存在显著区别,事实上,以往案例中将第 19 类和第 20 类商品判定为类似商品的情形并不常见,尤其是不考虑引证商标知名度情况下更少予以认定。

但是我们要看到,异议人和被异议商标使用人均属于家居建材行业,被异议商标所使用的商品绝大部分属于独立建材系列,往往通过独立门面、独立品牌予以销售,在居然之家、欧亚达之类的综合性家居商场中异议人和被异议人商品甚至很有可能分布在同一楼层,以普通消费者的一般识别力很难将二者区分开来。因此,该案即使不考虑商标的知名度,将有关商品判定为类似商品也是符合客观实际的。

此外,被异议商标所指定的"非金属门、非金属折门、非金属门框"

属于较为宽泛的产品名称，仅以商品的材质作了定义，在实际经营活动中，对于这三项商品的范围界定，相信即使是执法人员也很难明确，依字面意思很容易被理解为"各种不属于金属材质的'门、门框'，无论是主物、从物或者附属物均属于其范畴"，那么问题就来了。无论是消费者还是执法人员，甚至是长期与商品区分表打交道的商标代理人不会细致到对于"家具门"与前述三项商品进行精细区分，而更容易将家具门视为企业生产的系列产品中的一种，造成事实性的混淆。在对方获得商标注册的情况下，在先权利人维权难度较大。通过该案，我们看到商品区分表的这种分类显然不太符合中国家居建材市场的国情，实践中也不利于商标权人维权举证。该案中，异议人也是偶然发现了被异议人制造销售相关商品，并意识到可能造成混淆的情况下启动了异议程序。事实上类似的情形还有很多，那么作为企业主动发现的毕竟是少数，为了避免类似情形发生，企业应当如何预防和应对呢？

首先，在申请注册商标前企业应当站在未来数年企业发展规划的角度考虑商标布局，尽可能全面地做好商标保护工作。比如几年前家具企业只是制造家具，但是现在很多企业已经延伸到整体家居设计服务了，产业链的延伸只是在短短的几年间，但是如果"家居设计"服务类别不提前注册保护，待到几年后再申请，出现商标无法注册的风险将大大增加，届时企业很可能面临无法解决的难题。

其次，企业生产的商品比较单一，但是该单一商品的周边商品可以一并保护。例如：企业只生产汽车整车，但是根据汽车行业现状，消费者去4S店维修保养时，购买普通的配件和原厂配件价格差距很大，很多高档车的玻璃水也都是专用的。因此，除了车辆零部件以外，企业还有必要对润滑油、防冻液、玻璃水等车辆维修保养产品一并保护，事实证明汽车市场最容易造假，最容易发生侵权的不是整车而恰恰是生产成本低廉的零部件和消耗品。

最后，企业申请商标注册时，选择商品应当准确、适当，在此基础上对可能发生营销混淆的商品进行一并保护，即按照"先准确再全面"的保护原则进行保护。比如：某企业生产糖果性状的具有解酒功能的保健品。企业营销时为了精准客户需求，强调其"解酒保健"的功能，定位为保健品；同时企业的包装设计别出心裁，采用糖果造型，命名为"某某糖"，此时注册保健品类别还是糖果类别更准确呢？如果企业只选择"保健品"进行注册，一旦被其他人钻了空子注册了"糖果"，那么不仅是营销创意被剽窃，而且容易在市场上出现同质化商品，面对维权难的困境。随着新科技、新产品的不断出现，除了传统的"非金属门"等与"家具门"等容易出现混淆的商品继续存在以外，新产品更容易因其新功能、新特点引发新的混淆争议，譬如滴滴打车究竟是软件产品还是运输服务的争论，相信这种现象会越来越多地出现在我们生活中，纵使商品区分表再如何与时俱进，总有无法涵盖的范畴。在没有明确、规范的商品名称和定类的情况下，将可能发生营销混淆的商品一并保护应当是企业低成本、全保护的最佳方案。

案例十

第4721126号"一木"商标异议复审行政诉讼案

商标图样：一木

申请号：4721126

商标类别：19

商品/服务项目：木材；地板；可塑木料；筑路或铺路材料；人造石；石膏；混凝土建筑构件；非金属砖瓦；非金属建筑物；石头、混凝土或大理石艺术品。

被申请人：卿建

申请人：青岛一木集团有限责任公司

案情介绍：

申请人卿建于2005年6月15日向商标局申请注册第4721126号"一木"商标（以下简称"诉争商标"），指定使用商品在第19类木材等商品上。

青岛一木集团有限责任公司（以下简称"一木公司"）于2004年11月1日向商标局提出"一木金菱"及图商标（以下简称"引证商标"）注册申请，2007年12月21日获准注册，专用权至2017年12月20日，核定使用的商品为第20类家具、办公家具等商品上。

一木公司在诉争商标公告期间向商标局提出异议，商标局作出

〔2011〕商标异字第22541号异议裁定，认为诉争商标与引证商标使用商品未构成类似。一木公司称卿建复制、摹仿、抄袭其商标以及侵犯其企业名称权证据不足。一木公司异议理由不成立，被异议商标予以核准注册。❶

一、异议复审阶段

一木公司不服商标局上述裁定，向商标评审委员会申请复审，理由为：一木公司对"一木"享有在先字号权，为其长期使用且具有较高知名度。被异议商标的申请注册具有明显恶意，将导致相关公众混淆误认，造成不良社会影响。因此请求依据2001年《商标法》第十条第一款第（八）项、第二十八条、第三十一条的规定，不予核准被异议商标注册。

一木公司向商标评审委员会提交了获得荣誉情况、商标注册情况、专利证书、特许经营合同、图片等复印件作为证据。

商标评审委员会作出的第34031号裁定的内容：

诉争商标文字"一木"完整包含于第4337879号"一木金菱及图"商标中，诉争商标指定使用的"木材"等商品与引证商标指定使用的"家具"等行业关联性较强，易造成消费者的混淆或误认，因而诉争商标与引证商标已构成2001年《商标法》第二十九条所指的使用在相同或类似商品上的近似商标。申请人提交的证据载明了申请人发展沿革的情况，其"一木"字号已延续使用多年，并且申请人还获得了多项荣誉。申请人提交的荣誉证书等对该项事实予以佐证，因此申请人的字号已具有一定知名度。在此情况下，诉争商标的申请注册易造成消费者的混淆，并可能损害申请人利益，因而诉争商标的申请注册亦构成2001年《商标法》第三十一条所指的损害他人在先权利的情形。申请人提交的关于其

---

❶ 商标局作出〔2011〕商标异字第22541号《关于第4721126号"一木"商标异议决定书》。

商标的使用证据，多为其"金菱"商标的使用证据，以申请人提交的在案证据无法证明其"一木"商标于诉争商标申请日前在相关公众中已具有一定影响，因而无法证明诉争商标的申请注册构成2001年《商标法》第三十一条所指的抢先注册他人已经使用并有一定影响商标的情形。2001年《商标法》第十条第一款第（八）项所指的不良影响是指因商标本身文字、图形或其他构成要素违反公序良俗而产生不良影响，本案诉争商标并未构成上述条款所指情形，因此申请人该项复审理由不成立。依据2001年《商标法》第二十九条、第三十一条、第三十三条、第三十四条的规定，商标评审委员会裁定如下：被异议商标不予核准注册。❶

二、行政诉讼阶段

卿建因商标异议复审行政纠纷一案不服商标评审委员会的裁定，于法定期限内向北京市第一中级人民法院提起诉讼。

法院认为：汉字"一木"在现代汉语中并无固定含义，具有较强的显著性，诉争商标完整包含于引证商标的显著识别部分，故应认定诉争商标与引证商标在商标标识上构成近似。诉争商标指定使用的"木材"等商品，属于引证商标核定使用的"家具"等商品的原料，两类商品具有较强的关联性，应认定为类似商品。2001年《商标法》第三十一条中规定的"在先权利"应当理解为包括字号权益。当在先形成并使用的字号在诉争商标申请注册前已经具有一定的知名度，诉争商标的注册使用可能引起相关公众的混淆误认，从而导致在先字号的权利人利益受损的情况下，诉争商标即不应获准注册。❷

---

❶ 商标评审委员会作出的商评字〔2012〕第34031号《关于第4721126号"一木"商标异议复审决定书》。

❷ 北京市第一中级人民法院（2013）一中知行初字第39号行政判决书。

法律依据：

该案审查适用 2001 年《商标法》。

2001 年《商标法》第二十九条："两个或者两个以上的商标注册申请人，在同一种商品或者类似商品上，以相同或者近似的商标申请注册的，初步审定并公告申请在先的商标；同一天申请的，初步审定并公告使用在先的商标，驳回其他人的申请，不予公告。"

2001 年《商标法》第三十一条："申请商标注册不得损害他人现有的在先权利，也不得以不正当手段抢先注册他人已经使用并有一定影响的商标。"

争议焦点：

如何判定类似商品与服务？企业字号与商标名称不一致是否会构成产源误认？

我国商标法规定商标采取分类保护原则，即根据商品和服务的不同性质，将可以保护的商品和服务项目分为 45 个大类，即不同的行业需要保护的类别不尽相同，商标使用也以核准注册项目为限。判定商品或者服务是否类似，以《商标注册用商品和服务国际分类表》《类似商品和服务区分表》作为基本依据，商标局审查时较为严格的参照类似群组的划分。但在具体案件审理过程中，会根据商标及其核定使用的商品与服务项目做出某些突破。商标评审委员会在法律使用中，制定了突破《类似商品和服务区分表》的审理标准。突破《类似商品和服务区分表》必须具备以下要件：①在先商标具有较强的显著特征；②在先商标具有一定的知名度；③系争商标与在先商标具有较高的近似度；④系争商标所使用的商品或服务与在先商标核定使用的商品或服务具有较强的关联性；⑤系争商标所有人主观恶意明显；⑥系争商标的注册或者使用，容易导致相关公众混淆和误认。运用这一标准，就是在考虑个案案情的基础上，从制止恶意注册和避免相关公众混淆的目的出发，有利于防范和制止恶意抢注行为。结合本案的情况分析，①"一木"在现代汉语中并无固定含义，具有较强的显著性；②通过提供的证据证明"一木"字号已具有一定知名度；③"一木"完整包含于"一木金菱及图"商标中，鉴于"一木"二字的独特性，两个商标构成近似；④"一木"商标指定使用的"木材"等商品与"一木金菱及图"商标核定使用的"家具"等商品的原料有关，两类商品具有较强的关联性，应认定为类似商品；⑤基于类似商品上的近似商标，"一木"商标的注册或使用，容易导致相关公众误认和混淆。商标的本质属性是区分商品和服务的来源，由此可见，在商标案件的审理中类似商品和服务的判断并不是单一的依据《类似商品和服务区分表》，而是综合多种因素，以是否构成相关公众的误认和混淆为判定标准。

企业字号与商标具有共性：①区别性。字号的区别性能够使人们把不同的企业区别开。商标的区别性能够使人们把提供不同商品与服务的企业区别开。②显著性。字号是企业名称中的核心要素，是区别不同企业的显著部分。在同一登记主管机关辖区内同行业不会出现相同近似的企业字号。商标的本质属性就是显著性，在全国范围内相同类似的商品或服务范围内不得出现相同近似的商标。③商业信誉。企业字号和商标都是企业商誉的载体，消费者通过企业名称和商标区分商品或服务的提供者。当企业提供优良的商品或服务时，消费者会更容易记住该企业的字号和商标，形成良好的口碑，提升商业信誉。从这些角度分析可以看出，如果企业字号与商标相同，当商品与服务在用途、用户、通常效用、销售渠道及销售习惯等方面的一致性时，消费者很难判断商品或服务的真正提供者，自然会造成混淆与误认。

对企业的启示：

1. 加强企业字号的保护。最大程度地做到企业字号与商标的统一。

新成立的公司,在规划企业名称时,同步做好商标注册的规划,尽量做到企业字号与商标的统一。这样可以最大程度地避免后期进行商标注册时,发现企业字号已被注册,被动地重新更换商标,而且企业字号与商标的不一致,不仅会造成消费者的误认,同时,如果对方企业提供质量较差的产品或者服务,将会很大程度上影响本企业的商誉。

2. 加强全产业链的商标保护。正如上文所述,判定商品或者服务是否类似,以《商标注册用商品和服务国际分类表》《类似商品和服务区分表》作为基本依据,但在具体案件审理过程中,会根据商标及其核定使用的商品与服务项目,做出某些突破。因此,如果企业想要保证商标的纯洁度及美誉度,在商标注册时应当具有全面性和前瞻性。全面性指对企业已从事行业的相关类别要全面保护,不能留下注册漏洞,因此商标保护不仅应当覆盖企业现有的业务范围,还应当包括商标标识本身可能应用的领域;前瞻性是指企业至少考虑将今后三至五年内发展过程中可能涉及的行业进行注册保护。如果是产品商标,在注册时除了产品本身,最好从产品的原料特点、用途、用户、通常效用、销售渠道及销售习惯等方面进行全部的规划与部署,进行全产业链商标注册,从而较好地避免侵权行为的发生。

案例十一

第 3804590 号"同福华帝缘"商标异议复审行政诉讼案

商标图样：

申请号： 3804590

商标类别： 19

商品/服务项目： 瓷砖；砖；建筑用嵌砖；非金属砖瓦；建筑用非金属墙砖；建筑用非金属砖瓦；非金属地板砖；非金属砖地；波形瓦；水磨石。

被异议人（商标申请人）： 淄博同福华帝缘建筑陶瓷有限公司

申请人： 中山华帝燃具股份有限公司

案情介绍：

淄博同福华帝缘建筑陶瓷有限公司（以下简称"同福华帝缘公司"）于 2003 年 11 月 18 日申请注册第 3804590 号"同福华帝缘及图"商标（以下简称"被异议商标"），指定使用在国际分类第 19 类的瓷砖、建筑用嵌砖、建筑用非金属砖瓦、水磨石等商品上。经审查，商标局对被异议商标予以初步审定公告。

一、商标局异议阶段

在法定异议期内，中山华帝燃具股份有限公司（以下简称"中山华帝公司"）针对被异议商标向商标局提出异议。引证商标一为第636410号"華帝Vantage及图"商标，申请日为1992年5月7日，注册人为中山华帝公司，经核准注册并续展其专用期限至2013年4月6日，核定使用在国际分类第11类的电饭煲、微波炉、燃气热水器、冰箱等商品上。2005年6月22日，商标局认定该商标为燃气灶具、抽油烟机商品上为驰名商标。引证商标二为第737603号"華帝及图"商标，申请日为1993年9月4日，注册人为中山华帝公司，经核准注册并续展其专用期限至2015年3月27日，核定使用在国际分类第19类的建筑用木材、制砖用土、石棉水泥、非金属建筑材料等商品上。

2009年8月12日，商标局作出〔2009〕商标异字第12998号《"同福华帝缘及图"商标异议裁定书》，该裁定认为：被异议商标"同福华帝缘及图"与中山华帝公司在先注册的"華帝及图""華帝Vantage及图"等引证商标指定使用商品未构成类似。中山华帝公司称同福华帝缘公司抄袭、复制并抢注其引证驰名商标以及侵犯其企业名称权证据不足，其异议理由不成立。裁定：被异议商标予以核准注册。[1]

二、商标评审委员会异议复审阶段

中山华帝公司不服商标局的裁定，向商标评审委员会提出异议复审申请，理由为：被异议商标与中山华帝公司在先驰名的引证商标一、引证商标二在构成要素、呼叫上相近。被异议商标指定使用商品与引证商标二核定使用商品构成类似商品。被异议商标与两引证商标并存，易导

---

[1] 商标局作出〔2009〕商标异字第12998号《"同福华帝缘及图"商标异议裁定书》

致相关公众的混淆误认。引证商标为中山华帝公司独创具有特定含义，在中山华帝公司长期宣传和使用中具有较高知名度，被异议商标是对中山华帝公司引证商标的恶意抢注。依据2001年《商标法》第十三条、第三十一条的规定不予核准被异议商标的注册。

2011年2月25日，商标评审委员会作出第02028号裁定，该裁定认定：被异议商标指定使用的瓷砖等商品与第636410号"華帝Vantage及图"商标（即引证商标一）核定使用的电饭煲等商品、第737603号"華帝及图"商标（即引证商标二）核定使用的建筑用木材、制砖用土等商品在功能、用途、销售渠道、消费对象等方面不同，未构成类似商品。且被异议商标与两引证商标在文字构成、整体外观上也有明显区别，故被异议商标与两引证商标未构成2001年《商标法》第二十八条所指的使用在同一种或类似商品上的近似商标。中山华帝公司主张被异议商标违反2001年《商标法》第三十一条的规定。2001年《商标法》第三十一条保护的"他人现有的在先权利"不包括商标权，本案中山华帝公司的复审理由除涉及在先商标权外，并未涉及其他在先权利，故对此项复审理由不予支持。同时，中山华帝公司提交的证据亦不足以证明被异议商标申请注册之日前其在中国大陆市场在与被异议商标指定的瓷砖等商品相同或类似商品上曾在先使用"华帝"商标，且具有一定知名度。因此，被异议商标的申请注册也未构成2001年《商标法》第十三条第一款及第三十一条有关抢先注册他人在先使用并具有一定影响商标的情形。综上，中山华帝公司所提异议复审理由不成立。依据2001年《商标法》第三十三条、第三十四条的规定，商标评审委员会裁定：被异议商标予以核准注册。❶

---

❶ 商标评审委员会作出商评字〔2011〕第02028号《关于第3804590号"同福华帝缘及图"商标异议复审裁定书》。

三、行政诉讼一审阶段

中山华帝公司不服第02028号裁定，于法定期限内向北京市第一中级人民法院提起行政诉讼。一审庭审中，中山华帝公司明确表示对于第02028号裁定作出的行政程序及该裁定中关于2001年《商标法》第二十八条的相关认定不持异议。

法院经审查认为，被异议商标由中文"同福华帝缘"及图构成，引证商标一由中文繁体字"華帝"和外文"Vantage"及图构成，两商标在整体上差异明显，难以认定属于复制、摹仿行为。而且，被异议商标指定使用的是国际分类第19类建筑用木材、建筑玻璃等商品。中山华帝公司的引证商标一核定使用的商品是国际分类第11类的燃气灶具、抽油烟机等商品，上述两类商品在功能、用途、原材料、销售渠道、消费对象等方面均存在较大差距，难以认定为关联商品。虽然中山华帝公司主张其引证商标一被商标局认定为驰名商标，但商标局认定引证商标一为驰名商标是在2005年6月22日，中山华帝公司的证据不能证明在被异议商标申请日即2003年11月18日之前"华帝"商标已经达到很高的知名度。因此，商标评审委员会以上述两类商品关联性较弱为由，认定被异议商标的注册及使用未构成对引证商标一的抄袭、模仿，且不致误导公众，未违反2001年《商标法》第十三条第二款之规定的结论正确。故商标评审委员会作出的第02028号裁定主要证据充分，程序合法，适用法律正确，依法予以维持。据此，依照《中华人民共和国行政诉讼法》第五十四条第（一）项之规定，判决：维持商标评审委员会作出的第02028号裁定。[1]

四、行政诉讼二审阶段

中山华帝公司不服原审判决，向北京市高级人民法院提起上诉，请

---

[1] 北京市第一中级人民法院（2011）一中知行初字第1795号行政判决。

求撤销原审判决和商标评审委员会作出的第 02028 号裁定,判令商标评审委员会重新作出复审裁定并承担本案诉讼费用。其主要上诉理由是:一审法院认定事实有误,判决缺乏法律依据。(1) 中山华帝公司对"华帝"享有在先权,被异议商标的注册侵害了中山华帝公司的在先权和著作权。(2) 被异议商标与引证商标构成在关联商品上的近似商标,引证商标在被异议商标申请注册前已构成驰名商标,被异议商标的注册违反了 2001 年《商标法》第十三条第二款的规定。(3) 第 02028 号裁定没有从 2001 年《商标法》保护知名商标、坚持诚实信用原则、禁止恶意注册的立法精神出发,对同福华帝缘公司不正当地利用引证商标的市场声誉、淡化引证商标显著性的行为放任纵容,裁定结果显失公正。

二审法院经审查认为,本案二审争议焦点在于被异议商标的注册是否违反了 2001 年《商标法》第十三条第二款、第三十一条的规定。中山华帝公司在一审庭审中明确表示,其对第 02028 号裁定中关于 2001 年《商标法》第二十八条的相关认定不持异议,即认可被异议商标与引证商标不构成近似商标。因此,被异议商标的注册也不存在攀附引证商标的市场声誉、淡化引证商标的显著性等情形。综上,原审判决和商标评审委员会作出的第 02028 号裁定认定事实清楚,适用法律正确,程序合法,依法应予维持。中山华帝公司的上诉理由不能成立,判决驳回上诉,维持原判。❶

法律依据:

该案审查主要适用 2001 年商标法。

2001 年《商标法》第十三条第二款:"就不相同或者不相类似商品申请注册的商标是复制、摹仿或者翻译他人已经在中国注册的驰名商标,误导公众,致使该驰名商标注册人的利益可能受到损害的,不予注册并

---

❶ 北京市高级人民法院(2012)高行终字第 227 号行政判决书。

禁止使用。"

2001年《商标法》第三十一条规定："申请商标注册不得损害他人现有的在先权利，也不得以不正当手段抢先注册他人已经使用并有一定影响的商标。"

争议焦点：

该案中，主要的争议焦点集中在引证商标是否为驰名商标以及驰名商标跨类保护的范围两个问题上。

针对第一个问题，引证商标一为驰名商标是在2005年6月22日，中山华帝公司的证据不能证明在被异议商标申请日即2003年11月18日之前"华帝"商标已经达到很高的知名度，故引证商标一不能够算作是"驰名商标"。

针对问题二，被异议商标指定使用的是国际分类第19类建筑用木材、建筑玻璃等商品。中山华帝公司的引证商标一核定使用的商品是国际分类第11类的燃气灶具、抽油烟机等商品，上述两类商品在功能、用途、原材料、销售渠道、消费对象等方面均存在较大差距，难以认定为关联商品。

对企业的启示：

该案涉及驰名商标，首先需明确驰名商标的认定时间及效力问题。如果引证商标一被认定为驰名商标的时间在2003年11月18日之前，那么该案中引证商标一能否认定为驰名商标？根据我国法律的规定，驰名商标司法认定是在个案中为保护驰名商标权利的需要而进行的法律要件事实的认定，已被行政机关或人民法院认定的驰名商标不可以作为证据直接使用，而需再行认定。因为其他已被人民法院认定的事实是稳定的，而驰名商标是一个动态变化的过程，不能直接作为证据使用；如果对已被认定的驰名商标对方当事人不提出异议，则人民法院无需再行认定，反之则需重新认定。所以，该案中引证商标是否驰名需由受理法院重新进行认定，即受理法院需认定在侵权事实发生时引证商标的知名度及影响力，从而确定其是否驰名。

其次，需明确驰名商标跨类别保护的条件。跨商品类别的保护是商标权专有性原则的例外，驰名商标跨类保护的范围涉及公平竞争与自由竞争的平衡。我国给予驰名商标跨类保护是在构成误导和损害的限度内给予的保护，应该以适度保护为原则，合理确定驰名商标的保护范围。适用2013年《商标法》第十三条第三款须符合下列条件：①他人商标在系争商标申请日前已经驰名且已经在中国注册；②系争商标构成对他人驰名商标的复制、摹仿或者翻译；③系争商标所使用的商品或服务与他人驰名商标所使用的商品或服务不相同或不相类似；④系争商标的注册或使用，误导公众，致使驰名商标注册人的利益可能受到损害。其中，"误导公众"包括以下情形：足以使相关公众认为争议商标与他人驰名商标具有相当程度的联系，而减弱驰名商标的显著性；争议商标的注册使用可能贬损驰名商标的市场声誉；争议商标的注册使用可能不正当利用驰名商标的市场声誉。

基于这一理论，企业在进行商标注册和维护时应注意两点：

1. 保留商品/服务推广过程中能够证明商标驰名的证据。此类证据可以包括该商标所使用的商品/服务的合同、发票、提货单、银行进账单、进出口凭据；销售区域范围、销售网点分布及销售渠道、方式的相关材料；涉及该商标的媒体广告等宣传材料；该商标参加展会的材料；该商标的最早使用时间和维持使用情况的相关材料；该商标的海外布局情况等。

2. 当企业的某一商标公众知名度很高时，可以考虑对该商标进行全类别注册，以便对该商标进行全方位的保护。因为，一方面驰名商标的跨类保护是有一定条件限制的，在所遇到的各种侵权案件中，很难保证每次都能满足这些限定条件；另一方面，即使能够满足上述条件，通过诉讼等手段维权的成本远远高于进行商标注册的成本。所以，无论是从全面保护还是从节约成本的角度考虑，在所有类别上均进行相应的商标注册，是更为可取的知名商标保护方式。

案例十二

第6289574号"苏诺SONOR及图"商标异议、复审及行政诉讼案

商标图样：苏诺 SONOR

申请号：6289574

商标类别：15

商品/服务项目：乐器；弦乐器；电子乐器；鼓（乐器）；打击乐器；风琴；木琴；定音鼓；乐器盒；鼓面

被异议人（商标申请人）：济南旭秋乐器有限公司

异议人：索诺公司（SONOR GMBH & CO. KG）

案情介绍：

被异议人于2007年9月24日申请了第6289574号"苏诺SONOR"商标（以下简称"被异议商标"），2009年11月6日经商标局初步审定并刊登在1190期《商标公告》上。之后，索诺公司针对被异议商标提出异议申请，2011年12月15日，商标局作出异议裁定，认为：异议人于"乐器"等商品上未在先申请注册"SONOR及图"商标，亦未提供充分证据证明其在中国大陆已在先使用"SONOR及图"商标并使之具有一定影响。异议人称被异议人抢注、复制、抄袭其引证商标证据不足。裁定核

准被异议商标注册。[1]

索诺公司不服商标局的异议裁定，于 2012 年 2 月 1 日向商标评审委员会依法提出异议复审申请后，该案还经历了行政诉讼程序。

一、商标异议复审阶段

申请人（原异议人）的异议复审理由：

1. 索诺公司系专业制造乐器的著名德国企业，在打击乐器行业已逾百年。该公司系"SONOR 及图"商标的真正创造者和合法持有者，且确已成功树立了"SONOR 及图"商标高端的知名品牌形象，索诺公司对"SONOR 及图"商标的正当权利应得到法律的有效保护。

2. 被异议商标的注册确已侵害了索诺公司知名商标的正当权利，旭秋公司的行为属于不正当竞争，应当依法予以遏制。

3. 索诺公司于 2012 年 11 月 9 日获得"SONOR"及"鼓槌"图形的中国著作权登记证书，索诺公司拥有上述作品的著作权。被异议商标的构图与上述作品如出一辙，侵犯索诺公司上述作品的在先著作权。综上，索诺公司请求依据 2001 年《商标法》第九条、第十条第一款第（八）项、第三十一条的规定，对被异议商标不予核准注册。

被申请人（原被异议人）答辩理由：

1. 旭秋公司成立于 1992 年，是一家致力于萨克斯、长笛等管乐的研发、生产、销售一体的高科技企业，产品中 85% 出口到国外市场。

2. 2007 年，旭秋公司接受"苏诺乐器（中国）有限公司"指示，以旭秋公司的名义申请注册被异议商标，其中的"苏诺"及"SONOR"源于企业字号。二者是中英文的相互辉映，构成对应关系。被异议商标中

---

[1] 商标局作出的（2011）商标异字第 51557 号商标裁定书。

的图形是旭秋公司经营的产品形状。被异议商标系旭秋公司独创并设计完成，该商标的申请注册是完全合理、合法及正当的。

3. 被异议商标通过旭秋公司的长期使用，已拥有较高的知名度。索诺公司所提证据不能证明其在世界及中国拥有较高知名度，其产品在中国未生产、销售、宣传。索诺公司在国外的商标注册与本案无关联性，其提交的证据材料不具有合法性、客观性、关联性和真实性。综上，旭秋公司请求对被异议商标予以核准注册。

申请人提交的证据：

1. 2007年"SONOR及图"品牌产品推广活动报告，"SONOR及图"品牌产品在德国及美利坚合众国展会图片，"SONOR及图"品牌产品的中国代理商出席上海展会的图片；

2. 索诺公司向旭秋公司发出的警告信函；

3. 索诺公司于1996年申请注册"SONOR及图"商标的注册情况；

4. 索诺公司"SONOR及图"宣传资料；

5. 索诺公司著作权登记证书及申请材料；

6. 被异议商标及旭秋公司第6289574号"苏诺SONOR及图"商标的相关资料；

7. 索诺公司网页资料；

8. 索诺公司"SONOR及图"商标注册资料；

9. 索诺公司合作企业网页资料；

10. 索诺公司"SONOR及图"品牌乐器在国际市场和中国市场的宣传、销售等资料。

被申请人提交的证据：

1. 苏诺乐器（中国）有限公司委托书及被异议商标设计说明；

2. 旭秋公司参加展会的手册、发票、照片及商标实际使用图片；

3. 被异议商标产品的销售合同及发票；

4. 被异议商标的相关资料。

异议复审裁定结果：

商标评审委员会经过审查认为：本案争议焦点在于被异议商标的申请注册，是否违反2001年《商标法》第三十一条规定。

"SONOR"为无特定含义的英文字母组合，加之"鼓棒图形"组合为商标，应是具有独创性的商标组合。

索诺公司创办于1875年，其商号中"SONOR"是该公司自创立伊始的公司名称，并作为商标广泛宣传和推广使用，其中图形是索诺公司独创的打击乐器棒槌的设计图，与"SONOR"作为商标组合使用享有著作权。在被异议商标申请注册日前，"SONOR及图"作为商标，索诺公司于1907年即在德国申请注册，后又在多个国家和地区注册，并持有著作权登记证书，应视为在先使用"SONOR及图"的所有人及拥有者。

被异议商标中"SONOR"及图形与索诺公司享有著作权的"SONOR"及图形标识相同，被异议商标的申请注册已构成对索诺公司在先"SONOR"及图形标识著作权的侵犯，违反了2001年《商标法》第三十一条的规定。

基于上述理由，商标评审委员会作出第35449号异议复审裁定，认为申请人所提异议复审理由成立，被异议商标不予核准注册。[1]

二、商标行政诉讼一审阶段

被申请人济南旭秋乐器有限公司（本案原告）不服商标评审委员会（本案被告）作出的异议复审裁定，于法定限期内向北京市第一中级人民法院起诉，请求人民法院判令撤销被诉裁定。诉讼理由如下：

---

[1] 商标评审委员会作出的商评字〔2013〕第35449号《关于第6289574号"苏诺SONOR及图"商标异议复审裁定书》。

1. "SONOR 及图"标识仅是普通乐器和普通英文的简单组合，没有完整地表达思想或情感，不构成作品。

2. "SONOR 及图"商标于 1907 年在德国申请注册，而"鼓棒图形"发表于 1960 年 9 月 29 日，说明上述标识已经超过我国著作权法中规定的对作品五十年的保护期限。索诺公司提交的我国著作权登记证书形成于 2012 年，不能证明上述标识的发表及形成时间。

3. 在被异议商标申请之前，并无其他在先相同或近似商标的存在，因此商标局核准本案被异议商标具有充足合法的理由。旭秋公司是被异议商标的合法所有人。

4. 被异议商标的整体并未摹仿索诺公司的在先标识或商标，也未抄袭其所谓的在先作品，第 35449 号裁定的相关认定缺乏事实依据。

综上，旭秋公司请求一审法院判决撤销第 35449 号裁定。

被告辩称：

在案证据可以证明索诺公司对相关标识享有在先著作权，被异议商标的注册侵犯其在先著作权，不符合 2001 年《商标法》第三十一条的相关规定。商标评审委员会坚持第 35449 号裁定中的各项认定意见，该裁定认定事实清楚，适用法律正确，行政程序合法，其请求法院依法判决维持该裁定。

第三人索诺公司提交书面陈述意见：

索诺公司是专业制造乐器的著名德国企业，其"鼓槌"图形和"SONOR"品牌早已在先使用并获得相关国家的商标注册，索诺公司对上述标识享有无可争辩的著作权。被异议商标系对上述标识的复制和抄袭，侵犯索诺公司的在先著作权。索诺公司同意第 35449 号裁定的认定意见，请求法院判决维持该裁定。

法院判决结果:

法院经审理认为该案的焦点在于被异议商标的注册是否侵犯他人的在先著作权,从而违反《商标法》第三十一条的相关规定:

1. 原告主张被异议商标中的"SONOR 及图"标识不构成作品,即使构成作品亦超出了我国著作权法的保护期限。一审法院认为,首先,根据《中华人民共和国著作权法实施条例》第二条的规定,我国著作权法中所称的作品,应当指具有一定独创性的且能够以有形形式复制的智力劳动成果。其次,本案中涉及的"SONOR 及图"标识由"SONOR"和"鼓槌"图形组成,其中的"SONOR"为普通字体的无含义英文单词,不能体现出该文字系创造性智力思维活动的成果;其中的"鼓槌"图形系普通乐器造型,现实生活中较为常见,亦未能体现出智力思维劳动的创作过程。因此,被异议商标中的"SONOR 及图"标识未能体现出我国著作权法所规定的独创性,其不构成作品。最后,在"SONOR 及图"标识未构成作品的情况下,本案被异议商标的申请注册亦不构成对上述标识在先著作权的侵犯。第35449号裁定中关于被异议商标侵犯第三人"SONOR 及图"标识在先著作权的认定有误,一审法院予以纠正。

2. 本案第三人在庭审中主张第35449号裁定存在漏审情况,一审法院认为:根据第三人向被告提交的异议复审请求书和质证理由中所记载的内容可知,第三人不仅向被告提出了被异议商标侵犯"SONOR 及图"标识在先著作权的复审理由,亦明确提出了被异议商标系抢注其在先使用并有一定影响商标的复审理由,但第35449号裁定并未对第三人的上述复审理由予以评述。因此,第35449号裁定存在遗漏第三人复审理由的情形,属于程序违法。被告应当结合第三人在评审阶段提交的相关证据,对第三人的上述复审理由作出相关认定。

综合以上事实,一审法院认为:原告提出的诉讼理由成立,第35449号裁定亦存在程序违法的情形,法院对于原告提出的要求撤销该裁定的诉讼请求予以支持。据此，依照《中华人民共和国行政诉讼法》第五十四条第（二）项第2、3目之规定，判决如下：

1. 撤销中华人民共和国国家工商行政管理总局商标评审委员会作出的商评字〔2013〕第35449号关于第6289574号"苏诺SONOR及图"商标异议复审裁定；

2. 责令中华人民共和国国家工商行政管理总局商标评审委员会针对索诺公司就第6289574号"苏诺SONOR及图"商标提出的商标异议复审申请重新作出裁定。❶

三、商标行政诉讼二审阶段

索诺公司不服一审判决，在法定期限内向二审法院提起上诉。理由是：

1. 被异议商标标志系抄袭索诺公司特有的、已经使用多年并为业内熟知的标志，故旭秋公司申请注册被异议商标，具有明显的主观恶意，属于典型的恶意抢注行为。一审判决据以撤销第35449号异议复审裁定的理由缺乏事实和法律依据，且不符合在先判例中提出的相关法律适用标准和商标保护司法政策。一审法院认定索诺公司主张权利的"SONOR及图"标志不具有独创性，不构成著作权法规定的作品，缺乏事实和法律依据。

2. 一审判决在评判独创性时对智力创作高度要求过高，并无法律依据。且一审判决未从"SONOR及图"标志整体来判断其独创性，而是分别认定该标志不具有独创性，然后就径行认定整个标志不具有独创性，该判断方法是错误的。故而，请求撤销一审判决，维持商标评审委员会作出的第35449号异议复审裁定。

在二审诉讼程序中，索诺公司提交了5份未在争议程序及一审诉讼

---

❶ 北京市第一中级人民法院（2013）一中行初字第3468号行政判决书。

程序中提交的证据：

1. 2006年举办的中国（上海）国际乐器展览会会刊扉页、相关参展商目录页、相关参展商简介、尾页；

2.《上海展会日报》的首页及照片页；

3. 2007年举办的中国（上海）国际乐器展览会会刊扉页、相关参展商目录页、相关参展商简介、尾页；

4. 中国音乐家协会奥尔夫专业委员会成立20周年会刊《奥尔夫在中国》扉页、目录页、第33页、第44页、第78页、尾页；

5. 上海打击乐协会出具的《证明》。

索诺公司以上述证据1~3证明在2006年、2007年举办的中国（上海）国际乐器展览会上展出标有"SONOR及图"标志标志的产品。旭秋公司也参加了上述展览会。索诺公司以上述证据9证明索诺公司在被异议商标申请日前在中国大陆地区宣传"SONOR及图"标志及标有该标志的产品。索诺公司以上述证据10证明索诺公司"SONOR及图"品牌为国际打击乐知名品牌，自2004年起在中国广为宣传。

商标评审委员会、旭秋公司对上述证据的真实性均无异议。旭秋公司主张上述证据与本案无关联性。

二审法院认为，2001年《商标法》第三十一条规定："申请商标注册不得损害他人现有的在先权利，也不得以不正当手段抢先注册他人已经使用并有一定影响的商标。"

著作权法所称作品是指文学、艺术和科学领域内具有独创性并能以某种有形形式复制的智力成果。

索诺公司主张权利的"SONOR及图"标志中，"SONOR"为普通字体的无含义英文字母组合，虽然"SONOR"的组合需要进行选择，但仅以此不能使"SONOR"组合具有著作权法意义上的独创性。索诺公司主张权利的"SONOR及图"标志中的图形，以相关公众的认知水平，可以认定为是普通乐器"鼓槌"的造型，其在现实生活中较为常见，未体现出其付出了创造性的智力劳动，因此，不具备著作权法意义上的独创性。一审法院关于索诺公司主张权利的"SONOR及图"标志中的"SONOR"字母组合、"鼓槌"图形分别不具备独创性，不构成著作权法意义上的作品的认定并无不当。但是，一审法院在未对"SONOR"与"鼓槌"图形组合后构成的"SONOR及图"标志整体不构成著作权法意义上的作品的理由进行说明即认定"SONOR及图"标志不构成作品，显属不当。将并无含义的"SONOR"字母组合与"鼓槌"图形进行结合，构成其中索诺公司主张权利的"SONOR及图"标志包含了作者相应的智力劳动的成果，符合著作权法所规定的独创性的要求，"SONOR及图"标志构成著作权法意义上的作品。一审法院对此认定错误，应予纠正。

根据著作权法的规定，法人或者其他组织的作品、著作权（署名权除外）由法人或者其他组织享有的职务作品，除署名权、修改权、保护作品完整权外的其他权利的保护期为五十年，截止于作品首次发表后第五十年的12月31日，但作品自创作完成后五十年内未发表的，不再保护。

商标评审委员会在第35449号异议复审裁定中认定"在被异议商标申请注册日前，"SONOR及图"作为商标，索诺公司于1907年即在德国申请注册，后又在多个国家和地区注册，并有著作权登记证书"，根据相关公众的认知水平，"SONOR及图"标志的著作权的形成时间应早于、至迟不晚于索诺公司申请注册"SONOR及图"商标的申请日。商标评审委员会在第35449号异议复审裁定中并未对索诺公司主张权利的"SONOR及图"标志享有著作权的起止时间作出认定，而是否属于著作权法保护期间的作品对于2001年《商标法》第三十一条的适用具有影响，因此，商标评审委员会应在对"SONOR及图"标志是否属于著作权法保护期间的作品作出认定，并在此前提下对是否可以适用2001年《商标法》第三十一条作出判断。

一审法院认定，根据索诺公司提交的争议请求书和质证理由中所记载的内容可知，索诺公司不仅提出了被异议商标侵犯"SONOR及图"标识在先著作权的复审理由，亦明确提出了被异议商标系抢注其在先使用并有一定影响商标的复审理由，但第35449号异议复审裁定并未对上述复审理由予以评述。因此，第35449号异议复审裁定存在遗漏索诺公司争议理由的情形，属于程序违法。商标评审委员会、旭秋公司均服从一审判决，索诺公司亦未对一审法院的上述认定提出异议。本院经审查，亦认同上述一审法院关于商标评审委员会存在漏审的程序错误的认定。

综上，一审判决认定事实、适用法律虽有一定瑕疵，但鉴于第35449号异议复审裁定存在认定事实不清及漏审的错误，因此，一审判决的处理结果并无不当。依据《中华人民共和国行政诉讼法》第八十九条第一款第（一）项的规定，二审法院判决驳回上诉，维持原判。❶

四、商标评审委员会委重新作出裁定阶段

2017年1月23日，商标评审委员会根据北京市高级人民法院的终审判决，依法重新组成合议庭，针对索诺公司就第6289574号"苏诺SONOR及图"商标提出的异议复申请重新作出了裁定。该裁定中认为：1."SONOR及图"标志包含了作者相应的智力劳动成果，符合著作权法规定的独创性要求，"SONOR及图"标志构成著作权法意义上的作品。申请人索诺公司提交的证据可以证明诉争商标申请日前的2006年5月其已将"SONOR及图"标志公开在中国大陆发表于《鼓&贝斯》等杂志上，被申请人所从事的亦为相关行业，具有接触到"SONOR及图"作品的可能。同时，被申请人济南旭秋乐器有限公司提交的证据无法证明其注册诉争商标的行为已获索诺公司授权。被异议商标的注册已构成2001年《商标法》第三十一条所指损害他人在先权利之情形。2.索诺公司提交的现有证据不足以证明在诉争商标申请日前其"SONOR及图"商标已

---

❶ 北京市高级人民法院(2014)高行(知)终字第2589号行政判决书。

具有一定影响,故被异议商标的注册未构成 2001 年《商标法》第三十一条所指抢注他人已在先使用并具有一定影响商标的情形。裁定被异议商标不予核准注册。❶

法律依据：

本案审查适用 2001 年《商标法》。

2001 年《商标法》第三十一条：“申请商标注册不得损害他人现有的在先权利,也不得以不正当手段抢先注册他人已经使用并有一定影响的商标。”

对企业的启示：

该案当事人双方经历了漫长的争议过程,其中争议的焦点就在于被异议商标的申请注册,是否违反 2001 年《商标法》第三十一条的规定,即被异议商标的注册是否损害了他人现有的在先权利。具体到该案中,主要涉及的是在先的著作权与在后的商标注册之前的冲突。

首先,要明确一个问题,著作权与商标权都属于知识产权法律的保护领域,但两者的形成条件、保护范围还是有所区别的。商标权是指经过商标主管部门授予申请人在某一类的特定商品上使用某一特定标志,用以区别不同商品或服务提供者的专有权利。其基本特征是显著性,即社会公众通过识别该商标能够很容易将该商品或服务的提供者与其他商品或服务的提供者区别开来。商标权的取得需要通过申请来实现,因此具有唯一性。著作权即版权,其最基本的特征是独创性,即独立完成。著作权的取得属于自然取得,自作品独立完成时即享有著作权,而无需申请登记或者备案。并且值得注意的是,著作权可能不具有唯一性,即凡是独立完成作品的人都应当享有著作权。

---

❶ 商评字〔2013〕第 35449 号重审第 0000000109 号异议复审裁定书。

两者权利的冲突体现在申请人注册商标时使用了他人享有著作权的作品或作品使用了他人已经注册的商标这两种情况。在实践中，以前一种情形居多，后一种情形较为少见。之所以商标权和著作权会产生冲突，在于商标标识一般是由文字、图形或者两者的结合以及立体形状、声音等符号来构成；著作权保护的作品也很大一部分是由文字、图形或者两者的结合以及立体形状、声音（音乐、电影）等符号构成。当这些符号产生重合的时候，就很容易产生权利的冲突问题。根据 2001 年《商标法》第三十一条，权利主体往往以在先的著作权为由来对在后的商标申请提出异议或撤销申请。

以著作权来主张在先权利的案件可以遵循以下判断：首先，要判断当事人据以主张的图案是否构成著作权法上的作品，这是最基础的前提条件。按照我国著作权法的相关规定，文学、艺术和科学领域内具有独创性并能以某种形式复制的智力成果称之为作品。作品一定要具备独创性，而不是对已有作品的抄袭。只要具有一定程度的个性、创造性，作品中体现出了作者某种程度的取舍、选择、安排、设计，就该认为具有独创性。该案中，一审法院认为本案涉及的"SONOR"图形无实际含义，系英文字母的简单组合；"鼓槌"图形也是普通的乐器造型，生活中较为常见，均未能体现出智力思维劳动的创作过程，认为不构成作品。二审法院认可了一审法院关于"SONOR"和"鼓槌"分别都不具有独创性，不构成作品的认定，但认为组合构成的"SONOR 及图"具有独创性，构成著作权法意义上的作品。商标评审委员会重新作出的裁定中也与二审法院的观点保持一致。

其次，判断当事人是其主张权利作品的著作权人或相关权利人。2001 年《中华人民共和国著作权法》第十一条规定："著作权属于作者，本法另有规定的除外。创作作品的公民是作者，由法人或者其他组织主持，代表法人或者其他组织意志创作，并由法人或者其他组织承担责任的作品，法人或者其他组织视为作者。如无相反证明，在作品上署名的公民、法人或者其他组织为作者。"《最高人民法院关于审理著作权民事纠纷案件适用法律若干问题的解释》第七条规定："当事人提供的涉及著作权的底稿、原件、合法出版物、著作权登记证书、认证机构出具的证明、取得权利的合同等，可以作为证据。在作品或制品上署名的自然人、法人或者其他组织视为著作权、与著作权有关权益的权利人，但有相反证据除外。"该案中，索诺公司提交了该美术作品的著作权登记证书，证明作品著作权人为索诺公司，故在无相反证据的情况下，可以认定索诺公司是涉案美术作品的著作权人，可就该涉案美术作品主张相关权利。

再次，判断争议商标申请人有接触涉案作品的可能。对于"接触"的证明不仅仅局限于以直接证据证明对方已实际接触作品的情况，著作权人举证证明对方有"合理的可能"接触过权利人的作品的，也可以认定对方接触了著作权人的作品。该案中，索诺公司提交的证据可以证明在被异议商标申请日前的2006年5月其已将"SONOR及图"标志公开在中国大陆发表于《鼓&贝斯》等杂志上，被申请人处于同一行业，具有接触到"SONOR及图"作品的可能。

最后，判断争议商标与当事人主张著作权的作品构成实质性相似。所谓实质性相似，即申请商标使用了与著作权人的作品相同或相近似的表达形式。该案中，涉案美术作品为英文字母SONOR及鼓槌图形，诉争商标同样为SONOR字母组合与鼓槌图形，两者在整体形象、外形轮廓、绘画风格等方面存在高度相似，故诉争商标与涉案美术作品构成实质性相似。

很多企业经常有这样的困扰，想全方位保护商标，但是又不想做全类注册，因为费用太高了，能否做个著作权登记，这样就可以以在先的著作权来对抗在后的商标注册了？

具体而言，首先，要满足作品的独创性要求，其次，作品的完成时间要在商标申请日之前。只有这样，才有可能以在先的著作权来对在后的商标申请提出异议或对已经注册的商标提出无效宣告。还有很多公司错误地认为，著作权的保护，只需要办理著作权登记就可以高枕无忧了，然而事实并非如此，著作权登记采取的是自愿登记原则，登记机关仅对相关事项进行形式审查，著作权登记证书的证明效力需结合其他证据综合判断，因此，对企业来说，保留好著作权原始取得的证据具有重要意义。从另一个角度来说，作为时间在后的商标申请人，要想不被在先的著作权人异议或者无效宣告，在商标设计完成后应当保存手稿，作为独立完成的证据，然后申请商标注册，能够证明商标图样的独创性才是最为关键的。

案例十三

第 3858497 号"倪福达"商标异议、复审及行政诉讼案

商标图样：倪福达

申请号：3858497

商标类别：30

商品/服务项目：螺旋藻（非医用营养品）；非医用营养液；非医用营养粉；非医用营养胶囊；非医用蜂王浆；茶叶代用品；糕点；调味品；谷类制品；茶

被异议人（一审原告、二审被上诉人）：傅绍文

异议人（一审第三人、二审上诉人）：青岛黄海制药有限责任公司

案情介绍：

一、商标异议复审阶段

被异议人于 2003 年 12 月 23 日申请了第 3858497 号"倪福达"商标（以下简称"被异议商标"），青岛黄海制药有限责任公司（以下简称"黄海公司"）对该被异议商标提出异议申请，商标局作出（2009）商标异字第 08152 号裁定，依法核准被异议商标注册。

异议人不服裁定，提出复审申请，商委会作出商评字（2013）第 00820 号裁定认为：1. 被异议商标指定使用的商品与第 3161595 号"倪

福达"商标（以下简称"引证商标"）核定使用的商品不属于相同或类似商品，未构成2001年《商标法》第二十八条的情形；2.黄海公司于2012年5月9日提交的补充材料系法定期限内提交的补强证据，在无相反证据的情况下，商标评审委员会对此予以采信，黄海公司的前身青岛黄海制药厂于1996年开始使用引证商标，经过长期使用其所标识的人用药、片剂商品销售至全国大部分地区，同时全国范围内的电视、广播电台、期刊等多种媒体的宣传，引证商标具有很高知名度，根据2001年《商标法》第十四条认定为人用药、片剂上的驰名商标；被异议商标与引证商标文字相同，构成对引证商标的复制摹仿，被异议商标指定使用的螺旋藻（非医用营养品）、非医用营养液、非医用营养粉、非医用营养胶囊等商品与引证商标的人用药、片剂商品的关联性较强，被异议商标容易误导公众，根据2001年《商标法》第十三条第二款的规定，被异议商标不予核准注册；3.被异议商标不存在2001年《商标法》第十条第一款第（八）项所指的不良影响的情形。综上，商标评审委员会裁定被异议商标不予核准注册。

二、商标行政诉讼一审阶段

傅绍文不服商标评审委员会作出商评字第00820号裁定，于法定期限内向北京市第一中级人民法院提起行政诉讼，诉称第三人提交的证据均为复印件，引证商标为驰名商标缺乏依据；被异议商标指定使用的商品与引证商标核定使用的商品不相同类似，请求法院依法撤销裁定。

在一审诉讼中，被告商标评审委员会坚持第00820号裁定的意见，请求法院依法予以维持；第三人黄海公司也同意第00820号裁定的意见，请求法院驳回原告的诉讼请求，依法维持第00820号裁定。

一审法院经审理查明以下事实，被异议商标系"伲福达"文字商标，由傅绍文于2003年12月23日向商标局申请注册，指定使用在国际分类第30类的"螺旋藻（非医用营养品）、非医用营养液、非医用营养粉、非医用营养胶囊、非医用蜂王浆、茶叶代用品、糕点、调味品、谷类制品、茶"商品上，商标注册号为3858497号。引证商标为"伲福达"文字商标，于2002年4月27日申请注册，核定使用在国际分类第5类的"人用药、片剂"上，商标注册号为国际注册第3161595号，专用权期限至2023年6月27日止。

2009年7月21日，第三人黄海公司针对被异议商标向商标评审委员会提出了异议复审申请，并提交了认定驰名商标所需证据材料：

1. 企业基本情况；

2. 申请驰名商标的理由；

3. 2001—2003年近三年市场经济指标；

4. 2001—2003年和2005年度至今的媒体形式广告发布情况；

5. 市场排名情况；

6. 其他证据。

其中，卫药政发〔1994〕第294号批复同意第三人前身生产的硝苯地平控释片的商品名为"伲福达"；中国医药统计年报（化学制药分册）显示被异议商标申请日之前第三人及前身生产的硝苯地平控释片产量居前；2009年中国化学制药工业协会出具的证据证明产量排名居前；2001—2003年的提货单、青岛消费者协会2000年颁发的荣誉证书可以作为引证商标知名度证据。

其他证据中，企业基本情况介绍、企业生产资质、产品检验认定证书、新药证书、青海德会审字〔2012〕第03-034号审计报告、鲁红日内审字〔2012〕第76-S0104号审计报告、2001—2003年的纳税证明和完税凭证、鲁德所审〔2009〕8-106-1号审计报告等证据均未显示引证商标的使用、宣传情况；引证商标于2009年11月3日被山东省工商行政管理局认定为"山东省著名商标"，有效期为3年；2006年阜阳市公安局出具的逮捕证、2006年内蒙古药品监督机关出具的行政处罚决定书和其他假冒药品或商标的案件显示均发生在2006—2007年；第三人出具的伲福达区域销售统计表系2006—2008年销售数据，2009年青岛市崂山国税局出具的证明的内容为2006—2008年的纳税情况；此外，广告发布合同、发票，大部分为被异议商标申请日之后签订和开具，而被异议商标申请日之前的合同和发票均未显示是对引证商标的宣传。

2013年1月14日，商标评审委员会作出第00820号裁定裁定对异议商标不予核准注册。傅绍文不服第00820号裁定，在法定期限内向本院提起行政诉讼。

在庭审过程中，被告商标评审委员会收到应诉通知后，在法定答辩期内提交了答辩状和以下证据材料：

1. 被异议商标、引证商标电子档案打印件；
2. 第三人在异议复审程序中提交的理由书及证据复印件；
3. 原告在异议复审程序中提交的答辩书；
4. 答辩通知书、证据交换通知书、证据再交换通知书。

原告和第三人在诉讼程序中未提交证据材料。另查，引证商标经续展其专用期限至2023年6月27日。以上事实，有被异议商标档案、引证商标的商标档案、第00820号裁定、各方当事人在评审程序和诉讼程序中提交的证据及当事人陈述等证据在案佐证。

该案的争议焦点问题在于被异议商标的注册相对于引证商标是否违反2001年《商标法》第十三条第二款的规定。根据2001年《商标法》第十四条的规定，认定驰名商标应当考虑下列因素："（一）相关公众对该商标的知晓程度；（二）该商标使用的持续时间；（三）该商标的任何宣传工作的持续时间、程度和地理范围；（四）该商标作为驰名商标受保护的记录；（五）该商标驰名的其他因素。"本案中，被异议商标申请日期为2003年12月23日，一审法院仅就引证商标在被异议商标申请日前是否构成驰名商标进行审查。

关于黄海公司提交的驰名商标证据。中国医药统计年报（化学制药分册）显示被异议商标申请日之前第三人及前身生产的硝苯地平控释片产量居前，考虑到"伲福达"与第三人及前身生产硝苯地平控释片的对应情况，该证据可以证明引证商标的知名度；2009年中国化学制药工业协会出具的证明也可以作为"伲福达"具有一定知名度的间接证据；2001—2003年的提货单、青岛消费者协会2000年颁发的荣誉证书可以作为引证商标知名度证据。而原告提交的其他证据未显示引证商标，或者证明的事实发生在2003年12月23日之后，均不能证明引证商标在被异议商标申请日前的知名度。

综合考虑上述证据，一审法院认为原告的诉讼理由成立，引证商标在被异议商标申请日之前具有一定的知名度，但尚不足以达到驰名商标的程度。在此情况下，尽管被异议商标标识与引证商标相同，但并不属于2001年《商标法》第十三条第二款对驰名商标跨类保护的范畴，第00820号裁定对此认定错误，应予纠正，判决：

1. 撤销国家工商行政管理总局商标评审委员会商评字〔2013〕第00820号关于第3858497号"伲福达"商标异议复审裁定；

2. 国家工商行政管理总局商标评审委员会就第3858497号商标异议复审申请重新作出裁定。

三、商标行政诉讼二审阶段

青岛黄海制药有限责任公司和国家工商行政管理总局商标评审委员会不服一审判决，向北京市高级人民法院提起上诉。

商标评审委员会的上诉理由为：引证商标进行了长期使用，在全国范围内进行了宣传，使用引证商标的产品在相关消费者中有较高知名度，在被异议商标申请注册之前已经达到驰名程度，应当依据《商标法》第十四条的规定认定为驰名商标。被异议商标与引证商标文字构成及呼叫上相近，被异议商标注册易导致消费者混淆，依据2001年《商标法》第十三条第二款的规定，应当不予核准注册。第00820号裁定结论正确，应当予以维持。商标评审委员会的上诉理由以其作出商评字（2013）第

00820号裁定的认定理由为依据,并未提交新证据。

黄海公司的上诉理由为:引证商标的相关公众应当指生产使用引证商标同类药品的相关企业等主体。黄海公司自1994年使用引证商标,在全国范围内长期进行了宣传推广,使用引证商标的产品在同类产品中销量一直位列第一,在相关消费者中有较高知名度,在被异议商标申请注册之前已经达到驰名程度,应当认定为驰名商标,被异议商标应当不予核准注册。被异议商标是恶意注册,应当不予准许。第00820号裁定应当予以维持。

在二审诉讼中,黄海公司未有新证据提交,但对一审证据进行补充说明,认为卫药政发〔1994〕第294号批复同意黄海公司前身生产的硝苯地平控释片的商品名为"伲福达";2001—2003年中国医药统计年报(化学制药分册)显示黄海公司生产的伲福达在同类药物上的市场占有率达到70%以上;2001—2003年中国化学制药工业协会出具的统计资料证明黄海公司生产的伲福达在同类药物上的市场占有率达到70%以上;2000年青岛消费者协会认定黄海公司生产的伲福达为青岛名牌产品;2004年黄海公司生产的伲福达被评为山东名牌;在2003年前,黄海公司在全国范围内的电视、广播电台、期刊等多种媒体上对伲福达产品进行了宣传。

二审法院审理后认为,异议商标注册申请日为2003年12月23日,故仅就引证商标在被异议商标注册申请日之前是否构成驰名商标进行审查。根据在案证据可以认定,黄海公司自1994年即在其生产的硝苯地平控释片上使用"伲福达"作为商品名称;2001—2003年,黄海公司生产的伲福达在同类药物中的市场占有率达到70%以上,长期保持销量第一;中国医药统计年报和中国化学制药工业协会的统计资料表明,2000年青岛消费者协会认定黄海公司生产的伲福达为青岛名牌产品;2004年黄海公司生产的伲福达被评为山东名牌;在2003年前,黄海公司在多种媒体上对伲福达产品进行了广告宣传。上述事实可以证明,同时作为商品名称和商标使用的"伲福达"在相关公众中具有较高知名度,根据2001年《商标法》第十四条可以认定其在人用药、片剂商品上构成驰名商标。引证商标并非常用词语;在被异议商标注册申请日之前,引证商标已经构成驰名商标,傅绍文应当知晓该事实,但其仍然申请在与引证商标核定使用的商品关联性较强的非医用营养液等商品上注册被异议商标,因此可以认定被异议商标构成对驰名商标的复制、摹仿。被异议商标与引证商标在字形上基本相同,被异议商标指定使用商品与引证商标核定使用商品有较强关联性,在引证商标知名度较高的情况下,被异议商标的使用可能会误导相关公众,损害黄海公司的利益。

综合考虑上述理由,二审法院认定评审委员会作出的第00820号裁定认定事实清楚,适用法律正确,应当予以维持。一审判决事实认定错误,依法应当予以纠正。商标评审委员会和黄海公司的上诉理由和请求有事实和法律依据,予以支持。判决:

1. 撤销北京市第一中级人民法院(2013)一中知行初字第1648号行政判决;

2. 维持国家工商行政管理总局商标评审委员会作出的商评字〔2013〕第00820号《关于第3858497号"伲福达"商标异议复审裁定书》。

被异议商标与引证商标对比图如下:

| 图被异议商标 | 引证商标 |

法律依据:

本案审理适用2001年《商标法》。

2001年《商标法》第十三条:"就相同或者类似商品申请注册的商标是复制、摹仿或者翻译他人未在中国注册的驰名商标,容易导致混淆的，不予注册并禁止使用。

就不相同或者不相类似商品申请注册的商标是复制、摹仿或者翻译他人已经在中国注册的驰名商标，误导公众，致使该驰名商标注册人的利益可能受到损害的，不予注册并禁止使用。"

2001年《商标法》第十四条："驰名商标应当根据当事人的请求，作为处理涉及商标案件需要认定的事实进行认定。认定驰名商标应当考虑下列因素：

（1）相关公众对该商标的知晓程度；
（2）该商标使用的持续时间；
（3）该商标的任何宣传工作的持续时间、程度和地理范围；
（4）该商标作为驰名商标受保护的记录；
（5）该商标驰名的其他因素。"

对企业的启示：

1. 驰名商标跨类保护与防御性商标补充注册相结合，构建多角度的商标权益防护体系

从该案例中可以看出，依据2001年《商标法》第十三条第二款的规定，"就不相同或者不相类似商品申请注册的商标是复制、摹仿或者翻译他人已经在中国注册的驰名商标，误导公众，致使该驰名商标注册人的利益可能受到损害的，不予注册并禁止使用。"这是驰名商标可以实现跨类保护的法律基础，从中也可以看出，要想实现跨类保护的法律功能，必须以商标达到驰名程度为前提。实践中，认定驰名商标是一项复杂的工程，要依据《商标法》第十四条的要求，充分准备相关材料，而且周期长、案件复杂、程序多、花费高，因此，单靠驰名商标的跨类保护来维护自身的商标权益，显得效率低、经济性差。

在商标注册、管理、保护和运用的实践中，企业可以将驰名商标跨类保护与防御性商标补充注册充分结合起来，构建多角度的商标权益防

护体系，即在商标注册过程中，根据企业发展的需要，扩大商标注册的范围，将企业核心类别相关联的其他类别通过防御性注册的方式一并加以注册，未雨绸缪，预先布局，充分保护核心商标的权益，维护企业的核心知识产权利益。近几年来，滴滴打车、特斯拉等一系列的商标争议案件，也给予了我们以充分的启迪，尤其是随着"互联网+"的时代来临，一大批新兴产业的崛起，如微信、支付宝、滴滴打车、共享单车等，对知识产权尤其是商标保护提出更高的要求，仅仅一个滴滴打车软件就涉及第39类、第9类、第35类、第36类、第38类、第42类等多个类别的注册。

2. 企业应当加强对驰名商标的保护，在出现侵权情形时及时维权，防止驰名商标淡化

驰名商标具有较高的知名度和信誉，标志着优良的品质，在市场中起着重要的标识和引导作用，因而往往成为非法经营者侵犯商标权的首选对象。因此，在商标使用、管理实践中，对出现的未经权利人许可，将与驰名商标相同或相似的文字、图形及其组合在其他不相同或不相似的商品或服务上使用的情况要积极、及时地进行维权，防止出现商标淡化的情况，即防止出现减少、削弱该驰名商标的识别性和显着性，损害、玷污其商誉的淡化行为。

第三部分　商标权的撤销

➡概述

2013年《商标法》第四十九条第二款规定："注册商标成为其核定使用的商品的通用名称或者没有正当理由连续三年不使用的，任何单位或者个人可以向商标局申请撤销该注册商标。"

2014年《商标法实施条例》第六十七条之规定："下列情形属于商标法第四十九条规定的正当理由：（一）不可抗力；（二）政府政策性限制；（三）破产清算；（四）其他不可归责于商标注册人的正当事由。"

该条款规定了撤销商标的两条理由：一是注册商标成为其核定使用商品的通用名称；二是注册商标没有正当理由连续三年不使用。申请撤销的主体十分广泛，可以是任何单位或者个人。很多人在理解和应用本条款规定的撤销制度和第四十四条、第四十五条规定的"无效宣告"制度容易出现概念混淆。事实上，《商标法》对于两个制度的适用条件和申请主体已经有明确规定，在此不再赘述。要注意的是，二者的法律后果不同，注册商标被撤销的，商标权自商标局撤销公告之日起终止；注册商标被宣告无效的，商标权视为自始不存在。这意味着，在商标撤销制度中，商标被撤销之前是合法存在，只是因为出现了法律规定的情形才终止其权利。

要应对他人提起的商标撤销申请，我们首先要理解商标撤销制度的立法意图和适用条件。

将"注册商标成为其核定使用的商品的通用名称"作为撤销注册商标的理由是因该商标注册人自身的过错或者不当使用，导致注册商标注后发生退化情形，使得商标显著性大大削弱，已经不能发挥区分产品来源的基本功能，继续给予其商标专用权的保护对本行业其他经营者来说显失公正，有损公益，故此时赋予其他人撤销权利。需要强调的是，由于该制度是终止合法存在的商标权，故适用该条款撤销商标时，务必注意证据的时间点。必须是在商标注册之后发生的商标退化才能进行撤销；如果商标在申请注册前或者申请注册中已经退化为所使用商品的通用名称了，那么意味着该商标注册时并不具备显著性要件，换言之商标初始申请时就已不合法，此时则需适用商标法第四十四条"无效宣告制度"了。

以"注册商标没有正当理由连续三年不使用"为由申请撤销的，是我们工作中最常见的撤销情形了。我国商标注册量已连续多年位居全球第一，好的商标资源越来越稀缺，很多申请人欲求心仪商标而不得，只能通过撤销他人注册商标和购买他人注册商标两条途径尝试争取。其中，撤销连续三年不使用注册商标对申请人无门槛要求，只需提交一份简单的撤销申请书即可。立法者将举证责任划分给商标注册人，商标注册人必须提供法定限期内合法使用注册商标的证据或者提供不使用注册商标的正当理由方能有效抗辩，维持商标注册。

与"注册商标退化为通用名称"不同，连续三年不使用的注册商标，其基本功能并未弱化。这种情况下，商标本身仍具有合法性，但是商标注册人在商标使用过程中存在过错或者过失。考虑到商标注册人对于商标权的处分包括使用和不使用商标的权利应当受到法律的尊重，因此我们认为审理此类撤销案件时不适合采取严格态度。事实上，无论是国家商标局、商标评审委员会乃至法院对于该制度的理解上已统一了意见，即"并非以剥夺商标注册人权利为目的，而是以该制度为手段，督促商标注册人积极、合法使用注册商标"。因此在此立法思想指导下，我们看到具有真实商标使用意图的行为，是有机会得到行政机关和司法机关认可的。

以下我们将就撤销三年不使用注册商标提交使用证据或者提出正当理由方面，准备几个典型案例，帮助大家理解并灵活运用该制度。

案例一

关于商品商标使用证据之提交

——第 3015865 号"金都"商标提供使用证据案

商标图样：金都

注册号：3015865

商标类别：14

商品/服务项目：贵重金属锭；贵重金属合金；饰品（贵重金属）；仿金制品；贵重金属艺术品；贵重金属丝线（珠宝）；奖章；戒指（珠宝）；手镯（珠宝）；链（珠宝）

商标注册人：山东招金集团有限公司

撤销申请人：山东中轩实业有限公司

案情介绍：

撤销申请人山东中轩实业有限公司以无正当理由连续三年不使用为由，依据 2013 年《商标法》第四十九条之规定，向商标局申请撤销第 3015865 号"金都"商标在全部商品项目上的注册。商标局依法受理并向商标注册人山东招金集团有限公司发出通知，要求其在 2 个月内提交在 2013 年 1 月 25 日至 2016 年 1 月 24 日期间使用该商标的证据材料或者向商标局证明存在不使用的正当理由。

2013 年《商标法》第四十九条第二款："注册商标成为其核定使用

的商品的通用名称或者没有正当理由连续三年不使用的，任何单位或者个人可以向商标局申请撤销该注册商标。"

答辩人山东招金集团有限公司在法定期限内提供了符合要求的商标使用证据，主要包括以下几方面：

1. 商标注册人与商标许可使用人之间签订的商标许可合同；
2. 商标许可使用人销售"金都"牌商品的购销合同，以及对应的销售发票；
3. 商标许可使用人印制"金都"牌商品的宣传材料、印刷合同及对应的印刷费发票；
4. 带有"金都"商标的商品标签、包装盒、包装袋和质量证书；
5. 商品实物照片若干张。

裁决结果：

商标局认为山东招金集团有限公司提供的商标使用证据合法有效，山东中轩实业有限公司申请撤销的理由不能成立，依法决定第3015865号"金都"商标不予撤销，维持注册。❶

对企业的启示：

近年来，注册商标被申请撤销的情形越来越多，很多企业对于撤销制度不了解，收到商标局要求提供使用证据的通知时无从下手或者重视度不高，导致商标被成功撤销。事实上，商标撤销制度是国际通行的规定，该制度的意义在于督促商标注册人有效使用其商标，发挥商标应有的商业价值，是对商标注册人行权、处分权利的一种限制。对于商标注册人而言，这个制度就像紧箍咒一样，时刻提醒着商标注册人要善意、合法、持续地使用其注册商标；对于撤销申请人而言，这个制度更像是

---

❶ 商标局作出的商标撤三字〔2016〕第Y007522号《关于第3015865号第14类"金都"注册商标连续三年不使用撤销申请的决定》。

一个机会，如果商标注册人不提供或者不能提供合法、有效的使用证据，商标将被撤销，撤销申请人因此就有了取得该商标权的机会。

因此，为了有效地维护企业的商标权，企业需要注意以下几个方面。

首先，注重对商标的持续使用并保留使用证据。这一点对于企业主行业的商标而言没有难度，但是对于出于保护目的而注册的防御商标、联合商标而言，则需要企业特别花心思维护。

就联合商标而言，因其仍是注册在主行业上，企业可以定期生产、搭售少量冠以联合商标的产品，保留好产品照片、包装、销售合同和发票、宣传合同和发票等有效证据，就可以克服他人的撤销申请了。

对于防御商标，由于其注册的项目并非企业主业，所以就需要通过授权许可、授权生产等方式，由第三方生产者生产冠以该商标的产品，并保留好相关证据来实现对权利的维护。注册商标的撤销不使用制度自商标注册之日起满三年可以启动，企业可以测算好这个周期，定期准备少量证据即可应对他人撤销申请了。

其次，要注重商标的规范使用方式，严格按照注册商标的样式、核定的商品/服务来使用。比方商标注册在"电饭锅"上，提供"炒锅"的证据，这种使用证据就不符合法律的要求。或者说，注册商标是纯文字商标，但是实际使用时增加了图形、英文等其他元素，整体上改变了注册商标的样式，这种使用证据也存在严重瑕疵，商标因此被撤销，对企业来说得不偿失。如果遇到企业的产品范围增加、商标标识更新的情况，企业务必尽快办理商标补充注册和重新注册手续，避免出现前述风险。

再次，商标注册人地址发生变化时，应当及时办理注册商标的地址变更手续。很多企业对于办理地址变更手续不重视，认为是白花钱、没必要的事情，其实不然。商标被申请撤销时，商标局将向企业在商标局登记的地址邮寄提供使用证据通知，如果企业没有收到商标局的通知和送达公告，错过提供使用证据的期限的话，注册商标将被撤销。因此，注册地址的正确性直接关乎企业答辩权利的行使，如发生变更应及时向商标局申请办理变更手续。

最后，关注商标注册人名义的问题。很多注册多年的老商标，原商标注册人因为改制、兼并等原因发生了变化，但是没有及时办理变更或者转让手续，给提供使用证据带来很多困难和障碍。因此，企业在发生任何经营主体变化时应当及时咨询专业人员，办理商标转让或者变更手续。另外，在收到商标局提供使用证据通知时，企业也应第一时间核对商标注册人名义与企业当前的名义是否一致，如果不一致，应当落实提供使用证据期间的真实权利人信息，在准备使用证据的同时，补办相关手续。如果忽视这一点，企业提供的证据将因为主体不一致而不被接受。

备注："商标法意义上商标的使用"是指将商标用于商品、商品包装或者容器以及商品交易文书上，或者将商标用于广告宣传、展览以及其他商业活动中，用于识别商品来源的行为。商标权人自行使用、许可他人使用以及其他不违背商标权人意志的使用，均可认定属于实际使用的行为。

案例二

关于服务商标使用证据之提交

——第4978865号"SDA"商标提供使用证据案

商标图样： SDA

注册号： 4978865

商标类别： 35

商品/服务项目： 广告；饭店管理；进出口代理；人事管理咨询；文秘；订阅报纸（替他人）；计算机录入服务；会计；自动售货机出租

商标注册人： 山东航空集团有限公司

撤销申请人： 沃尔玛百货有限公司

案情介绍：

撤销申请人沃尔玛百货有限公司以无正当理由连续三年不使用为由，依据2013年《商标法》第四十九条之规定，向商标局申请撤销第4978865号"SDA"商标在"广告"服务项目上的注册。商标局依法受理并向商标注册人山东航空集团有限公司发出通知，要求其在2个月内提交在2012年6月12日至2015年6月11日期间使用该商标的证据材料或者向商标局证明存在不使用的正当理由。

<u>2013年《商标法》第四十九条第二款："注册商标成为其核定使用的商品的通用名称或者没有正当理由连续三年不使用的，任何单位或者个人可以向商标局申请撤销该注册商标。"</u>

答辩人山东航空集团有限公司在法定期限内提供了符合要求的商标使用证据，主要包括以下几方面：

1. 商标注册人与商标许可使用人之间签订的商标许可合同，证实许可使用人被授权全权负责商标注册人的广告资源和工商业管理，并使用"SDA"商标标识进行相应的商业活动；

2. 商标许可使用人与广告公司签订的广告资源授权经营合同；

3. 商标许可使用人与广告公司签订的广告发布业务合同，相应的银行转账凭证和发票；

4. 商标许可使用人在其经营场所和办公用品上使用"SDA"商标标识；

5. 广告公司经营的媒体杂志《新航空》上，使用"SDA"商标标识，宣传其广告招商业务。

裁决结果：

商标局认为山东航空集团有限公司提供的商标使用证据合法有效，沃尔玛百货有限公司申请撤销的理由不能成立，依法决定第4978865号"SDA"商标不予撤销，维持注册。❶

对企业的启示：

服务商标是指提供服务的经营者为将自己提供的服务与他人提供的服务相区别而使用的标志，例如：使用在酒店、房地产、运输、广告、教育等领域的商标均为"服务商标"。准备服务商标的使用证据常常比商品商标更加复杂，因为"商标法意义上的服务商标使用方式"的定义往往是一个让企业头疼的问题，一不留神的话，很容易按照商品商标的使用方式提供，显然这种错误将极有可能导致商标被撤销。

---

❶ 商标局作出的商标撤三字〔2016〕第Y001274号《关于第4978865号第35类"SDA"注册商标连续三年不使用撤销申请的决定》。

服务是无形的，这就决定了服务商标的使用方式必须借助一定的媒介来实现，以达到让相关公众识别服务来源的目的。实践中，以下两种情形可以认定为服务商标的使用：一是将商标张贴、悬挂于提供服务的场所或者印刷、粘贴于提供服务的工具、附赠物、促销商品上。该案中，商标使用人将"SDA"标识张贴于办公场所，使用在媒体杂志上进行广告招商活动就属于这种情形。二是将服务商标悬挂、张贴于服务场所以外的建筑物、公共汽车等公共场所，或者在报纸、期刊、广播、电视等媒介中进行广告宣传。比方说，我们经常看到房地产公司将其标识体现在屏幕广告，列车和飞机杂志广告等就属于这种情况。这里补充一点，在百度推广、搜索引擎、手机广告等网络媒体上使用商标的情形，现在普遍也认定为是"商标法意义上的商标使用"行为。

服务商标和商号之间的联系往往是密不可分的，综合性服务企业旗下可能有多个服务商标，如百胜餐饮集团旗下就有肯德基、必胜客、小肥羊、东方既白等不同风味的餐饮服务品牌，这类企业的服务商标直接用于其店面门头和内部设施中，一般不会体现企业商号"百胜餐饮集团"，因此这类服务商标的使用证据容易提供。大多数国内的服务企业往往只有一个服务商标，尤其是服务商标中的文字部分往往与企业商号完全相同，在准备使用证据时，企业往往混淆"商号使用"与"服务商标使用"。在此，首先我们必须明确的是，服务商标与商号在功能上是重合的，都可以引导消费者记忆服务提供商，起到区分服务来源的目的。如果服务商标是简单的文字商标，对于该文字部分的突出使用认定为是"服务商标的使用"，这种理论也是可以被接受的，企业可以准备这类型证据抗辩第三人撤销的理由；如果服务商标中含有图形等非中文部分，那么单独使用文字的行为只能认定为是对"商号的使用"，而无法认定为是对"服务商标的使用"，此时，企业搜集的使用证据应当与注册商标的标识完全一致，至少与注册商标的组合要素一致、视觉上无明显差别，方能克服第三人的撤销请求。

案例三

关于提供商标在部分商品上使用证据之法律效果

——第 4560784 号"TAISHO"商标提供使用证据案

商标图样： TAISHO

注册号： 4560784

商标类别： 30

商品/服务项目： 非医用营养液；非医用营养膏；非医用营养粉；非医用营养胶囊；螺旋藻（非医用营养品）；蜂蜜；食用王浆（非医用）；糖；糕点；调味品

商标注册人： 山东明仁福瑞达制药股份有限公司

撤销申请人： 旷芳香

案情介绍：

撤销申请人旷芳香以无正当理由连续三年不使用为由，依据2013年《商标法》第四十九条之规定，向商标局申请撤销第4560784号"TAISHO"商标在"非医用营养液；非医用营养膏；非医用营养胶囊"等商品项目上的注册。商标局依法受理并向商标注册人山东明仁福瑞达制药股份有限公司发出通知，要求其在2个月内提交在2013年1月6日至2016年1月5日期间使用该商标的证据材料或者向商标局证明存在不使用的正当理由。

2013年《商标法》第四十九条第二款："注册商标成为其核定使用

的商品的通用名称或者没有正当理由连续三年不使用的，任何单位或者个人可以向商标局申请撤销该注册商标。"

答辩人山东明仁福瑞达制药股份有限公司在法定期限内提供了符合要求的商标使用证据，主要包括以下几方面：

1. 企业在"营养胶囊"商品上使用申请商标的商品包装盒、说明书原件、产品照片，包装盒和说明书上清晰体现商品生产日期和保质期；

2. 企业和印刷公司签订的包装盒印刷合同、对应的增值税专用发票；

3. 产品的购销合同、对应的增值税发票及产品发货单。

裁决结果：

商标局认为山东明仁福瑞达制药股份有限公司提供的商标使用证据合法有效，旷芳香在"非医用营养液；非医用营养膏；非医用营养粉；非医用营养胶囊；螺旋藻（非医用营养品）；蜂蜜；食用王浆（非医用）"共七项商品上申请撤销的理由不能成立，依法予以维持其在这些商品上的注册。但是依法撤销在"糖；糕点；调味品"三项商品上的注册。❶

即部分维持第4560784号"TAISHO"注册商标。

对企业的启示：

申请人以连续三年不使用为由撤销时一般有两种情况：一是申请撤销注册商标在所有商品上的注册，该案即属于这类情况；二是有目的地撤销在部分商品上的商标注册，如案例二中"SDA"服务商标撤销申请案。

针对不同的撤销理由，企业需要做不同应对：

首先，如果申请人撤销在所有商品上的注册，我们需要明确所有商

---

❶ 商标局作出的商标撤三字〔2016〕第Y007860号《关于第4560784号第30类"TAISHO"注册商标连续三年不使用撤销申请的决定》。

品所在的商品群组。因为要求企业提供全部十项不同商品的使用证据很多时候是很难做到的，而区分不同群组的商品后，企业只需要在每一个群组上提供至少一种商品的使用证据，即可以保留在该群组所有商品上的商标注册。这种方式对企业来说，举证难度当然小得多。该案中，企业主要生产的是"营养胶囊"，"非医用营养液；非医用营养膏；非医用营养粉；螺旋藻（非医用营养品）；蜂蜜；食用王浆（非医用）"六项商品均不生产，但是它们却同属于一个类似商品群组，故企业提供了"营养胶囊"一种商品的使用证据，就可以保留在同一群组中七项商品的注册了。

而"糖、糕点、调味品"分属于其他群组，且各不类似，由于企业未提供商标在这些商品上的使用证据，故商标局依法撤销。尽管如此，对于主要生产"营养品"的商标注册人山东明仁福瑞达制药股份有限公司来说，维持在主营产业上的商标权之目的已经达到。撤销无关商品项目的结果对他们也就没有影响了。

其次，针对申请人撤销在部分商品上的商标注册行为，很显然，申请人感兴趣的正是被撤销商品本身或者是该商品所在群组的类似商品。此时，企业需要分情况对待。如果申请人撤销的商品及其所在群组的类似商品所属行业较偏，企业基本不可能涉及，企业可以考虑放弃提交使用证据，也就是放弃在这些商品上的权利，未被撤销商品上的商标权利依然有效。如果企业正在计划或者打算涉足该行业，则企业必须重视提交使用证据，因为此时申请人往往在撤销的同时伴随着提交一份近似商标的注册申请，其撤销的目的恰恰是为了新商标的成功注册。一旦提交使用证据时掉以轻心，申请人就会趁虚而入，获得其目标商标注册，而企业之后想要取回该商标权利将十分困难。

案例四

关于撤销注册商标复审案

——第 6138880 号"ZOO"商标提供使用证据及撤销复审案

商标图样： ZOO

注册号： 6138880

商标类别： 43

商品/服务项目： 备办宴席；咖啡馆；自助餐厅；饭店；餐馆；旅馆预订；鸡尾酒会服务；酒吧；流动饮食供应；茶馆

商标注册人（复审申请人）： 广州太映餐饮管理有限公司

撤销申请人（复审被申请人）： 代兵

案情介绍：

"ZOO"咖啡馆品牌起源于韩国，商标注册人股东韩国太映 F&B 株式会社是韩国"ZOO COFFEE"商标的合法所有人。第 6138880 号"ZOO"商标原由成都蚂蚁物流有限公司于 2010 年 3 月 28 日在中国大陆地区注册。韩国太映 F&B 株式会社于 2012 年开始策划在中国发展"ZOO"咖啡馆产业，同时开始与成都蚂蚁物流有限公司接触，商洽商标转让一事，并于 2013 年 4 月 24 日商标注册人广州太映餐饮管理有限公司成立后，立即办理了该商标的转让事宜，成为该商标的合法所有人。

2013 年撤销申请人代兵以无正当理由连续三年不使用为由，依据 2013 年《商标法》第四十九条之规定，向商标局申请撤销第 6138880 号

"ZOO"商标在"备办宴席；咖啡馆；自助餐厅；饭店；餐馆；旅馆预订；鸡尾酒会服务；酒吧；流动饮食供应；茶馆"所有服务项目上的注册。商标注册人广州太映餐饮管理有限公司按照规定提交使用证据，但是并未得到商标局的认可，商标局依法作出撤销注册商标的决定。商标注册人不服，依据2013年《商标法》第五十四条之规定依法向商标评审委员会提出撤销复审申请，并重新提交了商标使用证据，包括：原商标所有人成都蚂蚁物流有限公司在法定期限内使用商标的证据，以及广州太映餐饮管理有限公司受让该注册商标之后"为商标的大规模使用"进行了大量的资金和人力、物力准备使用行为，强调其强烈的商标使用意图。此外，太映公司还提供了目前在全国开设大量店面，对"ZOO"商标进行大量使用的证据。

2013年《商标法》第五十四条第一款："对商标局撤销或者不予撤销注册商标的决定，当事人不服的，可以自收到通知之日起十五日内向商标评审委员会申请复审……"。

复审申请人广州太映餐饮管理有限公司在撤销复审期间提供了符合要求的商标使用证据，主要包括以下几方面：

1. "ZOO"商标在韩国的所有人韩国太映F&B株式会社与广州太映餐饮管理有限公司投资关系的证明文件；

2. 申请人广州太映餐饮管理有限公司企业登记情况的证明文件；

3. "ZOO"商标购买转让、许可情况证明；

4. 申请人为筹备国内"ZOO"咖啡馆而进行的租赁房屋、室内装修、宣传品印刷制作、采购咖啡机等法律行为相关的合同、发票等文件；

5. 申请人网站建设、百度推广、旗舰店开业庆典宣传等宣传行为相关的合同、发票、图片等文件；

6. 申请人在各地分店对"ZOO"商标进行使用、宣传的图片证据；

7. "ZOO"商标原注册人成都蚂蚁物流有限公司许可他人在餐饮服务上使用"ZOO"商标的许可合同、发票，以及许可使用人在店内餐饮用具（菜单、宣传单）上使用"ZOO"商标的证据。

第三部分 商标权的撤销

裁决结果：

商标评审委员会综合考虑复审申请人提交的使用证据，虽部分形成时间不在涉案期间内，但鉴于《商标法》关于连续三年停止使用的商标予以撤销的立法本意是引导、鼓励商标所有人真实、积极使用商标，充分发挥商标功能，避免商标资源的闲置浪费，对于复审商标权利人确有真实使用意图，复审商标在实际使用中也能够发挥标示商标或服务不同来源作用情形的，可以认定对复审商标进行了真实、有效的商业使用。

基于此，商标评审委员会认定复审申请人在 2010 年 3 月 28 日至 2013 年 3 月 27 日期间内对复审商标在"咖啡馆"等服务项目上进行公开、真实、有效的商业使用，故依法维持"ZOO"商标在全部服务项目上的注册。❶

对企业的启示：

该案的焦点在于"商标的使用准备行为是否能够认定为'商标法意义上的商标使用行为'"。

人们通常概念中的"商标实际使用"是指商标所有人或者许可使用人在经营活动中将商标用于商品、商品包装或者容器以及商品交易文书上，或者将商标用于广告宣传、展览以及其他商业活动中的行为。对于"商标使用行为"在《商标法实施条例》中有明确规定，实践中也以此为断案的依据和标准，符合商标局和商标评审委员会"依法行政"原则之要求，对于这个问题没有疑义。

但是，实践中我们还会遇到类似于本案的情形，如果严苛地界定"商标使用"之概念，并以此撤销广州太映公司的注册商标，显然广州太映公司的信赖利益将受到极大损害，有悖公平原则。为此，我们有必要

---

❶ 商标评审委员会作出的商评字〔2016〕第 0000068566 号《关于第 6138880 号"ZOO"商标撤销复审决定书》。

对"撤销连续三年停止使用注册商标"之规定作主观目的解释,从立法本意出发,正确理解适用该规定之基本条件。该案中,商标评审委员会对立法本意作了明确的阐释,即"引导、鼓励商标所有人真实、积极使用商标,充分发挥商标功能,避免商标资源的闲置浪费",即"撤销只是手段,而不是目的"!对于有真实使用商标的意图并且做了大量准备工作,在准备活动中商标已为相关公众知晓,可以认为这种情形下的"商标"已经发挥了其基本功能,应当认定商标所有人对商标进行了真实、有效的商业使用。

该案还有一个重要的背景:"ZOO"咖啡起源于韩国,在韩国具有相当知名度,来到中国大陆后迅速开店布点,至撤销申请人代兵提出撤销申请时已经具有了一定影响力。就这一点而言,太映公司对于"ZOO"咖啡馆产生的商誉是有较大贡献的,自然人代兵的撤销行为之善意或者恶意认定,相信对于审查员的审查也有一定影响。

裁定中,商标评审委员会使用了"真实使用意图"一词,意味着在案件审理过程中,审查员不仅关注"商标使用行为"这种客观法律事实,而且关注商标所有人和使用人的主观意志。商标评审委员会的上述观点在法院的判决中也得到了认可。

在北京市高级人民法院作出的(2010)高行终字第294号行政判决书中,法院认定:"商标使用应当具有真实性和指向性,即商标使用是商标权人控制下的使用,该使用行为能够表达出该商标与特定商品或服务的关联性,能够使相关公众意识到该商标指向了特定的商品或服务……判定商标使用行为是否属于仅以或主要以维持注册效力为目的的象征性使用行为,应综合考察行为人使用该商标的主观目的、具体使用方式、是否还存在其他使用商标的行为等因素……"[1]

在北京市高级人民法院作出的(2016)京行终2263号行政判决书

---

[1] 北京市高级人民法院作出的(2010)高行终字第294号行政判决书。

中，法院认定："商标法第四十四条第（四）项规定的立法目的在于激活商标资源，清理闲置商标，而非惩罚商标权人。因此，在商业活动中，公开、合法、真实的使用商标标志，表明商品或服务的来源，使相关公众能够区分提供商品或服务的不同市场主体的方式，均为商标的使用方式。"[1]

最高人民法院（2010）知行字第 55 号裁定书也明确："只要在商业活动中公开、真实地使用了注册商标，且注册商标的使用行为本身没有违反商标法律规定，则商标注册人已经尽到法律规定的使用义务，不宜认定注册商标违反该项规定。"[2]

本案裁定为我们应对"撤销连续三年停止使用商标"案件提出了新的思路，法院的判决和裁定先例也为我们提供了案例支撑和理论支持。当然，从法解释的角度来看，文义解释永远是第一位次的解释方法，我们在忠实于文义解释的前提下，也要充分考虑企业对于商标的商业使用意图、市场和相关公众对商标的现实认知等客观实际，用多元化的思考角度解决常见的商标问题。毕竟，"善意的商标使用"意图和商标使用行为应当得到法律的尊重和保护。

---

[1] 北京市高级人民法院作出的(2016)京行终 2263 号行政判决书。
[2] 最高人民法院作出的(2010)知行字第 55 号行政裁定书。

案例五

关于存在正当理由连续三年不使用商标之认定

——第1282247号"皇家礼炮ROYAL SALUTE"商标撤销案

商标图样：

注册号： 1282247

商标类别： 34

商品/服务项目： 香烟；雪茄烟

商标注册人： 山东中烟工业有限责任公司

撤销申请人： 芝华士控股（知识产权）有限公司

案情介绍：

撤销申请人芝华士控股（知识产权）有限公司以无正当理由连续三年不使用为由，依据修改前《商标法》第四十四条第（四）项之规定，向商标局申请撤销第1282247号"皇家礼炮ROYAL SALUTE"商标在"香烟；雪茄烟"商品项目上的注册。商标局依法受理并向商标注册人山东中烟工业有限责任公司发出通知，要求其在2个月内提交在2008年6月27日至2011年6月26日期间使用该商标的证据材料或者向商标局证明存在不使用的正当理由。

2001年《商标法》第四十四条第（四）项："使用注册商标，有下列行为之一的，由商标局责令限期改正或者撤销其注册商标：……（四）

连续三年停止使用的。"

答辩人山东中烟工业有限责任公司在法定期限内进行了答辩，提出了 2008 年 6 月 27 日至 2011 年 6 月 26 日期间未使用申请商标的正当理由。即："根据国办发〔2005〕57 号精神，国家烟草专卖局要求各省中烟工业公司整合公司主营业务并统一品牌。国家烟草专卖局 2006 年对山东卷烟企业品牌管理体制进行了批复，暂停对申请商标的生产和使用。"主要证据包括：

1. 国家烟草专卖局关于山东卷烟工业企业管理体制改革的批复；

2. 山东卷烟工业企业管理体制改革实施方案；

3. 答辩人前身"山东中烟工业公司"的章程等。

裁决结果：

商标局认为山东中烟工业有限责任公司存在不使用注册商标之正当理由，芝华士控股（知识产权）有限公司申请撤销的理由不能成立，依法决定第 1282247 号"皇家礼炮 ROYAL SALUTE"商标不予撤销，维持注册。[1]

对企业的启示：

撤销连续三年不使用注册商标制度的设置本意在于清理闲置商标，引导、鼓励商标注册人真实、积极使用商标，充分发挥商标识别产源的功能。因此，撤销制度本身是手段而非目的。商标注册人的商标被撤销，主观上的成因是商标注册人并没有将商标真正投入使用的意图，换言之，客观上具备使用条件而不使用，此时商标注册人就应当承担商标被撤销的不利后果。

既然撤销制度的本意并非撤销而是督促使用，那么对于主观上具备

---

[1] 商标局作出的编号：撤 201102984《关于第 1282247 号"皇家礼炮及图"注册商标连续三年停止使用撤销申请的决定》。

使用商标的真实意图，但是客观上不具备使用条件或者受限制的企业，就应当给予其抗辩权利，这也是"注册商标不使用正当理由"存在的理论基础。根据2014年《商标法实施条例》第六十七条之规定："下列情形属于商标法第四十九条规定的正当理由：（一）不可抗力；（二）政府政策性限制；（三）破产清算；（四）其他不可归责于商标注册人的正当事由。"根据该规定，成立不使用商标的正当理由必须是商标注册人无法预见或者无法控制的客观事由，除此以外的其他事由都不成立"正当理由"。

根据上述分析，显然主客观相统一应当是"正当理由"成立的必要条件。那么企业在提出正当理由进行抗辩时，就需要从主客观两方面进行论证。

主观上必须强调企业从未放弃使用商标的真实意图，比方说提供证据证明企业已经为使用商标印刷包装、印制标签、租赁办公场所等做了准备。"具有使用意图"的认定很难用具体的证据形式予以固定，因此证明标准不宜定得太高，在没有前述证据证明企业已经进行准备使用行为时，只要存在前述商标注册人无法预见或者无法控制的客观理由，我们就可以推定其"没有放弃使用商标的真实意图"。

客观上必须是法律规定的四类事由中的任一种，即不可归责于商标注册人的客观事由。首先，该事由非因商标注册人过错导致，如因商标注册人疏忽、企业自身战略要求等原因导致未使用注册商标的，显然不构成"正当理由"。其次，该事由的出现暂时阻碍了商标注册人使用该商标。实践中，如果企业遇到了自然灾害等不可抗力、政府临时政策限制等情势变更、企业破产清算过程中，我们均可以考虑提出正当理由进行抗辩。

最后提醒企业注意的是，因为立法鼓励商标注册人积极使用商标，因此对于"正当理由"的证明标准相对高，企业平时应当注意保存有关第三方或者官方出具的文件、档案、报刊等证据予以抗辩。

第四部分　商标无效宣告纠纷

➡概述

2013年《商标法》第四十四条第一款规定："已经注册的商标，违反本法第十条、第十一条、第十二条规定的，或者是以欺骗手段或者其他不正当手段取得注册的，由商标局宣告该注册商标无效；其他单位或者个人可以请求商标评审委员会宣告该注册商标无效。"

2013年《商标法》第四十五条第一款规定："已经注册的商标，违反本法第十三条第二款和第三款、第十五条、第十六条第一款、第三十条、第三十一条、第三十二条规定的，自商标注册之日起五年内，在先权利人或者利害关系人可以请求商标评审委员会宣告该注册商标无效。对恶意注册的，驰名商标所有人不受五年的时间限制。"

根据法律规定，启动商标无效宣告的主体有二：一是商标局依职权主动宣告注册商标无效；二是商标评审委员会依第三人之申请，宣告注册商标无效。实践中第一种情况十分罕见，通常情况是第三人向商标评审委员会提出申请，启动该程序。

与商标异议和异议复审程序不同，无效宣告是对已注册商标提起的撤销程序，核心在于改变注册商标的实质性法律状态，被宣告无效后，注册商标专用权视为自始不存在。商标权来源于行政机关的行政许可，商标权的私权性质则意味着商标权人一旦获得注册商标专用权，其对该商标享有占有、使用、收益和处分各项权能和合法权益理应受到法律的承认和保护。除非该商标本身或者商标注册行为违反了法律和法规的规定，损害了公共利益，否则基于行政法的诚实守信原则和信赖保护原则，商标评审委员会不得随意撤销注册商标、损害商标注册人和利害关系人的信赖利益。

我们遇到的大多数无效宣告案件，或是关涉公共利益保护或是关涉企业的核心品牌，双方的争议焦点激烈，商标评审委员会在审理无效宣告案件时往往特别慎重，将其列为"重要案件"，审查程序和证据要求较为严格。

最终无论无效宣告程序中谁胜谁负，大多数情况下败方会继续提起行政诉讼，寻求司法救济。行政诉讼的审查内容包括商标评审委员会审理无效宣告案件时的定案证据、法律依据以及法律程序，不仅对商标评审委员会裁定的程序和法律依据进行合法性审查，而且对无效宣告或者维持注册的裁定结果进行实质性审查。因此，在无效宣告阶段，能否提供客观、合法、有效的证据；能否提供准确的法律依据；能否提供有效的抗辩理由将直接关乎案件在行政阶段和司法阶段的裁判结果。接下来，我们将以几类案件作为切入点，对于案件中的证据准备、法律依据、程序适用等进行介绍，期望能够带给大家应对这类案件的思路和方向。

案例一

第 7164447 号 "JILIYONG" 商标无效宣告申请案

商标图样：JILIyong

注册号：7164447

商标类别：07

商品/服务项目：家用电动搅拌机；厨房用电动机器；家用电动榨水果机；家用豆浆机；面包机；洗衣机；旋转式脱水机；熨衣机；家用电动打蛋器；清洁用吸尘装置

被申请人：中山市九阳小家电有限公司

申请人：九阳股份有限公司

申请人的理由和依据：

被申请人于 2010 年 7 月 28 日注册第 7164447 号 "JILIyong" 商标，2015 年 5 月 15 日申请人对该商标提出了注册商标无效宣告申请。理由如下：

1. 申请人为豆浆机行业的领导者和开创者，致力于豆浆机、榨汁机、料理机为主的小家电产品的创造和生产，具有极高知名度和影响力。"九阳、JOYOUNG" 系列商标已与申请人建立了唯一的产源联系；

2. 争议商标与申请人在先注册的"九阳""JOYOUNG"系列引证商

标（如：Joyoung九阳、Joyoung九阳）构成使用在类似商品上的近似商标，争议商标的注册违反 2013 年《商标法》第三十条规定；

3. 争议商标的变形方式极易令相关公众误认为是"九阳"对应的拼音商标，加之其采取了模仿"JOYOUNG"的设计方式，攀附"九阳 JOYOUNG"知名商标的主观恶意明显，系典型的不正当竞争行为；

4. "九阳"是申请人在先注册商标和知名商号，被申请人与申请人经营同类商品，在明知申请人的情况下，仍将"九阳"作为商号登记使用，足见其不法意图，对于其以合法形式掩盖非法目的之行为，应依法予以制止。

申请人的主要证据：

1. 申请人的基本情况介绍；
2. 申请人驰名商标证明；
3. 引证商标注册证；
4. 有关申请人及引证商标的广告宣传情况、销售情况及商品图片等；
5. 被申请人公司登记信息；
6. 引证商标与争议商标的比对信息等。

被申请人的答辩理由：

争议商标与申请人诸引证商标在文字构成、含义及呼叫等方面存在显著差异，未构成近似商标。争议商标的注册使用，不会导致"九阳"驰名商标的淡化，用于类似商品上不存在混淆消费者的可能性。

裁决结果：

商标评审委员会审查认为，争议商标与引证商标"JOYOUNG"在字母构成、呼叫等方面相近，并存于"豆浆机、洗衣机、家用电动榨水果机"等同一种或类似商品上,易导致消费者混淆误认,已构成2001年《商标法》第二十八条所指"使用在同一种或类似商品上的近似商标",故裁定争议商标在上述商品上予以无效宣告。❶

法律依据:

因争议商标注册日期早于2014年5月1日,故案件问题适用2001年《商标法》。

<u>2001年《商标法》第二十八条:"申请注册的商标,凡不符合本法有关规定或者同他人在同一种商品或者类似商品上已经注册的或者初步审定的商标相同或者近似的,由商标局驳回申请,不予公告。"</u>

对企业的启示:

目前,恶意模仿、傍名牌的现象十分常见,表现形式五花八门,防不胜防,该案就是典型的模仿知名英文商标案例。"九阳"中文商标早在2009年已经认定为"豆浆机、家用电动榨水果机"商品上的驰名商标,因此对"九阳"中文商标在第7类相关商品上的保护在商标局初审阶段自然力度更大一些;然而英文商标"JOYOUNG"尚未认定为驰名商标,在商标局初审阶段仍旧按照普通商标的审查规则进行审查,由于争议商标"JILIYONG"的读音和拼写与"JOYOUNG"有区别,所以才发生争议商标"Jiliyong"审查通过的情况。这类案件看起来商标之间有区别,但是侵权人经常在实际使用方式上做文章,通过颜色组合、包装装潢、宣传语等混淆视听方式,造成相关公众发生混淆误认。这类隐蔽的"模仿"方式只能由专业人员对商标公告进行定向监测才会发现,否则很可能成为漏网之鱼、蒙混过关。

---

❶ 商评字〔2016〕第0000016303号《关于第7164447号"JILIYONG"商标无效宣告请求裁定书》。

在适用2013年《商标法》第三十条（或2001年《商标法》二十八条）时，一方面需要对双方商品项目逐一进行比对，此时企业需要引证尽可能全的"类似商品"，所谓"类似"不以《类似商品和服务区分表》为唯一依据，还需考虑相关公众的一般识别力进行综合评价；另一方面，需要对商标本身进行比对。在比对商标近似性时，我们有必要对争议商标注册人的恶意进行充分举证。因为"近似"不仅是静态的，还要看其在投入实际使用中的状态。本案中，商标注册人的商号、商标等商业标识无不说明其模仿、攀附九阳股份公司的主观恶意。这种恶意注册行为与商标法的立法初衷是背道而驰的，也是商标法着重规制的对象。企业如能充分举证商标申请人/注册人之恶意，对于案件认定将有积极影响。

案例二

第 11536737 号 "龙大" 商标无效宣告申请案

商标图样： [龙大]

注册号： 11536737

商标类别： 31

商品/服务项目： 坚果（水果）；新鲜水果；新鲜花生；苹果；樱桃；梨；新鲜槟榔；新鲜蔬菜；食用植物根；鲜食用菌

被申请人： 烟台金龙投资有限公司

申请人： 龙大食品集团有限公司

申请人的理由和依据：

被申请人于2014年2月28日注册第11536737号"[龙大]"商标，2015年5月申请人对该商标提出了注册商标无效宣告申请。理由如下：

1. 申请人系食品加工为主业的国家级农业产业化龙头企业，"龙大"系申请人知名字号，应受到法律保护。被申请人与申请人同处一地，被申请人在同一行业申请争议商标的行为侵犯了申请人及其下属企业的在先企业字号权，违反了《商标法》第三十二条之规定。

2. 争议商标与申请人在先注册在第31类商品上的第652027号

"LONG DA"商标和第 1272218 号、第 1959194 号、第 3302276 号"龙大"商标构成相同或类似商品上的近似商标,违反了 2013 年《商标法》第三十条之规定,极易造成消费者的混淆误认。

3. 申请人下属山东龙大肉食品股份有限公司之第 758491 号"LONG DA"商标是其"龙大"商标及商号的对应拼音,早在 2002 年就已被认定为第 29 类"加工过的果蔬、水产品、肉制品"商品上的驰名商标,争议商标明显是对申请人驰名商标的摹仿和翻译,极易误导消费者,致使申请人的利益可能受到损害。违反了 2013 年《商标法》第十三条第三款之规定。

4. 争议商标原注册人系商标代理机构"烟台炳诚商标事务所有限公司",2015 年 11 月在商标无效宣告审理过程中,才转让给现商标注册人。争议商标的注册违反了 2013 年《商标法》第十九条第四款之规定。

5. 被申请人在先大量复制、模仿国内外知名品牌,其行为具有极强的不正当竞争恶意,严重扰乱市场经济秩序,违反职业道德,造成不良影响。违反了 2013 年《商标法》第十条第一款第八项、第四十四条第一款之规定。

申请人的主要证据:

1. 申请人及关联企业的基本情况和荣誉介绍;
2. 申请人驰名商标证明;
3. 引证商标注册证;
4. 有关申请人及引证商标的广告宣传情况、销售情况及商品图片等;
5. 被申请人大量抢注商标的注册清单。

被申请人的答辩理由:

1. 申请人提交的证据不能证明其与关联公司的经营范围与争议商标指定使用的商品存在关联性,争议商标的注册使用未损害申请人及其关联公司的在先企业字号权；

2. 争议商标与申请人引证商标未构成使用在类似商品上的近似商标；

3. 争议商标与申请人驰名商标"LONGDA"区别明显，未构成对驰名商标的复制、摹仿。

裁决结果：

商标评审委员会审查认为，争议商标与引证商标第652027号、第1272218号、第1959194号、第3302276号"龙大"和其对应拼音"LONGDA"商标构成近似商标。争议商标指定使用商品"新鲜水果"等与引证商标"LONGDA"核准使用的"新鲜水果"相同，与其他引证商标核准使用的"小麦、植物种子"等功能用途相近、消费群体及销售渠道重叠，关联密切。被申请人与申请人同处山东省烟台市，对申请人的"LONGDA""龙大"商标知名度理应知晓，故其注册争议商标的行为难谓正当。争议商标的注册使用已违反2001年《商标法》第二十八条之规定。

因商标评审委员会已经适用2001年《商标法》第二十八条对申请人权利予以保护，故对于争议商标是否违反修改前《商标法》第十三条第二款不再进行审理。

商标评审委员会认为，关于在先企业商号权的保护应当结合在先权利人所从事行业、经营范围等方面进行判断。"龙大"作为申请人商号经过长期宣传使用，已享有一定的知名度和影响力。被申请人将其作为争议商标注册使用在"新鲜水果"等商品上，易使消费者将其与申请人想联系，损害申请人在先商号权，违反了2001年《商标法》第三十一条之规定。

综上，商标评审委员会依法裁定争议商标予以无效宣告。❶

---

❶ 商评字〔2016〕第0000006547号《关于第11536737号"龙大"商标无效宣告请求裁定书》。

法律依据：

因争议商标注册日期早于 2014 年 5 月 1 日，故案件问题适用 2001 年《商标法》，程序问题适用 2013 年《商标法》。

2001 年《商标法》第十条第一款第八项："下列标志不得作为商标使用……（八）有害于社会主义道德风尚或者有其他不良影响的。"

2001 年《商标法》第十三条第二款："就不相同或者不相类似商品申请注册的商标是复制、摹仿或者翻译他人已经在中国注册的驰名商标，误导公众，致使该驰名商标注册人的利益可能受到损害的，不予注册并禁止使用。"

2013 年《商标法》第十九条第四款："商标代理机构除对其代理服务申请商标注册外，不得申请注册其他商标。"

2001 年《商标法》第二十八条："申请注册的商标，凡不符合本法有关规定或者同他人在同一种商品或者类似商品上已经注册的或者初步审定的商标相同或者近似的，由商标局驳回申请，不予公告。"

2001 年《商标法》第三十一条："申请商标注册不得损害他人现有的在先权利，也不得以不正当手段抢先注册他人已经使用并有一定影响的商标。"

2013 年《商标法》第四十四条第一款："已经注册的商标，违反本法第十条、第十一条、第十二条规定的，或者是以欺骗手段或者其他不正当手段取得注册的，由商标局宣告该注册商标无效；其他单位或者个人可以请求商标评审委员会宣告该注册商标无效。"

对企业的启示：

该案中，在适用 2001 年《商标法》第二十八条时，对于商品类似的判断，商标评审委员会显然突破了《类似商品和服务区分表》的标准，具体如下表示。

	商标号	商标图样	商品
争议商标	11536737	龙大	坚果(水果);新鲜水果;新鲜花生;苹果;樱桃;梨;新鲜槟榔;新鲜蔬菜;食用植物根;鲜食用菌
引证商标	652027		鲜水果;鲜蔬菜
	1272218		小麦;自然花;活家禽;麦芽
	1959194	龙大	小麦;自然花;酿酒麦芽;酿酒麦芽;树木;植物种子;动物栖息用品
	3302276		未加工木材;谷(谷类);自然花;植物种子;酿酒麦芽;动物栖息用品

引证商标与争议商标同属第31类，却分属不同群组，从《类似商品和服务区分表》来看，不同群组商品之间不判定为类似商品。但是，该案中审查员从"商品的功能用途、消费群体、销售渠道"等方面对双方商品进行了对比，结合申请人所处行业作出了争议商标核准使用商品与引证商标核准使用商品类似的认定。该案的裁定告诉我们欲要证实商品构成类似时，有必要提供商品本身、双方所处的行业和经营范围具有重合性之论证，这样对于突破传统商品分类具有重大意义。

反之，如果两种商品按照《类似商品和服务区分表》可能判定为类似群组的商品，我们欲要证明企业核准使用的商品之前不具有类似性，就有必要从企业所处行业的特殊准入制度、行业特殊性，商品/服务提供者或者渠道本身的特殊性等方面论证二者区别（如：银行、期货和证券行业的服务均属于3602群组，但是这三类金融机构特殊的准入制度和严格的审批程序导致事实上，对其商标的商业使用不可能造成相关公众的误认和混淆）。事实证明，经过严密的逻辑论证后，如果构成认定商品/服务类似的各个条件均不符合，则认定其不类似的机会将大大增加。

关于《商标法》第十三条适用之问题，商标评审委员会遵循了"按需认定"的原则。即依据第三十条可以认定与普通商标构成近似商标的前提下，就不再对第十三条"驰名商标"条款的适用进行审查了。为了让审查员有更多的审查理由，建议针对类似案件尽可能将各种法律依据均提供给商标评审委员会，以增加胜算机会。

最后，有关于2001年《商标法》第三十一条对受保护的"在先权利"之认定问题。"在先权利"指商标权以外的其他法定权利和合法权益。就商号权的保护而言，不仅需要论证争议商标与在先商号相同或者近似，还要举证证明争议商标的使用对在先商号权将造成损害，造成相关公众的混淆。此时，证实申请人企业具有知名度，双方同属一地或者同一行业等对于保护其在先商号权非常必要。

案例三

第4908420号"金号及图"商标无效宣告和行政诉讼案

商标图样：

注册号：4908420

商标类别：25

商品/服务项目：背心，内衣，胸衣，睡衣，内裤，乳罩，袜，长筒袜，短筒袜，裤袜

被申请人：丁艳敏

申请人：山东金号织业有限公司

案情介绍：

第4908420号诉争商标"金号及图"，由丁艳敏于2005年9月21日申请注册，2008年11月20日，商标局驳回该商标注册申请，2010年5月10日，商标评审委员会复审决定予以初审，山东金号织业有限公司（以下简称"金号公司"）提起异议，商标局裁定该商标在"袜、长筒袜、短筒袜、裤袜"商品上予以核准注册，在其余商品上不予核准注册。

一、商标争议阶段（即：无效宣告阶段）

2014年1月17日，金号公司引证其于2003年12月5日申请注册的第3830074号"金号织业"商标（核定使用商品项目为：针织服装、裙

子、内裤（服装）、背心、睡衣、围裙（衣服）、浴衣、婴儿纺织品餐巾、婴儿全套衣、鞋）向商标评审委员会针对诉争商标提起撤销注册申请。主要理由为"金号"商标系由金号公司独创，诉争商标与引证商标构成近似，并提交了相关证据。

丁艳敏辩称"金号"商标并非金号公司独创，诉争商标与引证商标未构成类似商品上的近似商标，金号公司具有恶意，并提交了相关证据。

2014年12月25日，商标评审委员会作出商评字〔2014〕第108411号裁定，认为诉争商标与引证商标核定使用的商品项目构成类似，两商标同时在上述类似商品上使用容易造成消费者混淆误认，裁定诉争商标予以无效宣告。❶

二、商标行政诉讼一审阶段

丁艳敏不服上述裁定，向北京知识产权法院提起行政诉讼，一审诉讼中，丁艳敏和金号公司均提供了各自产品的使用及销售证据，北京知识产权法院认为：诉争商标指定使用的商品与引证商标核定使用的商品在功能用途、生产部门、消费对象、销售渠道等方面较为接近，关联性较强，已构成类似商品。两商标均含有显著识别部分的文字"金号"，已构成近似商标，判决维持商标评审委员会作出的被诉裁定。❷

三、商标行政诉讼二审阶段

丁艳敏不服原审判决，向北京市高级人民法院提起上诉。主要上诉理由有二：

一是诉争商标与引证商标在整体构成和视觉效果上存在显著差异，未构成近似商标，两商标核定使用的商品分属于《类似商品和服务区

---

❶ 商评字〔2014〕第0000108411号《关于第4908420号"金号及图"商标无效宣告请求裁定书》。

❷ 北京知识产权法院（2015）京知行初字第1029号行政判决书。

表》的不同群组，未构成类似商品。

二是商标评审委员会违反了2001年《商标法》第四十二条"对核准注册前已经提出异议并经裁定的商标，不得再以相同的事实和理由申请裁定"之规定。

就丁艳敏第一个上诉理由，北京市高级人民法院认为，《类似商品和服务区分表》仅是类似商品判断的重要参考依据，并不是判断标准，是否容易造成相关公众混淆才是判断标准。诉争商标与引证商标共存于上述商品容易造成相关公众混淆误认，一审法院认定其构成类似商品并无不当，二审法院予以支持。诉争商标与引证商标显著识别部分完整包含于引证商标"金号织业"，二者共存于相同或类似商品上容易引起消费者混淆误认，构成近似商标。

就丁艳敏第二个上诉理由，北京市高级人民法院认为"山东金号公司在诉争商标撤销程序中和异议程序中所提的请求、主张、依据的事实和提交的证据不同，对此各方都表示认可。并不违反2001年《商标法》第四十二条的规定。丁艳敏关于商标评审委员会作出的被诉裁定违反一事不再理的法律原则的上诉理由缺乏依据。"

二审法院判决驳回上诉，维持原判。[1]

法律依据：

该案实问题的体审查适用2001年《商标法》。

2001年《商标法》第二十八条："申请注册的商标，凡不符合本法有关规定或者同他人在同一种商品或者类似商品上已经注册的或者初步审定的商标相同或者近似的，由商标局驳回申请，不予公告。"

对企业的启示：

该案属于典型的突破《类似商品和服务区分表》的分类标准进行产

---

[1] 北京市高级人民法院(2015)高行(知)终字第2731号行政判决书。

品近似与否判断的案例，法院判决明确指出《类似商品和服务区分表》仅仅是类似商品判断的重要参考依据，并不是判断标准，是否容易造成相关公众混淆才是判断标准。

该案中，诉争商标与引证商标均为服装类商品，在功能用途、生产部门、消费对象、销售渠道等方面存在相同、相近之处，关联性极强，因此，虽然《类似商品和服务区分表》认定商品不类似，但考虑到具体实际情况，商标评审委员会、一审法院及二审法院均判定了类似商标在部分商品项目上构成类似。事实上在当前的审查实践中，商标评审委员会和法院对于第25类"服装、鞋、帽、袜"等全类商品认定为类似商品已经达成了共识。在日后同一类的案件中，企业也可以搜集有关第25类全类类似的判例或者裁定，作为重要证据提供给商标评审委员会和法院，对案件的定性将有很大帮助。

关于"一事不再理"原则的适用条件，法院在本案判决中明确了"只要在商标评审委员会不同法律程序中，当事人提供的请求、主张、依据的事实和提交的证据不同，就不违反一事不再理原则。"故，为了规避当事人以"一事不再理"原则进行抗辩，企业有必要在证据提供、请求、法律依据等方面提供多于或者区别于原程序的相关材料。哪怕不多，也足以对抗对方当事人的主张了。

最后，该案也给企业申请注册商标带来了启示，商标注册申请要保护全面，对于企业未来计划从事或者关联性较强的行业，提前做好申请保护工作，十分必要。

案例四

第 11292296 号、第 11292268 号"岚山港"商标无效宣告申请案

商标图样：岚山港 LanShanGang

注册号：11292296、11292268

商标类别：35/39

商品/服务项目：

第 35 类：进出口代理；替他人推销；替他人采购（替其他企业购买商品或服务）；工商管理辅助；投标报价；特许经营的商业管理；外购服务（商业辅助）；广告；人事管理咨询；办公机器和设备出租。

第 39 类：物流运输；码头装卸；拖缆；驳船服务；汽车运输；铁路运输；货物贮存；仓库出租；集装箱出租；管道运输。

被申请人：日照华拓物流有限公司

申请人：日照港集团岚山港务有限公司

申请人的理由和依据：

被申请人于 2013 年 12 月 28 日注册第 11292296 号和第 11292268 号"岚山港 LanShanGang"商标，2014 年 8 月申请人对两件商标同时提出了注册商标无效宣告申请。理由如下：

1. 争议商标的注册侵犯了申请人在先获得的企业商号权以及申请人

对企业简称"岚山港"所享有的在先权利。

2. "岚山港"是申请人在先使用并有一定影响力的商标，被申请人注册争议商标是对申请人商标的恶意抢注。

3. 申请人"岚山港"为国家一类开放港口，由国务院批准开放，被申请人将"岚山港"注册为与港口经营密切相关的服务商标，目的就是想借助申请人的特殊身份和属性，让消费者对被申请人的权威性产生信赖的同时对被申请人的服务质量及来源产生误认。争议商标的注册和使用违反了《商标法》第十条第一款第八项之规定，带有欺骗性，有害于社会主义道德风尚，易产生不良社会影响。

申请人的主要证据：

1. 申请人企业简介、章程等；

2. 《日照口岸志》中对申请人岚山港建立、发展历史的记载；

3. 1984年山东省人民政府关于成立岚山港务管理局的批复；

4. 中共日照市委办公室发文的《市委办公室、市政府办公室关于印发<日照市港口联合方案的通知>》；

5. 山东省岚山港务管理局营业执照及注销登记档案；

6. 申请人企业变更证明、企业宣传册、媒体报道、获得的荣誉等资料。

被申请人的答辩理由：

1. "岚山港"不是申请人的企业名称，没有与申请人建立唯一的指向性联系；

2. "岚山港"不是申请人在先使用的商标，被申请人注册争议商标合理合法，不存在恶意抢注之情形；

3. "岚山港"本属地理区域，具有丰富的自然与历史人文内涵，该名称不该由申请人所专有。

裁决结果：

商标评审委员会审查认为，岚山港位于黄海海州湾北角，是山东省最南端的港口。1986年8月岚山港开始实行二类口岸开发，1989年9月3日，经国务院批准，岚山港作为一类口岸正式对外开放。争议商标与国家一类开放口岸岚山港的名称完全相同，被申请人并非岚山港港务的经营主体，其将争议商标注册使用在"广告、进出口代理"以及"物流运输、货物贮存"等服务上，易使相关公众对争议商标服务质量和来源产生误认，从而产生消极的、负面的不良影响。故争议商标的注册违反了2001年《商标法》第十条第一款第八项的规定，争议商标予以无效宣告。❶❷

法律依据：

该案实体问题的审查适用2001年《商标法》。

2001年《商标法》第十条第一款第八项："下列标志不得作为商标使用……（八）有害于社会主义道德风尚或者有其他不良影响的"。

对企业的启示：

该案中，商标评审委员会肯定了"岚山港"特殊的政治地位而给予权利人以保护，依法对已注册的争议商标宣告无效。在此，企业必须注意的是政府认可的港口、口岸、机关、团体、知名景点名称，有政治影响力和社会影响力的名称、姓名、图形等，均属于商标法保护的范畴。企业在维权时，可以从私权保护和公共秩序两方面入手，以2013年《商

---

❶ 商评字〔2016〕第0000009830号《关于第11292296号"岚山港LANSHANGANG"商标无效宣告请求裁定书》。

❷ 商评字〔2016〕第0000020968号《关于第11292268号"岚山港LANSHANGANG"商标无效宣告请求裁定书》。

标法》第十条和第三十二条（即 2001 年《商标法》第三十一条）为依据，寻求法律保护。

大家可能会注意到，商标评审委员会适用 2001 年《商标法》第十条第一款第八项"有害于社会主义道德风尚或者有其他不良影响"条款，依法对争议商标无效宣告。可能大家对此条款的适用会有不同意见，如果适用第八项"不良影响"条款，则意味着该商标注册造成的后果是与有害于社会主义道德风尚同类的易产生不良影响、有害公序良俗的后果，该案的焦点在于"争议商标具有欺骗性，易令公众对服务质量和来源产生误认"，看起来适用"不良影响"条款并不贴切。

其实，2001 年《商标法》第十条第一款第七项规定："夸大宣传并带有欺骗性的标志不得作为商标使用"，适用本项要求标志本身必须同时具备"夸大宣传"+"欺骗性"两个条件，显然该项设置门槛较高，很多带有欺骗性的商标因并无"夸大宣传"而无法依本项定性（如本案争议商标），但是准予此类商标注册又与立法本意有悖，故多适用第八项兜底条款进行处理。

2013 年《商标法》修改时，立法者已经意识到第七项适用中遇到的问题，将其修改为"带有欺骗性，容易使公众对商品的质量等特点或者产地产生误认的标识禁止作为商标使用"，修改后的适用标准为"欺骗性"+"混淆可能性"，更符合案件的审查需要。因此之后遇到类似案例，我们直接适用 2013 年《商标法》第十条第一款第七项即可。

无论是第十条第七项还是第八项，均是指违反法律基本原则，违反正常社会秩序和公序良俗的商标应予禁止使用乃至注册。北京知识产权法院在审判中对其做了扩大适用，认为商标本身或者注册行为之一不具备合法性甚至违反诚实信用原则，均可适用上述两项规定予以驳回或者宣告无效。行政机关亦可根据法院依据第十条所作出的判决，查处当事人的违法使用行为。

案例五

第 8682872 号"老三角"商标无效宣告申请案

商标图样：老三角 LAOSANJIAO

注册号： 8682872

商标类别： 33

商品/服务项目： 烧酒；果酒（含酒精）；葡萄酒；酒（饮料）；蜂蜜酒；鸡尾酒；米酒；清酒；黄酒；料酒

被申请人： 王永亮

申请人： 古贝春集团有限公司

申请人的理由和依据：

被申请人于 2011 年 10 月 7 日注册第 8682872 号"老三角"商标，2015 年 3 月 3 日申请人对该商标提出了注册商标无效宣告申请。理由如下：

1. "老三角"是申请人最先使用、最早宣传的白酒品牌，经过长期、大量的宣传和使用，在业内建立了较高的知名度和美誉度，争议商标是对申请人在先使用且建立知名度商标的恶意抢注。同时争议商标也是对申请人"老三角"商标酒类商品的酒瓶在先外观专利权的侵犯，其注册违反了 2013 年《商标法》第三十二条（即 2001 年《商标法》第三十一条）之规定。

2. 争议商标与申请人第 3484687 号"古贝春红金三角"商标构成相同或类似商品上的近似商标，其注册违反了 2013 年《商标法》第三十条（即 2001 年《商标法》第二十八条）之规定。

3. 自 2008 年起被申请人在白酒上一共注册了 14 件商标，可以推定被申请人与申请人同处白酒生产行业，此外，被申请人与申请人所在地为相邻省市，因此被申请人对申请人争议商标的知名度不可能不知晓，其商标注册行为系典型的傍名牌、搭便车行为，违反了 2013 年《商标法》第七条和《反不正当竞争法》第五条之规定，应依法予以宣告无效。

申请人的主要证据：

1. 被申请商标申请日前，申请人宣传"老三角"酒的广告合同、对应的广告发票和广告图片；

2. 被申请商标申请日前，申请人生产销售"老三角"酒的发货单、库存台账、销售发票及实物照片；

3. 提出无效宣告时，申请人在百度、好搜等搜索引擎上搜索"老三角"酒的搜索结果等。

被申请人在法定限期内未进行答辩。

裁决结果：

商标评审委员会审查认为，申请人提供的证据证明，在争议商标申请日前，申请人已经将"老三角"商标在先使用在"白酒"商品上，并进行了持续、广泛的销售与广告宣传，已为一定范围内的相关公众所知晓，具有了一定知名度。在争议商标申请注册日之后至今，在网络上以"老三角"为关键词搜索，显示结果亦指向申请人的"老三角"牌白酒，说明申请人与"老三角"商标在相关公众中已经建立起了产源联系。由于被申请人与申请人同属酒类行业的从业者，被申请人有知晓申请人

"老三角"商标的可能性,在此情况下仍旧在与"白酒"商品相同或者类似的商品上申请注册争议商标,其行为已经构成2001年《商标法》第三十一条"以不正当手段抢先注册他人已经使用并有一定影响的商标"之情形。

故,裁定争议商标在全部商品上予以无效宣告。[1]

法律依据:

该案实体问题适用2001年《商标法》

2013年《商标法》第七条第一款:"申请注册和使用商标,应当遵循诚实信用原则。"

2001年《商标法》第二十八条:"申请注册的商标,凡不符合本法有关规定或者同他人在同一种商品或者类似商品上已经注册的或者初步审定的商标相同或者近似的,由商标局驳回申请,不予公告。"

2001年《商标法》第三十一条:"申请商标注册不得损害他人现有的在先权利,也不得以不正当手段抢先注册他人已经使用并有一定影响的商标。"

《反不正当竞争法》第五条:"经营者不得采用下列不正当手段从事市场交易,损害竞争对手:……(二)擅自使用知名商品特有的名称、包装、装潢,或者使用与知名商品近似的名称、包装、装潢,造成和他人的知名商品相混淆,使购买者误认为是该知名商品……"

对企业的启示:

该案的申请人古贝春集团有限公司拥有自己的注册商标"古贝春",与大多数酒企一样,古贝春酒也有不同的品种,"老三角"就是其中之一。"古贝春"商标在"酒"商品上已经注册多年,然而与大多数企业一

---

[1] 商评字〔2015〕第0000089479号《关于第8682872号"老三角LAOSANJIAO"商标无效宣告请求裁定书》。

样,申请人却忽视了对子品牌的保护,"老三角"酒使用多年被他人抢注,正是因为钻了申请人的空子。企业出现这种漏洞往往是因为没有正确理解"商标"的概念,认为自己已经有注册商标了,其他标识都无须进行保护。其实,凡是能够起到区分商品产源的标识,都可以称为"商标",很多企业的"产品名称""品种名"都是企业臆造的、不属于行业通用的名称,只要用于商业用途,也可称为"商标"。一个商品上同时存在两个甚至多个商标的情况太普遍了,如果忽视对任何一个部分的保护都会为自己带来权利漏洞,甚至令企业陷入侵权纠纷当中。

该案中,商标评审委员会依据2001年《商标法》第三十一条"……以不正当手段抢先注册他人已经使用并有一定影响的商标"宣告争议商标无效,那么适用本条时必须同时满足三个条件:

首先,需证明商标注册人存在恶意,通过不正当手段取得注册。通常对于恶意的认定采取推定原则,即通过证明申请人的商标具有知名度和影响力,被申请人与申请人之间具有同行、同属地、上下游产业等关系,或者证明申请人的商标注册行为并非出于"商业使用之目的",来推定其恶意。

其次,需证明申请人在争议商标申请注册前,已经将与争议商标相同或者近似的标志作为商标使用。此处,可以结合商标法上对于何谓"商标的使用"之定义,准备有关证据。

最后,需证明争议商标申请注册前,申请人的商标已经具备了一定影响力。这一点可以通过广告投放量、冠以申请人商标的商品市场占有率和销售状况、媒体报道等证据予以证明。

需要提醒企业注意的是,在准备证据过程中,不仅要重视争议商标申请日之前的证据,也要重视申请日之后的证据,如该案中形成于申请日之后的网络搜索结果,它可以证明欲保护权利知名度和影响力的持续性。我们看到该案中,商标评审委员会对百度、好搜的关键词搜索结果页予以认可,由此可见,由于网络强大的受众覆盖面,网络媒体方面的证据也可以作为证明商标知名度和影响力的重要证据影响案件的认定和走向。

此外，有关2013年《商标法》第七条"诚实信用原则"条款能否作为恶意抢注案件中的宣告无效的法律依据呢？答案是否定的。2013年《商标法》第四十四条和第四十五条明确规定了宣告商标无效的法律依据，其中并不包括第七条。不得不说这是立法者的一个缺失，因为诚实信用原则作为民法的"帝王条款"，应当是每个市场主体从事商业活动遵循的最基本原则，实践中遇到最多的也是各种各样违反诚信原则的不法行为，为了弥补立法这一漏洞，实践中商标评审委员会依据《商标法》第四十四条第一款"其他不正当注册手段"予以无效宣告，而法院则既可能依据《商标法》第四十四条第一款"其他不正当注册手段"，也可能依据第十条第一款第八项"不良影响"予以无效宣告。考虑到个案认定的特殊性，为稳妥起见，遇到此类案件，可同时引用该两个条款。

案例六

第13871126号"亿小鸭"商标无效宣告申请案

商标图样：亿小鸭
注册号：13871126
商标类别：11
商品/服务项目：冷藏柜；冷藏展示柜；冷藏箱；冷藏集装箱；制冰棒机；冷却设备和装置；冰盒；冷却装置和机器；冷冻设备和机器；冰柜。
被申请人：李宗飞
申请人：济南洗衣机厂

案情介绍：

申请人的理由和依据：

被申请人于2015年3月7日注册第13871126号"**亿小鸭**"商标，2015年4月3日申请人对该商标提出了注册商标无效宣告申请。理由如下：

1. 争议商标与申请人的第1499189号、第1594003号、第1662115号、第3438447号、第4596337号、第10991907号、第3438451号"小鸭""小鸭圣吉奥"商标使用在构成相同或类似商品上的近似商标，违反了 2013 年《商标法》第三十条之规定。

2. 申请人第 144691 号"小鸭牌 XIAOYAPAI 及图"及第 1543715 号"小鸭 DUCKLING 及图"商标被先后认定为"洗衣机"和"空气调节器；消毒碗柜；热水器"上的驰名商标。争议商标系对申请人驰名商标的恶意复制模仿，违反了 2013 年《商标法》第十三条第三款之规定。

3. 被申请人还恶意复制模仿"新飞"电器知名商标，其傍名牌意图明显，其注册行为并非以使用为目的、违反了诚实信用原则。因此，争议商标的注册构成了 2013 年《商标法》第十条第一款第八项"有其他不良影响，不得作为商标使用"之情形。

申请人的主要证据：

1. 申请人企业简介等相关资料；
2. 争议商标和引证商标档案信息对比资料；
3. 申请人驰名的相关材料；
4. 申请人"小鸭"商标宣传使用证据；
5. 被申请人注册与"新飞"商标近似的商标等信息档案。

被申请人在法定限期内未进行答辩。

裁决结果：

商标评审委员会审查认定争议商标与申请人的引证商标在文字构成、呼叫上相近，含义亦无明显区别，二者均使用在"冷冻设备和装置、冷冻设备和机器"等商品上，易导致相关公众对商品来源产生混淆误认，已经构成使用在同一种商品上的近似商标。争议商标的注册违反了 2013 年《商标法》第三十条之规定。

因商标评审委员会已经适用《商标法》第三十条对申请人权利予以保护，故对于争议商标是否违反《商标法》第十三条第三款不再进行审理。

商标评审委员会认为《商标法》第十条第一款第八项所指"有其他不良影响"是指商标本身对于社会公益和公共秩序有消极、负面影响的情形，本案中争议商标不存在该种情形，因此未违反《商标法》第十条第一款第八项之规定。

综上，依法裁定争议商标在全部商品上予以无效宣告。❶

法律依据：

该案审查适用2013年《商标法》。

2013年《商标法》第十条第一款第八项："下列标志不得作为商标使用……（八）有害于社会主义道德风尚或者有其他不良影响的。"

2013年《商标法》第十三条第三款："就不相同或者不相类似商品申请注册的商标是复制、摹仿或者翻译他人已经在中国注册的驰名商标，误导公众，致使该驰名商标注册人的利益可能受到损害的，不予注册并禁止使用。"

2013年《商标法》第三十条："申请注册的商标，凡不符合本法有关规定或者同他人在同一种商品或者类似商品上已经注册的或者初步审定的商标相同或者近似的，由商标局驳回申请，不予公告。"

对企业的启示：

该案中的焦点在于"亿小鸭"与"小鸭"是否构成近似商标？从含义上讲，二者确实存在一定区别；对于完整包含另一商标的商标予以核准注册，此前这类案例也大量存在。该案中，商标评审委员会认定二者构成近似商标，笔者认为无外乎以下几个原因：

首先，认定商标近似需要考虑商标的知名度因素。"小鸭"在"洗衣

---

❶ 商评字〔2015〕第0000087901号《关于第13871126号"亿小鸭"商标无效宣告请求裁定书》。

机、空气调节器、消毒碗柜、热水器"商品上已认定为"驰名商标",虽然商标评审委员会并未依据第十三条第三款对争议商标无效宣告,但是申请人及"小鸭"商标在跨类别家电领域的知名度和影响力从此处是可以得到有力佐证的。

其次,被申请人住所地与申请人同处山东省济南市,"小鸭"商标在济南市乃至全国家电行业具有的知名度,相信被申请人不可能不知晓,其申请完整包含申请人"小鸭"商标的争议商标如果说是巧合,显然很难站得住脚。对于被申请人的注册恶意之认定对于案件定性非常重要。

如果我们提供的证据能够让审查员产生以上印象,那么无论最终适用哪个法条,就案件结果而言都可以达到保护企业权利的目的了。因此,企业在应对此类恶意注册案件时,务必注意寻找相关证据,用全面、充分的说理和证据影响、说服审查员,才能有大比分的胜算。

请大家注意,商标评审委员会并不认为申请人非基于商业使用意图,大量注册他人商标的行为属于《商标法》第十条第一款第八项的"不良影响"规制的范畴。商标评审委员会与最高人民法院对于"不良影响"的指向对象意见一致,认为所谓的"不良影响"仅指"商标本身"具有损害社会公共利益和公共秩序的情形;在北京市知识产权法院的一些判决中,我们可以看到部分法官对"不良影响"的指向对象扩展到"商标本身"或者"注册行为"。无论采取何种理解,我们均认为有其合理性,在引用法条时尽可能全面引用。

案例七

第 3483970 号"丑小鸭"商标争议及行政诉讼案

商标图样：

注册号： 3483970

商标类别： 07

商品/服务项目： 冷藏柜；冷藏展示柜；冷藏箱；冷藏集装箱；制冰棒机；冷却设备和装置；冰盒；冷却装置和机器；冷冻设备和机器；冰柜。

被申请人： 曹夏娣（原被申请人为张雄洲、岑友坤）

申请人： 济南洗衣机厂

案情介绍：

申请人的理由和依据：

一、商标争议阶段

被申请人于 2004 年 8 月 7 日注册第 3483970 号" "商标，2008 年 3 月 3 日申请人对该商标提出了注册商标争议申请。理由如下：

1. 申请人第 144691 号引证商标"小鸭牌"在洗衣机行业享有很高知名度，张雄洲、岑友坤作为同行业竞争者对引证商标应当知晓，其注册与引证商标含义相近，发音和字形基本相同的争议商标在主观上具有明显恶意。

2. 争议商标和引证商标并存使用在洗衣机等家电产品上不能起到识别产源的作用，已构成使用在同一种或者类似商品上的近似商标。

3. 张雄洲、岑友坤违背诚信原则，恶意侵权的违法行为还表现在其刻意改变注册商标图样，故意模仿济南洗衣机厂的图形商标和广告用语，恶意抢注国内其他家电行业的知名商标等方面。

被申请人答辩理由：

1. 争议商标与引证商标外形区别明显，不构成近似商标；

2. 争议商标与引证商标与引证商标的使用方式不同，不会造成消费者混淆。

申请人的主要证据：

1. 申请人相关情况介绍；

2. 申请人引证商标注册证；

3. 申请人引证商标使用和宣传情况证明；

4. 引证商标被认定为"山东省著名商标"（1997 年）、"驰名商标"（1999 年）的文件；

5. 申请人及引证商标所获荣誉情况。

被申请人的主要证据：

1. 争议商标使用、宣传照片等证据；

2. 争议商标转让证明，证明该商标2006年自浙江澳尔电器有限公司转让给张雄洲、岑友坤。

裁决结果：

商标评审委员会审查认为引证商标是申请人于1983年获准注册的商标，在洗衣机商品上使用多年，具有较高知名度。争议商标的显著识别部分由文字"丑小鸭"构成，该商标与引证商标的显著识别部分"小鸭"在含义和发音上近似，综合考虑引证商标在先使用的历史和享有的知名度及声誉，争议商标与引证商标并存使用于市场容易引起消费者混淆，在洗衣机和洗衣机甩干机两商品上，构成2001年《商标法》第二十八条所指的使用在同一种或类似商品上的近似商标，又鉴于济南洗衣机厂提交的证据不足以证明，在争议商标申请注册之前，引证商标经使用在中国已经成为相关公众广为知晓并享有较高声誉的驰名商标，因此，争议商标在其余商品上的注册不致误导公众。

综上，依法裁定争议商标在"洗衣机、洗衣甩干机"商品上的注册予以撤销，在其余商品上的注册予以维持。[1]

二、商标行政诉讼阶段

（一）一审阶段

被申请人张雄洲（本案原告）不服商标评审委员会（本案被告）作出的争议裁定，于法定期限内向北京市第一中级人民法院起诉，请求人民法院判令撤销被诉裁定，并判令被告重新作出裁定。诉讼理由如下：

1. 争议商标与引证商标不构成近似商标，二者的图形及文字部分均存在明显区别；

2. 争议商标与引证商标在各自产品上的使用方式不同，且原告在洗

---

[1] 商评字〔2009〕第23513号《关于第3483970号"丑小鸭及图"商标争议裁定书》。

衣机商品上长期使用争议商标，在国内部分市场和地域小有名气，不会引起消费者混淆；

3. 被告没有通知争议商标的共有人岑友坤答辩并参与商标评审程序，属于程序违法。

被告辩称：

坚持被诉裁定中的意见。被诉裁定认定事实清楚，适用法律正确，程序合法，请求法院判决驳回原告的诉讼请求。

第三人济南洗衣机厂提交书面陈述意见：

1. 争议商标是对引证商标的恶意模仿，争议商标与引证商标已构成使用在相同商品上的近似商标；

2. 基于引证商标所具有的极高知名度，争议商标的注册会造成消费者的混淆，并损害第三人的合法权利；

3. 原告关于其合理使用争议商标，以及争议商标经过长期使用具有一定知名度的主张没有事实依据。

综上，被诉裁定认定事实清楚，适用法律正确，依法应予维持，原告的诉讼请求依法应予驳回。

第三人岑友坤同意原告张雄洲的起诉理由和意见陈述。

原告、被告和第三人在诉讼阶段均未提交新的证据。

法院判决结果：

关于原告所称被告没有通知争议商标的共有人岑友坤答辩并参与商标评审程序，属于程序违法。被告庭审中称根据2001年《中华人民共和国商标法实施条例》第16条及《商标评审规则》第9条的规定，共有商标的当事人参加商标评审活动，应当指定一人为代表人，没有指定代表人的，以其在商标注册申请书或者商标注册簿中载明的顺序第一人为代表人。代表人参与评审的行为对其所代表的当事人发生效力。本案中，商标评审委员会通知争议商标档案中的顺序第一人即张雄洲答辩并参与商标评审程序，即视为已通知到争议商标的共有人岑友坤。张雄洲有义务告知岑友坤争议商标评审的有关情况。张雄洲于庭审中明确表示放弃该项起诉理由，第三人岑友坤亦明确表示对第23513号裁定的作出程序不持异议。

法院经审理认为鉴于原告对于争议商标被撤销注册的"洗衣机、洗衣甩干机"商品与引证商标指定使用商品为类似商品不持异议，故本案焦点在于争议商标与引证商标是否构成近似。争议商标与引证商标均系图文组合商标，将争议商标、引证商标的主要识别部分即文字"丑小鸭"与"小鸭"相比，二者在字形、读音、含义等方面均较为近似，申请商标与引证商标同时使用在相同或类似商品上，容易使相关公众对商品的来源产生联想或者误认。争议商标与引证商标已构成指定使用在相同或类似商品上的近似商标。

原告关于争议商标经过长期使用已具有一定知名度，不会引起消费者混淆的主张，缺乏事实依据，本院不予支持。同时，争议商标的实际使用方式与其是否可获准注册无关，故本院对原告有关争议商标与引证商标在各自产品上的使用方式不同，消费者不会混淆的主张，亦不予支持。

综上，北京市第一中级人民法院维持商标评审委员会作出的裁定，依法驳回原告的诉讼请求。[1]

（二）二审阶段

上诉人（原审原告）张雄洲不服北京市第一中级人民法院的行政判决，向北京市高级人民法院提起上诉。上诉理由为：

1. 图文组合是商标的一般组成方式，不能以此作为商标近似的判断标准；

---

[1] 北京市第一中级人民法院(2009)一中知行初字第2507号行政判决书。

2. 争议商标与引证商标的字形、读音、含义并不完全相同，争议商标与引证商标不构成近似商标；

3. 张雄洲是合法受让争议商标，其使用争议商标不具有恶意，且张雄州使用争议商标多年并未产生纠纷。

原审被告、原审第三人济南洗衣机厂和岑友坤均服从原审判决。

裁决结果：

北京市高级人民法院经审理认为，争议商标与引证商标都是图文组合商标，两商标的文字部分显著特征均为"小鸭"，因争议商标系图文组合商标，文字部分为丑小鸭，故争议商标的图形部分易使相关公众联想到鸭子的图形，从而与引证商标的图形部分小鸭图形相似。争议商标与引证商标虽然在含义和呼叫等方面存在不同，但这些不同尚不足以使两商标被相关公众以一般注意力予以辨识。因而引证商标与争议商标构成使用在相同或者类似商品上的近似商标。

张雄洲以其使用争议商标不具有恶意及未实际发生侵权纠纷为由，主张争议商标与引证商标不构成近似商标，因商标近似与否系基于相关公众的一般注意力进行判断，旨在保护消费者的利益，故张雄洲的上述理由不能成立，本院不予支持。

综上，北京市高级人民法院驳回上诉，维持原判。❶

法律依据：

本案审查适用 2001 年《商标法》。

<u>2001 年《商标法》第二十八条："申请注册的商标，凡不符合本法有关规定或者他人在同一种商品或者类似商品上已经注册的或者初步审定的商标相同或者近似的，由商标局驳回申请，不予公告。"</u>

---

❶ 北京市高级人民法院(2010)高行终字第 507 号行政判决书。

对企业的启示：

该案从商标评审委员会到一审、二审法院的裁判结论基本一致，均认定争议商标与引证商标构成相同或者类似商品上的近似商标，相信大家对该结论也都没有异议。笔者认为本案如下几个方面的信息需要引起企业关注。

第一，有关共有商标权人参加评审的问题。

2001年《商标法实施条例》第十六条规定："共同申请注册同一商标或者办理其他共有商标事宜的，应当在申请书中指定一个代表人；没有指定代表人的，以申请书中顺序排列的第一人为代表人。

商标局和商标评审委员会的文件应当送达代表人。"

国家工商行政管理总局公布的《商标评审规则》第九条规定："商标评审案件的共同申请人和共有商标的当事人办理商标评审事宜，应当依照实施条例第十六条第一款的规定确定一个代表人。

代表人参与评审的行为对其所代表的当事人发生效力，但代表人变更、放弃评审请求或者承认对方当事人评审请求的，应当有被代表的当事人书面授权。

商标评审委员会的文件应当送达代表人。"

如共有商标被申请撤销、异议或者无效宣告，商标局和商标评审委员会将把相关通知和文件送达代表人，而不是每一个共有人。此时，代表人有义务通知其他共有人并告知有关情况，特别是商标注册申请顺位第一的共有人要特别注意自己的告知义务。作为其他共有人，有必要经常关注商标的状态，避免因与代表人通信、联络中断等原因导致丧失权利。

第二，商标以欺骗手段或者其他不正当手段取得注册，或者注册商标违反商标法有关规定的，即使商标注册后转移给不相关的第三人，该商标因本身欠缺合法性基础而仍旧可能被撤销或者被无效宣告。因此，企业在购买或者受让注册商标前，有必要对商标有效性和风险进行调查评估，避免出现竹篮打水一场空的局面。另外，我们也看到，有个别商标抢注人为了掩盖抢注真相，降低商标被撤销的风险，将商标进行一次或者多次转让，这种做法也是不可取的。如果真实权利人发现存在恶意转让情形，同样可以申请无效宣告。

第三，商标申请人是否具有主观恶意对于判断商标近似具有重要意义。最高人民法院在审理荣华饼家有限公司与国家工商行政管理总局商标评审委员会、佛山市顺德区勒流苏氏荣华食品商行第1317036号商标争议行政纠纷再审审查行政裁定书提到："商标是否近似，首先是一个客观判断，也始终应以客观判断为主。如果两商标客观上可区分性强，不会产生混淆误认可能性，认定两商标不构成近似商标没有疑义，就不需要考虑商标申请人是否有主观恶意等裁量因素"。[1] 最高人民法院这一认定标准首先肯定了商标近似判断是一种客观判断和事实判断，区分性不强的商标，可能导致产生混淆误认的商标才可纳入近似商标的判断范畴，此时商标申请人是否具有主观恶意对于判断商标近似的结果就有重要意义了。该案中，尽管争议商标的图样与引证商标存在一定区别，但是原告在注册后的使用过程中通过改变商标注册图样，突出"小鸭"字样使用；使用与济南洗衣机厂相近的广告语和宣传用语等方式，误导消费者，因此原告受让商标的动机自然值得怀疑。该类证据尽管不能证明商标注册时存在恶意，但是证明该商标注册后甚至是受让后的使用存在恶意，有序的市场秩序和公平的竞争状态正在被打破，这是法律所不能容忍的。有些企业申请注册的商标乍看起来与真实权利人的商标有区别，但是实际使用方式却明显会造成混淆误认。如多年前的"香杉 HONG SHAN"和"杉港 SHAN KONG"

---

[1] 最高人民法院(2012)知行字第17号《荣华饼家有限公司与国家工商行政管理总局商标评审委员会、佛山市顺德区勒流苏氏荣华食品商行第1317036号商标争议行政纠纷再审审查行政裁定书》。

商标申请后，商标申请人将其组合使用，造成"香港杉杉"的假象，误导消费者，两商标最终仍被商标局裁定不予核准注册。可见，有瑕疵的商标使用方式仍会导致商标不予注册或者被无效宣告。故企业遇到同类案件时，不要仅仅拘泥于法条，而要结合商标法的立法目的，有意识地必要收集商标的实际使用方式和宣传方式等，一方面可以作为认定商标申请人商标侵权及推定申请商标注册的主观恶意之证据；另一方面也可作为不正当竞争之证据主张权利。

案例八

第 3733827 号"亚星"商标争议及行政诉讼案

商标图样：亚星
注册号：3733827
商标类别：17
商品/服务项目：农业用塑料膜；农用地膜；非包装用塑料膜；塑料管。
被申请人：郓城县亚星塑料制品有限公司
申请人：潍坊亚星化学股份有限公司

案情介绍：

一、商标争议阶段

被申请人于 2003 年 9 月 26 日注册第 3733827 号"亚星"商标，2008 年 6 月 25 日申请人对该商标提出了注册商标争议申请。理由如下：

申请人系国内外极负知名度、历史悠久的化工企业，建厂八十多年来，申请人已发展成为全球最大的氯化聚乙烯生产企业，其生产规模和利税创造能力在全国同行业首屈一指。申请人注册在第 1 类商品上的第 1352589 号"亞星"引证商标早于争议商标申请之前已注册使用多年，在国内乃至世界氯化聚乙烯、聚氯乙烯行业建立了极高驰名度。争议商标与申请人商标外形、读音完全相同，构成对申请人商标的复制和摹仿，其在"农业用塑料膜；农用地膜；非包装用塑料膜；塑料管"相关商品上的使用势必造成误导相关公众的法律事实，淡化申请人驰名商标的显著性，损害申请人驰名商标的合法利益。因此，根据2001年《商标法》第十三条之规定，请求依法认定第1352589号"亞星"引证商标为驰名商标，并撤销争议商标的注册。

被申请人答辩理由：

1. 争议商标与引证商标的字体不同，二者不构成相同商标。

2. 争议商标核定使用商品为第17类，与引证商标核定使用的第1类商品之间不存在任何类似关系。因此争议商标的注册使用不会损害申请人的合法权益。

申请人的主要证据：

1. 证明申请人第1352589号引证商标构成驰名的文件，包括：省政府和国家经济贸易委员会有关文件，销售合同及发票，各类广告合同、发票及对应图片，相关协会证明原件，报刊杂志报道，各项荣誉证书等；

2. 争议商标指定使用商品与引证商标指定使用商品"氯化聚乙烯；聚氯乙烯树脂；氯气；烧碱；工业用漂白剂（脱色剂）"之间存在关联性的说明和网络资料。

被申请人的主要证据：

1. 被申请人企业情况介绍；
2. 争议商标使用、宣传照片等证据。

裁决结果：

商标评审委员会审查认为本案争议焦点可归结为争议商标申请注册前，引证商标是否已成为驰名商标，争议商标的注册是否构成对他人驰名商标的复制、摹仿并误导公众，从而构成2001年《商标法》第十三条第二款所指的情形。从亚星公司提交的证据看，其多年来一直将"亚星"商标使用于其生产的氯化聚乙烯、聚氯乙烯等商品上，其产品畅销全国，并实现了可观的销售量、销售收入、纳税额和较高的市场占有率。亚星公司还投入大量资金，通过报刊杂志、户外广告、展销会等多种形式对其"亚星"产品进行广告宣传，使"亚星"商标影响力不断扩大。通过亚星公司持续、广泛的使用和宣传，亚星公司及其"亚星"商标获得了众多荣誉和奖项，也得到了消费者、地方政府、质量监管部门、行业协会等有关部门的认可。综合考虑以上因素，商标评审委员会认为，在争议商标申请注册前，第1352589号"亚星"商标已成为使用在氯化聚乙烯、聚氯乙烯树脂商品上的驰名商标。

争议商标由"亚星"构成，其文字构成与引证商标相同，其指定使用的农业用塑料膜、农用地膜、非包装用塑料膜、塑料管与引证商标核定使用的氯化聚乙烯、聚氯乙烯树脂、氯气、烧碱、工业用漂白剂（脱色剂）等商品均属化工行业，氯化聚乙烯作为一种化学材料，可以作为塑料膜、塑料的原材料，可见二者使用商品有特定关联。在引证商标已在行业内有较高知名度的情况下，消费者易将争议商标所标示的商品与亚星公司商品相联系，从而发生对产源的误认，使亚星公司的利益受损。亚星塑料公司的行为已构成《商标法》第十三条第二款所指的对他人已注册驰名商标的复制、摹仿，误导公众，致使驰名商标注册人的利益可能受损之情形，根据该条规定，争议商标应予撤销。根据2001年《商标法》第十三条第二款、第四十一条第二款、第四十三条的规定，商标评审委员会裁定：争议商标予以撤销。❶

---

❶ 商评字〔2009〕第11683号《关于第3733827号"亚星"商标争议裁定书》。

二、商标行政诉讼阶段

（一）一审阶段

被申请人郓城县亚星塑料制品有限公司（本案原告）不服商标评审委员会（本案被告）作出的争议裁定，于法定期限内向北京市第一中级人民法院起诉，请求法院判令撤销被诉裁定，并判令被告重新作出裁定。诉讼理由如下：

1. 争议商标与引证商标并不相同。

2. 引证商标在争议商标申请以前不构成驰名商标。

3. 争议商标核定使用的商品为第17类商品，引证商标核定使用的商品是第1类商品，两者不存在任何类似关系。被告认定两商标核定使用的商品存在一定的关联性，显然与事实不符。

4. 被告商标评审委员会适用法律错误。本案案情不适用《商标法》第十三条的规定，本案中引证商标是否能认定为驰名商标都不影响争议商标的合法性和有效性。

被告辩称：

坚持被诉裁定中的意见。被诉裁定认定事实清楚，适用法律正确，程序合法，请求法院判决驳回原告的诉讼请求。

第三人潍坊亚星化学股份有限公司提交书面陈述意见称：

被诉裁定认定事实清楚，适用法律正确，依法应予维持，原告的诉讼请求依法应予驳回。

原告、被告和第三人在诉讼阶段均未提交新的证据。

法院判决结果：

争议商标及引证商标均由"亚星"文字构成，虽然二者"亚"字的字体有细微的差别，但由于两商标均为中文商标，读音完全相同，相关公众不易区分，被告认定两商标相同并无不当。争议商标核定使用的商品与引证商标核定使用的氯化聚乙烯、聚氯乙烯树脂均属于化工行业的产品，氯化聚乙烯、聚氯乙烯树脂可以作为生产塑料膜、塑料管的原材料。因此，争议商标核定使用的商品与引证商标核定使用的商品有关联性，由于原告与第三人同为山东省企业，第三人的"亚星"商标使用在"氯化聚乙烯、聚氯乙烯树脂"商品上在争议商标申请日前已经成为驰名商标。在争议商标与引证商标相同的情形下，相关公众容易认为争议商标标示的商品与第三人存在某种联系，从而对商品的来源产生误认。因此，争议商标的注册违反了2001年《商标法》第十三条第二款的规定，依法应当予以撤销。原告否认相关证据与本案的关联性缺乏事实依据与法律依据，本院不予支持。

综上，北京市第一中级人民法院维持商标评审委员会作出的裁定，依法驳回原告的诉讼请求。[1]

(二) 二审阶段

上诉人（原审原告）郓城县亚星塑料制品有限公司不服北京市第一中级人民法院的行政判决，向北京市高级人民法院提起上诉。原审被告、原审第三人潍坊亚星化学股份有限公司均服从原审判决。

裁决结果：

北京市高级人民法院经审理认为本案的焦点问题是，引证商标在争议商标申请注册前，是否已经构成驰名商标，争议商标的注册是否违反2001年《商标法》第十三条的规定。

该案中，亚星公司在商标评审阶段提交的证据显示，亚星公司、潍坊亚星集团有限公司及其前身从1992年起即争议商标申请日前的相当长

---

[1] 北京市第一中级人民法院(2009)一中知行初字第1545号行政判决书。

的时间里，一直将"亚星"商标（引证商标）使用于其生产的氯化聚乙烯、聚氯乙烯商品上，并销往全国各地。同时，亚星公司、潍坊亚星集团有限公司及其前身投入了大量资金，在相关杂志、报纸等媒体上宣传"亚星"产品，此外，亚星公司还通过拍摄专题宣传片、制作户外广告牌、参加展销会等方式宣传亚星公司和"亚星"商标。亚星公司及"亚星"商标原权利人通过长期使用"亚星"商标，获得了较多的荣誉和奖项，得到了消费者、相关行业协会的认可。综合考虑上述因素，一审法院认定在争议商标申请注册前，引证商标已经成为使用在氯化聚乙烯、聚氯乙烯树脂商品上的驰名商标并无不当。亚星塑料公司关于相关证据不能证明引证商标构成驰名商标的主张，不能成立，本院不予支持。

争议商标及引证商标均由"亚星"文字构成，虽然二者"亚"字的字体有细微差别，但鉴于两商标均为中文商标，读音完全相同，并无特定含义，相关公众难以将二者进行区分，一审法院认定两商标相同并无不当。氯化聚乙烯、聚氯乙烯树脂可以作为生产塑料膜、塑料管的原材料，因此，争议商标核定使用的商品与引证商标核定使用的商品存在关联性，由于亚星塑料公司与亚星公司同为山东省的企业，亚星公司的"亚星"商标使用在"氯化聚乙烯、聚氯乙烯树脂"商品上，且在争议商标申请日前已经成为驰名商标，在争议商标与引证商标相同的情形下，相关公众容易认为争议商标标示的商品与亚星公司存在某种联系，从而对商品的来源产生误认。因此，争议商标的注册违反了2001年《商标法》第十三条第二款的规定，依法应当予以撤销，一审法院对此认定正确。亚星塑料公司关于争议商标与引证商标的正常使用不会造成消费者混淆误认的主张不能成立，本院不予支持。

综上，北京市高级人民法院驳回上诉，维持原判。❶

---

❶ 北京市高级人民法院(2010)高行终字第650号行政判决书。

法律依据：

本案审查适用 2001 年《商标法》。

2001 年《商标法》第十三条第二款："就不相同或者不相类似商品申请注册的商标是复制、摹仿或者翻译他人已经在中国注册的驰名商标，误导公众，致使该驰名商标注册人的利益可能受到损害的，不予注册并禁止使用。"

对企业的启示：

该案是在争议案件中认定为驰名商标并给予跨类保护的典型案例。实务中很多企业对于驰名商标法律制度了解不深，盲目夸大驰名商标的作用或者歪曲驰名商标制度的情况比较常见。借此机会，笔者以本案为切入点，向企业介绍关于驰名商标的几个基本问题。

驰名商标作为法律概念在中国最早出现于 1984 年 8 月《关于我国加入〈保护工业产权巴黎公约〉的请示报告》所附的中文版《保护工业产权巴黎公约》中。当前，我国驰名商标保护制度集中体现在《商标法》《商标法实施条例》《驰名商标认定和保护规定》中：

2013 年《商标法》第十三条："为相关公众所熟知的商标，持有人认为其权利受到侵害时，可以依照本法规定请求驰名商标保护。

就相同或者类似商品申请注册的商标是复制、摹仿或者翻译他人未在中国注册的驰名商标，容易导致混淆的，不予注册并禁止使用。

就不相同或者不相类似商品申请注册的商标是复制、摹仿或者翻译他人已经在中国注册的驰名商标，误导公众，致使该驰名商标注册人的利益可能受到损害的，不予注册并禁止使用。"

2013 年《商标法》第十四条："驰名商标应当根据当事人的请求，作为处理涉及商标案件需要认定的事实进行认定。……

在商标注册审查、工商行政管理部门查处商标违法案件过程中，当事人依照本法第十三条规定主张权利的，商标局根据审查、处理案件的需要，可以对商标驰名情况作出认定。

在商标争议处理过程中，当事人依照本法第十三条规定主张权利的，商标评审委员会根据处理案件的需要，可以对商标驰名情况作出认定。

在商标民事、行政案件审理过程中，当事人依照本法第十三条规定主张权利的，最高人民法院指定的人民法院根据审理案件的需要，可以对商标驰名情况作出认定。"

2013年《商标法》第四十五条第一款："已经注册的商标，违反本法第十三条第二款和第三款、第十五条、第十六条第一款、第三十条、第三十一条、第三十二条规定的，自商标注册之日起五年内，在先权利人或者利害关系人可以请求商标评审委员会宣告该注册商标无效。对恶意注册的，驰名商标所有人不受五年的时间限制。"

2014年《商标法实施条例》第三条："商标持有人依照商标法第十三条规定请求驰名商标保护的，应当提交其商标构成驰名商标的证据材料。商标局、商标评审委员会应当依照商标法第十四条的规定，根据审查、处理案件的需要以及当事人提交的证据材料，对其商标驰名情况作出认定。"

一、驰名商标认定的原则

了解驰名商标认定原则是理解驰名商标法律概念，运用驰名商标制度寻求救济的前提。驰名商标认定原则有三：个案认定原则、被动保护原则和按需认定原则。

个案认定原则包括两方面含义，一是必须在具体案件中认定；二是驰名商标的认定结果只对本案有效。实践中，企业经常存在两个理解误区：一是驰名商标是评出来的；二是驰名商标没有期限、永久有效。造成错误理解的原因是企业对于驰名商标个案认定原则缺乏了解。驰名商标制度是对严格注册原则所造成的不公平后果的补充救济制度，旨在保护企业多年积累的商誉，制止恶意攀附他人商誉获取不正当利益的经营行为。如不存在权利人的权利被损害但无其他途径救济之紧迫性，那么也就不存在认定驰名商标的必要性。因此存在现实、有效的商标案件是启动认定驰名商标程序的前提，可以说"无案件无驰名"，评选驰名商标的说法自然是错误的。另外，认定驰名商标是一个复杂的事实判断过程，需要结合具体案情进行认定。不同案件的背景不同、案情千差万别，所以驰名商标的认定结果只对本案有效。曾被认定为驰名商标的，在本案中只能作为驰名商标受保护记录予以考虑，这也是"个案认定"的要旨所在。

被动保护原则是指商标局、商标评审委员会、法院应当在具体案件中依当事人请求对于商标是否驰名予以认定。当事人没有主张驰名商标保护的，即使审查机关认为案件适用第十三条驰名商标制度保护更加合适，也不能主动援引、主动认定。在此，企业需要注意的是，无论是在商标异议、不予注册复审还是无效宣告案件中，如要主张驰名商标保护，必须明确以2013年《商标法》第十三条为依据，提出驰名商标认定请求，在事实认定基础上主张驰名商标扩大保护。

按需认定原则是指审查机关在满足相关条件的情况下才进行认定。以认定已注册商标为驰名商标案件为例，首先，被申请商标是对他人已注册驰名商标的复制、摹仿或者翻译；再者，申请注册或者使用在不相同或者不相类似商品上；最后，被申请商标的注册使用可能误导公众，致使该驰名商标注册人的利益可能受到损害。这三个条件之间存在递进关系，必须同时满足。

关于第一个条件"商标的复制、摹仿或者翻译"比较直观，无需大量证据证实，在此不作评述。

关于第二个条件，难点在于解决不相同或者不相类似商品的界限。很多企业误认为所谓驰名商标扩大保护指驰名商标在所有商品和领域均得到保护，其实不然。为了防止因驰名商标权利的无度扩张和不当滥用给他人权益造成损害，形成不正当竞争，我国对于驰名商标的扩大保护需以可能误导公众、造成混淆为必要条件。我们认为距离越远的商品对驰名商标所有人的损害越低，给予其扩大保护有损公平；相反，距离过近的商品如果认定为相同或者类似商品，则可以直接依据2013年《商标法》第三十条给予其在先商标权的保护，而无须认定驰名商标，这就是驰名商标按需认定的"度"。

关于第三个条件，我国商标法对于驰名商标保护采用的是"间接混淆"原则，同时引入了"淡化理论"。最高人民法院2009年出台的《关于审理涉及驰名商标保护的民事纠纷案件应用法律若干问题的解释》第九条第二款规定："足以使相关公众认为被诉商标与驰名商标具有相当程度的联系，而减弱驰名商标的显著性、贬损驰名商标的市场声誉，或者不正当利用驰名商标的市场声誉的，属于商标法第十三条第二款（即2013年商标法第十三条第三款）规定的'误导公众，致使该驰名商标注册人的利益可能受到损害'。"国家工商行政管理总局2016年12月发布的《商标审查及审理标准》也将上述司法解释中所规定的"减弱、贬损和不正当利用"三种情形判定为"误导公众，损害驰名商标注册人利益"的情形[1]。根据上述规定我们可以得出结论，如要获得驰名商标的扩大保护，驰名商标所有人必须证明被申请商标有减弱、贬损或者不正当利用驰名商标显著性和商誉的行为，导致其权利存在受到损害的可能性。如这种可能性不存在，哪怕两件商标注册在同一类如：第1类、第7类，那么也无须通过认定驰名商标获得扩大保护。

该案中，正是因为引证商标指定使用商品被广泛应用于争议商标的生产过程中，双方存在原料和成品关联关系，争议商标的使用有可能误

---

[1] 中华人民共和国国家工商行政管理总局2016年12月发布的《商标审查及审理标准》中"复制、摹仿或者翻译他人驰名商标审理标准之6.2：误导包括以下情形：(1)足以使相关公众认为系争商标与他人驰名商标具有相当程度的联系，而减弱驰名商标的显著性；(2)系争商标的注册使用可能贬损驰名商标的市场声誉；(3)系争商标的注册使用可能不正当利用驰名商标的市场声誉的。"

导公众、损害引证商标注册人的利益，所以商标局、商标评审委员会及法院才一致作出认定引证商标为驰名商标，撤销争议商标的裁决。

二、驰名商标的认定机关

根据2013年《商标法》第十四条规定，驰名商标的认定机关包括：

商标局：在商标异议案件和地方工商部门查处商标违法案件中认定驰名商标；

商标评审委员会：在商标不予注册复审案件和无效宣告案件中认定驰名商标；

最高人民法院指定的法院：在商标民事侵权案件、行政案件审理过程中认定驰名商标。

尽管认定机关不同，但是法律依据和认定标准均无差异。

广大企业需要厘清的是，驰名商标案件的审理没有特殊程序，根据认定驰名商标的案件类型不同需要按照相应审理程序进行，如：按照异议程序、无效宣告程序审理等。商标局和商标评审委员会审查驰名商标案件仍属于行政行为，需纳入司法审查程序。故如当事人对商标局和商标评审委员会所作裁定不服的，可以提起诉讼请求法院对其裁定中所认定的事实予以重新认定，正如本案一样。

三、驰名商标所涉的时间问题

2013年《商标法》第四十五条第一款规定："已经注册的商标，违反本法第十三条第二款和第三款、第十五条、第十六条第一款、第三十条、第三十一条、第三十二条规定的，自商标注册之日起五年内，在先权利人或者利害关系人可以请求商标评审委员会宣告该注册商标无效。对恶意注册的，驰名商标所有人不受五年的时间限制。"

国家工商行政管理总局2014年公布的《驰名商标认定和保护规定》第九条规定："以下材料可以作为证明符合商标法第十四条第一款规定的

证据材料：……前款所称'三年''五年'，是指被提出异议的商标注册申请日期、被提出无效宣告请求的商标注册申请日期之前的三年、五年，以及在查处商标违法案件中提出驰名商标保护请求日期之前的三年、五年。"❶

上述条款对于驰名商标案件提交时间和证据材料的形成时间都有明确要求：

首先，在异议案件、不予复审案件和无效宣告案件中认定驰名商标的，必须按照法定的公告期后三个月内、收到通知之日起十五日内和注册之日起五年内提出，逾期则丧失申请权利。

其次，对恶意注册的，驰名商标所有人不受五年的时间限制。适用本款规定需同时满足以下两个条件：不受五年限制的案件只能是无效宣告案件中的驰名商标案件；驰名商标所有人对于证明商标注册人的恶意负举证责任。

最后，证据材料的形成时间之三年、五年的起算期。究竟是提供三年还是五年的证据材料，关键是看被异议商标或被申请商标申请日以前，驰名商标是否已经注册满三年。申请日以前，驰名商标已经注册满三年的，提供三年的使用证据；申请日以前，驰名商标已经注册但不满三年的，提供五年的使用证据；申请日以前，驰名商标未注册的，提供五年的使用证据。这里的三年或者五年证据时间均是被异议商标或被申请商

---

❶《驰名商标认定和保护规定》第九条："以下材料可以作为证明符合商标法第十四条第一款规定的证据材料：(一)证明相关公众对该商标知晓程度的材料。(二)证明该商标使用持续时间的材料，如该商标使用、注册的历史和范围的材料。该商标为未注册商标的，应当提供证明其使用持续时间不少于五年的材料。该商标为注册商标的，应当提供证明其注册时间不少于三年或者持续使用时间不少于五年的材料。(三)证明该商标的任何宣传工作的持续时间、程度和地理范围的材料，如近三年广告宣传和促销活动的方式、地域范围、宣传媒体的种类以及广告投放量等材料。(四)证明该商标曾在中国或者其他国家和地区作为驰名商标受保护的材料。(五)证明该商标驰名的其他证据材料，如使用该商标的主要商品在近三年的销售收入、市场占有率、净利润、纳税额、销售区域等材料。前款所称'三年''五年'，是指被提出异议的商标注册申请日期、被提出无效宣告请求的商标注册申请日期之前的三年、五年，以及在查处商标违法案件中提出驰名商标保护请求日期之前的三年、五年。"

标申请日往前推算的三年或者五年。

以上是笔者在实践工作中遇到的企业常见问题。驰名商标保护制度随着我国知识产权法律程度的提升也在不断完善，严格遵循驰名商标按需认定原则，实现其扩大保护功能是企业的切实需求也是驰名商标制度存在的意义所在。但是我们必须看到，在执行层面驰名商标制度仍有很多未能具体化或者量化的内容，各种新问题也层出不穷，认为此时应当回归驰名商标制度本意，围绕驰名商标认定的基本原则进行理解、适用才是解决问题的逻辑起点。

案例九

第3381503号"老战士"商标无效宣告及行政诉讼案

商标图样：老战士
注册号：3381503
商标类别：33
商品/服务项目：酒（饮料）；烧酒；葡萄酒；果酒（含酒精）；汽酒；清酒；黄酒；食用酒精；米酒；酒（利口酒）
被申请人：广东老战士俱乐部有限公司
申请人：山东扳倒井股份有限公司

案情介绍：

第3381503号诉争商标"老战士"，由广东老战士俱乐部有限公司于2002年11月25日申请注册，2007年7月21日核准注册。2012年6月20日，山东扳倒井股份有限公司向商标评审委员会提起商标争议申请（即无效宣告），以争议商标与山东扳倒井股份有限公司于2004年11月28日在先注册的核第1968831号"**老战士**"商标（核准使用商品为第33类：酒（饮料）；米酒；葡萄酒；烧酒；酒精饮料（啤酒除外）；含水果的酒精饮料；食用酒精；蒸馏酒精饮料；黄酒等）构成类似为由，申请依法撤销争议商标的注册。商标评审委员会于2013年12月2日依法作出商评字〔2013〕第120521号《关于第3381503号"老战士"商标争议裁定书》，支持了山东扳倒井股份有限公司的争议请求，依法撤销第3381503号"老战士"注册商标❶。广东老战士俱乐部有限公司不服商标评审委员会裁定，在法定期限内提起行政诉讼，北京市第一中级人民法院依法判决驳回老战士公司的诉讼请求，维持商标评审委员会裁定❷。

一、商标争议阶段（即：无效宣告阶段）

扳倒井公司于2012年6月20日向商标评审委员会提起争议申请，其主要理由是：

争议商标与引证商标构成类似商品上的近似商标，引证商标经长期宣传使用，具有了一定的知名度。故请求商标评审委员会依据2001年《商标法》第二十八条的相关规定，撤销争议商标的注册。

被申请人辩称：

争议商标经过长期大量使用，已经形成了稳定的市场。其与申请人引证商标并存不会引起消费者的混淆误认。

商评委争议裁定：

商标评审委员会认为：争议商标与引证商标汉字构成完全相同，共同使用在葡萄酒等同一种或类似商品上，易使消费者对商品的来源产生误认，构成2001年《商标法》第二十九条所指的使用在同一种或类似商品上的近似商标。申请人撤销理由成立。依据《商标法》第二十九条、第四十一条第三款和第四十三条的规定，2013年12月2日，商标评审委员会裁定：争议商标予以撤销❸。

---

❶ 商评字〔2013〕第120521号《关于第3381503号"老战士"商标争议裁定书》。
❷ 北京市第一中级人民法院（2014）一中行（知）初字第04797号行政判决书。
❸ 商评字〔2013〕第120521号《关于第3381503号"老战士"商标争议裁定书》。

二、商标行政诉讼一审阶段

原告老战士公司不服第 120521 号裁定,在法定期限内向北京市第一中级人民法院提起行政诉讼。起诉理由包括:

1. 争议商标经过原告的使用和宣传已经和上诉人建立起唯一、紧密的联系,不会与引证商标相混淆;

2. 原告使用"老战士"商标积累的知名度远高于扳倒井公司对引证商标的使用,撤销争议商标对原告有失公平;

3. 扳倒井公司提起商标争议的根本目的在于抢占原告多年诚实经营开创的市场空间,具有明显恶意。

原告在诉讼阶段补充提交的主要证据:

1. 争议商标的注册明细;

2. 原告的企业机读档案登记材料,以及投资者向广州市人民政府申请设立广州老战士俱乐部的请示;

3. 1998 年 7 月广州军区干部对成立企业的题词;

4. 2002—2013 年争议商标使用在酒类商品的销售发票;

5. 2010—2011 年老战士公司与成都陶唐仕品牌设计推广有限公司签订的"老战士"酒品牌推广设计服务合同;

6. 2011 年争议商标获得"中国南方最具市场价值消费品牌"的荣誉;

7. 各大媒体对"老战士"酒的宣传报道;

8. 各类饭店、销售网点对"老战士"酒的宣传资料等。

在庭审过程中,原告对争议商标核定使用的商品与引证商标所核定使用的商品构成类似商品不持异议。

北京市第一中级人民法院审理认为：

争议商标核定使用的酒（饮料）、烧酒、葡萄酒等商品与引证商标核定使用的酒（饮料）、米酒为相同或类似商品。争议商标标识为中文"老战士"，引证商标标识亦为中文"老战士"，两者仅存在字体上的差异；扳倒井公司在山东乃至全国具有较高知名度，其对"老战士"商标也进行了一定数量的宣传。老战士公司提交的争议商标的使用和宣传证据不足以证明争议商标已经和老战士公司建立起唯一、紧密联系，从而不致与引证商标相混淆。因此，争议商标与引证商标构成使用在相同或类似商品上的近似商标。争议商标的注册违反了2001年《商标法》第二十九条的规定。北京市第一中级人民法院依照《中华人民共和国行政诉讼法》第六十九条之规定，判决：驳回老战士公司的诉讼请求❶。

三、商标行政诉讼二审阶段

老战士公司不服原审判决，向北京市高级人民法院提起上诉，请求撤销原审判决和第120521号裁定，判令商标评审委员会重新作出裁定。

商标评审委员会和扳倒井公司均服从原审判决。

北京市高级人民法院审理认为：

原审法院查明的事实属实，且有争议商标及引证商标的商标档案、第120521号裁定、争议申请书、当事人提交的证据以及当事人陈述等证据在案佐证，法院予以确认。

另查：老战士公司曾将争议商标使用在酒类产品上，扳倒井公司也曾将引证商标使用在酒类产品上。二审诉讼中，老战士公司补充提交了其对争议商标使用宣传的证据，用以证明争议商标已经与老战士公司建

---

❶ 北京市第一中级人民法院（2014）一中行（知）初字第04797号行政判决书。

立起唯一联系，但其中大部分证据均为近年来使用、宣传方面的证据，扳倒井公司认为不能证明争议商标申请注册时的情形，对其证明目的不予认可。老战士公司称其曾以连续三年不使用为由申请撤销引证商标，但未获成功。以上事实，有老战士公司提交的合同、宣传材料等证据及询问笔录在案佐证。

北京市高级人民法院依据《中华人民共和国立法法》第九十三条的规定将本案适用2001年《商标法》进行审理。

争议商标标识为中文"老战士"，引证商标标识亦为中文"老战士"，两者仅存在字体上的差异，构成近似商标。争议商标指定使用的酒（饮料）、烧酒、葡萄酒等商品与引证商标核定使用的酒（饮料）、米酒构成相同或类似商品。双方均曾在酒类商品上实际使用各自商标，容易导致相关公众混淆误认。老战士公司提交的证据亦不足以证明其与争议商标已经建立起唯一、紧密的联系。故争议商标与引证商标构成使用在相同或类似商品上的近似商标。争议商标的注册违反了2001年《商标法》第二十九条的规定，应当予以撤销注册。老战士公司关于撤销争议商标显失公平的主张无事实与法律依据，北京市高级人民法院未予支持。老战士公司称扳倒井公司提起商标争议具有主观恶意，亦证据不足，法院对其相应主张不予支持。

综上，原审判决认定事实和适用法律正确，程序合法，应当依法予以维持。老战士公司的上诉请求，缺乏事实和法律依据，应当不予支持。北京市高级人民法院依照《中华人民共和国行政诉讼法》第八十九条第一款第一项之规定，判决驳回上诉，维持原判❶。

法律依据：

本案审理适用2001年《商标法》。

---

❶ 北京市高级人民法院(2015)高行(知)终字第3415号行政判决书。

2001年《商标法》第二十八条："申请注册的商标，凡不符合本法有关规定或者同他人在同一种商品或者类似商品上已经注册的或者初步审定的商标相同或者近似的，由商标局驳回申请，不予公告。"

2001年《商标法》第二十九条："两个或者两个以上的商标注册申请人，在同一种商品或者类似商品上，以相同或者近似的商标申请注册的，初步审定并公告申请在先的商标；同一天申请的，初步审定并公告使用在先的商标，驳回其他人的申请，不予公告。"

对企业的启示：

该案属于典型的企业引证已有的在先商标权利将其他主体在后取得的近似或相同商标权利予以撤销的案例，法院判决明确指出商标仅存在字体上的差异，而商标的具体内容是完全相同的，用在类似产品上不足以使得消费者区分产品来源，会造成相关公众的混淆误认。

该案中，诉争商标与引证商标均为酒类商品，在功能用途、生产部门、消费对象等方面存在相同、相近之处，关联性极强，虽然争议商标申请人认为争议商标经过申请人的使用和宣传已经和申请人建立起唯一、紧密的联系，不会与引证商标相混淆。申请人使用"老战士"商标积累的知名度远高于扳倒井公司对引证商标的使用，撤销争议商标对申请人有失公平。但上述请求均未得到商标评审委员会及一审、二审法院的认可。《商标法》明确规定：申请注册的商标，凡不符合本法有关规定或者同他人在同一种商品或者类似商品上已经注册的或者初步审定的商标相同或者近似的，由商标局驳回申请，不予公告。当被核准注册的商标违反了前述规定，可能导致消费者混淆误认时，利害关系人有权通过异议或争议程序进行权利维护，保障注册商标权利不受侵犯。另外，从扳倒井公司和老战士公司提交的证据来看，两公司虽然均在酒类产品上对"老战士"商标进行了使用，并都具备了一定的影响力，但确权商标受保护的范围为全国，不能因销售地区的不同而允许两件相同的商标分属不同的权利人，没有企业能确保产品未来的销售市场不与其他企业的销售市场重合。

  该案也给企业的商标保护带来了启示，第一，企业商标注册成功后，并不代表商标问题就一劳永逸了，此后需要加大商标的监测力度，防止在同一类别上有相同或者近似的商标通过商标局审查而取得商标权利，如有此种情况发生，则需在法定期限内及时提起异议或争议（无效宣告）请求，维护自身商标权益；第二，企业申请注册商标时，一定要进行全面的在先权利检索查询，尽量避免申请注册与其他企业的在先商标相同或近似的商标，一来此种类型的商标会面临较高的驳回风险，二来即使顺利确权，商标权利也持续存在不稳定性，会面临被在先近似或相同商标权利人提起异议或争议（无效宣告）请求的潜在风险，如若商标权利最终被撤销，不仅浪费了企业前期投入的人力物力，也不利于企业品牌的持续不间断发展。

案例十

第 7570764 号 "Lv Deng Xing" 商标无效宣告及行政诉讼案

商标图样：

注册号： 7570764

商标类别： 9

商品/服务项目： 电线；电缆；磁线；电源材料（电线、电缆）；绝缘铜线；电话线；同轴电缆；电线识别线；发动机起动缆；电报线。

被申请人： 马祥其

申请人： 李月震

案情介绍：

诉争商标 " " 于 2009 年 7 月 27 日向商标局申请注册，于 2011 年 2 月 21 日核准注册，核定使用在国际分类第 9 类电线、电缆、磁线、电源材料（电线、电缆）、绝缘铜线、电话线、同轴电缆、电线识别线、发动机起动缆、电报线商品上，专用期限自 2011 年 2 月 21 日至 2021 年 2 月 20 日。引证商标 " " 于 2002 年 1 月 25 日向商标局申请注册，于 2003 年 5 月 14 日核准注册，核定使用在国际分类第 9 类电线、电缆、绝缘铜线、电话线商品上，经续展，专用期限自 2013 年 5 月

14日至2023年5月13日。2013年8月12日，引证商标权利人李月震针对诉争商标向商标评审委员会提出争议申请（无效宣告申请）经审理后，依法对诉争商标予以无效宣告。❶马祥其不服被告国家工商行政管理总局商标评审委员会作出的商标无效宣告请求裁定，于法定期限内向法院提起行政诉讼，法院经审理，判决驳回原告马祥其的诉讼请求，维持商标评审委员会裁定。

一、商标争议阶段（即：无效宣告阶段）

2013年8月12日，申请人李月震针对诉争商标向商标评审委员会提出争议申请，其主要理由为：

1. 诉争商标与引证商标构成相同或类似商品上的近似商标；

2. 争议商标损害了以申请人为法定代表人的众多关联公司的在先商号权；

3. 争议商标属于以不正当手段抢注他人在先使用并有一定影响的商标之行为；

4. 被申请人恶意明显，违背了诚实信用原则。请求撤销争议商标。

申请人提交的证据包括：

1. 相关企业的主体资格证明；

2. 相关企业在电缆行业荣获的各项荣誉证书复印件；

3. 对引证商标的网络搜索结果；

4. 被争议人及其配偶复制模仿申请人商标的商标网档案页等证据；

5. 阳谷县工商局出具的证明；

6. 李月震与"山东阳谷电缆集团有限公司""齐鲁电缆有限公司"联合发布的声明等。

---

❶ 商评字〔2014〕第0000111176号《关于第7570764号"Lv Deng Xing及图"商标无效宣告请求裁定书》。

被申请人答辩理由：

1. 争议商标与引证商标整体区别明显，争议商标并非申请人独创，两商标并无唯一指向性对应关系，不构成近似商标。

2. 本案亦不适用 2001 年《商标法》第三十一条规定，申请人争议理由毫无事实根据，请求维持争议商标，维护被申请人合法权益。

商评委审理后认为，争议商标与引证商标诉争商标核定使用的商品在功能用途、消费对象等方面相同，属于同一种或类似商品，且诉争商标认读文字部分 "Lv Deng Xing" 与引证商标 "绿灯行" 为对应拼音，在呼叫上完全相同，加之引证商标在核定使用的电缆等商品上曾多次被认定为山东省著名商标，具有一定知名度，两商标共存于市场易使相关公众对商品来源产生混淆和误认。因此，诉争商标与引证商标构成使用在同一种或类似商品上的近似商标。另外，诉争商标与李月震相关企业的"绿灯行"商号未构成基本相同，诉争商标的注册未构成损害李月震的在先商号权。

商标评审委员会认为，2001 年《商标法》第三十一条"不得以不正当手段抢先注册他人已经使用并有一定影响的商标"是对未注册商标予以保护的条款，而本案引证商标已在先获准注册，对其基于注册形成的在先商标权利通过 2001 年《商标法》第二十八条予以保护，故本案不适用 2001 年《商标法》第三十一条的规定审理。诉争商标本身并没有有害于社会主义道德风尚或者产生其他不良影响，故诉争商标未违反 2001 年《商标法》第十条第一款八项之规定。

综上所述，依照 2001 年《商标法》第二十八条、2013 年《商标法》第四十五条第一款、第二款和第四十六条的规定，商标评审委员会裁定对诉争商标予以无效宣告[1]。

---

[1] 商评字〔2014〕第 0000111176 号《关于第 7570764 号"Lv Deng Xing 及图"商标无效宣告请求裁定书》。

二、商标行政诉讼阶段

马祥其不服被告国家工商行政管理总局商标评审委员会作出的商评字〔2014〕第111176号关于第7570764号"Lv Deng Xing 及图"商标无效宣告请求裁定，于法定期限内向北京知识产权法院提起行政诉讼。法院于2015年7月14日依法公开开庭审理了该案。

原告马祥其诉称：

1. 诉争商标与引证商标在文字构成和整体外观上区别明显，根据《商标审查及审理标准》，使用在同一种类或类似商品项目上不会引起相关消费者对商品来源产生误认，不构成近似商标。原告认为诉争商标并未违反2001年《商标法》第二十八条之规定。

2. 诉争商标是无含义英文字母组合，并非是引证商标的拼音，引证商标并非第三人所独创。第三人提供的证据不能证明引证商标在中国相关公众内具有一定的知名度和影响力。诉争商标与引证商标并未形成唯一的指向性对应关系。

综上，原告马祥其请求法院判令被告重新对诉争商标作出裁定。

原告在诉讼中向法院提供一份证据：商标局和商标评审委员会联合发布的《商标审查及审理标准》。

被告商标评审委员会辩称：被诉裁定认定事实清楚，适用法律正确，作出裁定程序合法，请求予以维持。

第三人李月震未提交书面意见，其在庭审过程中表示，同意被诉裁定的各项认定意见。被诉裁定认定事实清楚，适用法律正确，作出裁定程序合法，请求法院予以维持。

法院根据查明事实，原告马祥其明确表示对诉争商标核定使用的商品与引证商标核定使用的商品构成相同或类似商品没有异议，对此法院不持异议，予以确认。诉争商标的文字部分"Lv Deng Xing"，与引证商标的文字部分"绿灯行"三个字的汉语拼音相对应,在呼叫上完全相同,二者已构成近似商标。此外,第三人在评审阶段提交的山东省著名商标等证据,可以证明引证商标在核定使用的商品上具有一定的知名度,诉争商标与引证商标共存于相同或类似商品上易导致相关公众对商品来源产生混淆和误认。综上所述,商标评审委员会作出被诉决定证据确凿,符合法定程序,原告的诉讼请求缺乏事实或法律依据,法院不予支持。依照《中华人民共和国行政诉讼法》第六十九条之规定,法院判决驳回原告马祥其的诉讼请求。

法律依据:

本案实体问题的审理适用2001年《商标法》。

2001年《商标法》第二十八条:"申请注册的商标,凡不符合本法有关规定或者同他人在同一种商品或者类似商品上已经注册的或者初步审定的商标相同或者近似的,由商标局驳回申请,不予公告。"

对企业的启示:

该案中的两件商标分别为汉字及其对应的拼音,单纯从商标审查标准来看,该两件商标用在相同或类似商品上并不构成近似商标。关于文字商标与拼音商标的近似审查问题,国家商标局于2001年12月专门制定了《拼音商标与汉字商标近似判定的标准》,其中规定:汉字商标与对应的拼音商标一般互不判为近似商标,除非在先权利商标有特定含义或者是驰名商标。据此,如果引证商标中没有拼音,则申请商标可以获准注册。也就是说,没有加注拼音的汉字商标已注册或申请在先,他人仅以拼音或拼音与图形的组合商标申请注册的,原则上可以获准注册。但同样从该标准中可知,对于在先权利商标,我们还要考虑其是否具有特定含义或者是否为驰名商标,具体到该案中,商标争议申请人提交的一组证据甚为关键,该组证据为引证商标所获得著名商标等荣誉证明,该组证明充分证明了引证商标在核定使用的商品上的知名度及影响力，诉争商标与引证商标共存于相同或类似商品上极易导致相关公众对商品来源产生混淆和误认。因此，商标评审委员会与一审法院都认为诉争商标的申请违反了2001年《商标法》第二十八条的规定，需依法予以撤销。

从该案例中我们也可总结出两点商标相同和近似的判定原则：第一以相关公众的一般注意力为标准，既要对商标整体进行比对，又要对商标的主体进行比对，且比对应当在比对对象隔离的状态下分别进行，文字类商标则需从音、形、义三方面进行综合判断。第二判断商标是否近似，还应当考虑请求保护注册商标的显著性和知名度。只有全面综合考虑，才能对在先商标权利人施以最合理的保护。

对企业而言，由于商标审理标准的平面性和机械性，极易导致与企业中文商标发音相同或相近的拼音商标在相同或类似商品上被核准注册，为避免此种状况出现，企业需将与企业中文商标对应的拼音商标申请注册，或将中文与对应拼音进行组合注册，占住商标权利，省却后期维权的麻烦。

案例十一

第8989005号"绿色庄园有机GREENMANOR170及图"商标无效宣告及行政诉讼案

商标图样： （绿色庄园有机GREENMANOR170及图）

注册号： 8989005

商标类别： 33

商品/服务项目： 葡萄酒；果酒（含酒精）；烧酒；酒（饮料）；酒精饮料（啤酒除外）；含酒精液体；含水果的酒精饮料；白地兰；汽酒；食用酒精。

被申请人： 尹证宇

申请人： 威龙葡萄酒股份有限公司

案情介绍：

诉争商标（被申请商标）系第8989005号"（绿色庄园有机GREENMANOR170及图）"商标，由尹证宇于2010年12月27日申请注册，核定使用在第33类"葡萄酒、果酒（含酒精）、烧酒、酒（饮料）、酒精饮料（啤酒除外）、含酒精液体、含水果的酒精饮料、白地兰、汽酒、食用酒精"商品上，专用权期限自2012年01月07日至2022年1月

6 日止。

2013 年 5 月 23 日，申请人威龙公司以诉争商标违反 2001 年《商标法》第九条、第十条第一款第七项、第八项、第十一条、第十五条、第二十八条、第三十一条及《反不正当竞争法》第二条和第五条的相关规定为由，向商标评审委员会提出争议申请请求宣告诉争商标无效，并提交了相关证据，2015 年 4 月 22 日，商标评审委员会作出被诉裁定，对诉争商标予以无效宣告[1]。尹证宇不服商评委裁定，于法定期限内向法院提起诉讼，法院于 2016 年 7 月 7 日依法公开开庭审理了本案，判决驳回尹证宇的诉讼请求。[2]

一、商标无效宣告阶段

在商标无效宣告阶段，申请人威龙葡萄酒股份有限公司的申请理由如下：

1. 被申请商标中含有"有机"字样，易使相关公众对商品质量产生误认，并产生其他不良影响。违反 2001 年《商标法》第十条第一款第七项、第八项之规定，属于商标法规定禁止作为商标使用之情形。

2. 被申请商标与申请人在先注册的第 4117481 号"威龙有机"商标（使用商品为：第 33 类果酒（含酒精）；烧酒；苹果酒；葡萄酒；杜松子酒；酒（利口酒）；白兰地；威士忌酒；朗姆酒；伏特加（酒））构成近似商标，违反了 2001 年《商标法》第二十八条之规定。

3. 被申请商标的注册使用侵犯了申请人在先产品包装装潢权益和外观权，违反了 2001 年《商标法》第三十一条之规定。

4. 被申请人尹证宇擅自将申请人知名红酒名称"威龙有机红酒"及包装作为自身商标和包装使用，具有明显的攀附申请人商誉之恶意，充

---

[1] 商评字〔2015〕第 30811 号《关于第 8989005 号"绿色庄园有机 GREENMANOR170 及图"商标无效宣告请求裁定书》。
[2] 北京知识产权法院(2015)京知行初字第 3525 号行政判决书。

分说明其申请商标时具备明显的恶意，违反了《反不正当竞争法》第二条、第五条之规定。对其行为应依法予以制止。

申请人提交的主要证据：

1. 威龙公司及其下属公司的主体资格证明、企业简介等；

2. 诉争商标档案；

3. 威龙公司有机和绿色食品认证证书；

4. 威龙公司网站及其他网站关于"让葡萄酒重回170年前的纯香"的介绍；

5. 威龙公司引证商标、第7357827号、第7357826号商标申请注册信息；

6. 威龙公司产品介绍、照片、销售及广告宣传情况；

7. 被申请人尹证宇的商标注册清单；

8. 百度百科对有机食品和绿色食品的介绍；

9. 威龙公司及产品获得荣誉；

10. 各大媒体对"威龙有机葡萄酒"的报道；

11. 关于被申请人尹证宇的相关网站资料；

12. 威龙公司"叶子"图形外观专利证书。

裁决结果：

商标评审委员会经审理认为，被申请商标中含有"有机"二字，该文字使用在核定商品上，易诱导相关公众误认为核定商品或其原料具有天然的、无污染的品质，或已通过有机产品认证，故诉争商标已构成2001年《商标法》第十条第一款第七项规定的不得作为商标使用的标志之情形。

威龙公司提出的关于诉争商标违反2001年《商标法》第十条第一款第八项、第十一条、第十五条、第二十八条、第三十一条的商标无效宣告理由均不能成立，商标评审委员会均未予支持。

威龙公司称尹证宇擅自将威龙公司知名红酒名称"威龙有机红酒"及包装作为自身商标和包装使用的理由不属于本案评审范围，商标评审委员会未予评述。

综上，威龙公司的无效宣告理由部分成立。商标评审委员会依照2001年《商标法》第十条第一款第七项、2013年《商标法》第四十四条第一款、第三款和第四十六条的规定，裁定诉争商标予以无效宣告。❶

二、商标行政诉讼阶段

原告尹证宇不服商标评审委员会的决定，依法在法定期限内向北京知识产权法院起诉。其起诉理由包括：

1. 商标评审委员会认定诉争商标违反2001年《商标法》第十条第一款第七项的规定有误。诉争商标作为注册商标的显著性、独特性毋庸置疑，诉争商标是一个有机整体，不能人为割裂开来单就某一部分选择解释，且诉争商标一直在相关产品上使用且从未发生过误认的情况，不存在夸大宣传并欺骗的事实。

2. 商标评审委员会适用法律错误，依法应予撤销。诉争商标与威龙公司注册的第4117481号"威龙有机"商标（以下简称"引证商标"）均含有"有机"二字，商标评审委员会均未提出过任何特殊要求，而旧《有机产品认证管理办法》于2005年4月1日就已施行，属部门规章，这证明是否取得有机产品认证并非商标评审委员会核准注册含有"有机"二字商标的前置程序。没有任何法律法规规定，诉争商标含有"有机"二字违法。2001年《商标法》也没有规定，注册诉争商标前须进行前置审批，注册商标后须在多长时间内获得有机认证。综上，请求法院撤销被诉裁定，并判令被告重新作出裁定。

---

❶ 商评字〔2015〕第30811号《关于第8989005号"绿色庄园有机GREENMANOR170及图"商标无效宣告请求裁定书》。

原告在诉讼中向法院补充提交的证据包括：威龙公司的有机认证查询信息。

被告商标评审委员会辩称：被诉裁定认定事实清楚，适用法律正确，作出裁定程序合法，尹证宇的诉讼请求和理由缺乏事实依据和法律依据，不能成立。

另，商标评审委员会认为，原告在诉讼中补充提交的证据和本案没有直接关联。相反通过该证据，可以看出"有机"是需要通过认证的，更证明可能有误导性。

第三人威龙公司述称：同意商标评审委员会的答辩意见和对证据的质证意见。有机产品是通过相关国家标准认证的。商标含有"有机"，会造成消费者误导，认为带有该商标的产品是有机产品。

裁决结果：

法院经审理认为，根据2001年《商标法》第十条第一款第七项规定，夸大宣传并带有欺骗性的标志不得作为商标使用。根据《有机产品认证管理办法》的相关规定，有机产品是指生产、加工、销售过程符合有机产品国家标准的供人类消费、动物食用的产品，加工产品应当在获得有机产品认证后，方可在产品或者产品包装及标签上标注"有机"字样。诉争商标核定使用的葡萄酒、果酒（含酒精）等商品属于有机产品的认证范围，含有"有机"二字的诉争商标使用在核定商品上，容易使相关消费者将此类商品误认为系通过有机认证的有机产品，因此诉争商标使用在核定商品上带有夸大宣传且欺骗消费者的性质。故诉争商标符合2001年《商标法》第十条第一款第七项关于不得作为商标使用的情形。

被诉裁定所依据的系带有"有机"字样的诉争商标使用在核定商标上属于夸大宣传并带有欺骗性的标志，进而诉争商标符合2001年《商标法》第十条第一款第七项规定的情形，从被诉裁定中无法得出关于申请

"有机"字样的商标需要有机产品认证作为前置程序的结论,实际上该认定结论也与诉争商标实际使用产品是否取得有机产品认证无关。

虽然注册商标在申请过程中,已经过了国家工商行政管理总局商标局或商标评审委员会依职权的商标注册审查,但注册商标并不因获准注册而进入绝对的权利稳定状态,商标无效宣告制度与商标撤销制度均针对注册商标而设立。同时,商标无效宣告的司法审查采取个案模式,其他商标的注册情况或权利状态不能作为本案诉争商标能够维持注册的当然依据。综上所述,法院判决驳回原告尹证宇的诉讼请求。❶

法律依据:

本案审理适用 2001 年《商标法》。

《商标法》第十条第一款第七项:"带有欺骗性,容易使公众对商品的质量等特点或者产地产生误认的。"

对企业的启示:

商标不得注册和使用的绝对理由旨在规范商标申请和注册行为,维护公共利益、公共秩序和社会公序良俗。《商标法》第十条第一款规定了八种不得作为商标使用的标识,就整体而言,这八种标识作为商标使用都会给社会公共利益和公共秩序带来损害,所以对此类标识应当给予最严厉的禁止。为顺应社会发展所需,2013 年《商标法》对禁止使用的绝对理由作了部分调整和修改。其中,最为显著的修改当属对第十条第一款七项的修改,将"夸大宣传并带有欺骗性"修改为"带有欺骗性,容易使公众对商品的质量等特点或者产地产生误认的"。

本案涉及的即是 2001 年《商标法》第十条第一款第七项在具体案件中的适用问题。由于该项已在 2013 年《商标法》中进行修改,我们在这

---

❶ 北京知识产权法院(2015)京知行初字第 3521 号行政判决书。

里仅对修改后的该项内容进行评述。该项所规定的"欺骗性"和"误认"是递进关系,而非并列关系,即仅有"欺骗性"应尚不足以适用本项,只有当这种"欺骗性"足以导致"误认"的发生,才能适用本项。本项的核心和着重点应该落在"误认"而非"欺骗性"上。只有当商标所具有的"欺骗性"在相关公众中产生错误认识并影响到其消费行为时,这种"欺骗性"才会受到商标法的规制。诉争商标包含了"有机"二字,指定商品项目为第33类酒类产品,为食品饮料相关类别。由于在商标局的审查阶段,更多的是以平面审查规则为标准的审查,对商标在实际使用中给消费者带来的影响考量较少,因此,诉争商标得以顺利通过商标局审核,取得权利。而确权后的商标必然会进入市场,直接面向消费者,此时,商标是否会对消费者带来"欺骗性"和"误认"就变得非常具体现实。若已注册商标存在了上述情况或违反了《商标法》的其他规定,相关公众仍可提交相关证据并依据《商标法》的相关条款对该商标提起无效宣告请求途径而进行救济。具体到该案中,威龙公司针对诉争商标提起了无效宣告请求,商标评审委员会和北京知识产权法院对"有机"二字在实际使用中可能对消费者带来的影响均进行了全面的考量,认为诉争商标符合2001年《商标法》第十条第一款第七项关于不得作为商标使用的情形,支持了威龙公司的请求,将诉争商标予以撤销。

通过以上分析可知,在适用2013年《商标法》第十条第一款第七项时应至少需要满足三个条件:第一,商标标识包含具有描述商品或服务的性质、质量、原料、成分、功能、用途、工艺、技术特点、价格、规格、重量、数量等特点的信息或内容;第二,相关公众容易将前述对商品或服务的描述与该商标标识所指定使用的商品或服务本身的相关属性相联系,而该描述属于误导性描述,具有一定的"欺骗性";第三,前述"欺骗性"描述足以导致相关公众的购买决定,构成"误认"。

对企业来讲,在进行商标使用和注册时,特别要注意商标标识或用语的规范性,尤其是食品相关类行业,如"绿色""生态""有机"等词汇需谨慎使用，在市场经济越发规范，各种认证体系日益健全的今天，稍不注意就可能违反了《商标法》的禁用条款，包含《商标法》禁用标识和用语的商标不仅在商标局初审阶段面临较高的被驳回的风险，即使有幸通过了商标局审查，顺利确权，其权利仍处于不稳定状态，因其还面临着较高的被他人提起无效宣告导致商标最终被撤销的风险。

案例十二

第 11220718 号"修美"商标无效宣告及行政诉讼案

商标图样：修美
注册号：11220718
商标类别：3
商品/服务项目：个人清洁或祛味用下体注洗液；薰衣草油；芳香剂（香精油）；洗澡用化妆品；成套化妆品；化妆品；化妆用芦荟制剂；非医用按摩凝胶
被申请人：石家庄修美生物科技有限公司
申请人：济南修美生物科技有限公司

案情介绍：

诉争商标为第 11220718 号"修美"商标，由法国东娜生物科技集团有限公司（以下简称"东娜公司"）于 2012 年 7 月 17 日申请注册，2013 年 12 月 7 日获准注册，核定使用在第 3 类个人清洁或祛味用下体注洗液、薰衣草油、芳香剂（香精油）、洗澡用化妆品、成套化妆品、化妆品、化妆用芦荟制剂、非医用按摩凝胶等商品上，该商标专用权期限至 2023 年 12 月 6 日。2014 年 5 月 5 日，济南修美生物科技有限公司（以下简称"济南修美公司"）以诉争商标违反 2001 年《商标法》第十五条、第三十一条、第四十一条及《中华人民共和国反不正当竞争法》（以下简称《反不正当竞争法》）第二条、第五条的规定为由，以东娜公司为被申请人向商标评审委员会请求撤销诉争商标的注册。2015年2月，经商标局核准，诉争商标转让予石家庄修美生物科技有限公司（以下简称"石家庄修美公司"），故商标评审委员会在商标评审行政程序中将本案被申请人变更为石家庄修美公司。2015年11月4日，商标评审委员会作出被诉裁定，认为诉争商标的使用损害了济南修美公司的商号权，诉争商标的注册已构成2001年《商标法》第三十一条损害他人在先权利的情形，裁定诉争商标予以无效宣告❶。

石家庄修美公司不服商评委裁定，在法定期限内提起行政诉讼，北京知识产权法院判决驳回石家庄修美公司的诉讼请求，维持商标评审委员会裁定❷。

一、商标无效宣告阶段

2014年5月5日，申请人济南修美公司针对诉争商标向商标评审委员会提起无效宣告请求，主要理由包括：

1. 被申请商标的使用损害了济南修美公司在先拥有的企业商号权，违反2001年《商标法》第三十一条关于"申请商标注册不得损害他人现有的在先权利"之规定。

2. 申请人将"修美"作为企业商号登记的同时，也将其大量使用在商品包装和宣传材料上，"修美"已经构成申请人实际使用有一定影响力的商标。被申请商标的使用违反了2001年《商标法》第三十一条关于"申请商标不得以不正当手段抢先注册他人已经使用并有一定影响的商标"之规定。

3. 原被申请人东娜公司的法定代表人与济南修美公司存在关联关系，东娜公司注册被申请商标的行为违反2001年《商标法》第十五条之规定。

---

❶ 商评字〔2015〕第82887号《关于第11220718号"修美"商标无效宣告请求裁定书》。
❷ 北京知识产权法院（2015）京知行初字第6510号行政判决书。

申请人提交的证据：

1. 济南修美公司及其关联公司的营业执照，证明济南修美公司及其关联公司成立时间均早于诉争商标申请日，主要从事生物技术的开发，批发、零售化妆品；生物制品、护肤品的研究、开发等。

2. "美容人才网"中广东国际美博会宣传材料对于济南修美公司的关联公司北京修美生物科技有限公司（以下简称"北京修美公司"）的宣传介绍。

3. 济南修美公司提供的创伤修复冻干粉、修护型原液、"蕊莉娅"生殖抗衰 eTV 等商品的销售证据。

4. 各类杂志、媒体对于济南修美公司的关联公司广州修美生物科技有限公司生产、宣传"修美"及其"蕊莉娅"系列商品的宣传报道。

被申请人石家庄修美公司辩称：

其商标系合法正当注册，并未损害申请人的商号权和商标权。

被申请人提交的主要证据：

1. 企业营业执照信息打印件，用以证明多家登记时间早于济南修美公司的企业，均使用"修美"作为商号，故济南修美公司并非"修美"商号的在先使用人。

2. 第17204320号"修美"商标档案，用以证明"修美"一词早在2000年就被其他公司申请注册，故济南修美公司的商号不具有独创性，原告未侵犯其在先商号权。

3. 石家庄修美公司及济南修美公司营业执照，用以证明原告企业名称中地域范围是石家庄市，而济南修美公司的企业名称是济南，两个企业地域范围不同，不会造成消费者混淆。

4. 商品销售发票，证明原告与济南修美公司销售的商品不同，不会造成消费者混淆。

5. 加盟合同书、代理合同书、合作协议、国际美博会照片、视频宣传截图，用以证明原告的商标已经投入市场，并做了大量的宣传，其商品已经拥有了广大的消费群体和广泛的销售市场，无论是企业商品还是商标均具有一定的知名度和影响力。

商标评审委员会经审理认定：

依据2001年《商标法》第三十一条的规定，对在先商号权的保护旨在禁止将与他人在先登记、使用并有一定知名度的商号相同或基本相同的文字申请注册为商标，容易导致相关公众混淆，致使在先商号权利人利益可能受到损害的情形。

现有证据可以证明济南修美公司的商号"修美"在诉争商标申请日前经宣传使用在生殖保健、美容护肤品相关行业已具有一定知名度，诉争商标核定使用的个人清洁或祛味用下体注洗液、薰衣草油、化妆品等商品与济南修美公司所从事的行业密切相关，且济南修美公司商号"修美"具有一定独创性，诉争商标与济南修美公司具有一定知名度的独创性商号相同难谓巧合，加之诉争商标由原被申请人东娜公司转让予石家庄修美公司，济南修美公司与石家庄修美公司商号相同，加剧了相关消费者混淆误认的程度，故诉争商标的使用损害了济南修美公司的商号权，诉争商标的注册已构成2001年《商标法》第三十一条损害他人在先权利的情形。

济南修美公司提交的证据主要为其商号"修美"或其"蕊莉娅"商标的宣传使用证据，不足以证明其将"修美"商标在洗澡用化妆品、成套化妆品、化妆品等商品上在先使用并有一定影响。故诉争商标的注册未构成2001年《商标法》第三十一条所指抢注他人已经使用并有一定影响商标的情形。

另，济南修美公司称诉争商标的申请注册违反了2001年《商标法》

第十五条的规定,但济南修美公司并未提交充分证据证明原被申请人东娜公司的法定代表人与其存在 2001 年《商标法》意义上的代理关系或代表关系,故对济南修美公司的该项主张不予支持。

综上,商标评审委员会认定济南修美公司无效宣告理由部分成立,依据 2001 年《商标法》第三十一条的规定,裁定诉争商标予以无效宣告。❶

二、商标行政诉讼阶段

原告石家庄修美公司不服被告国家工商行政管理总局商标评审委员会作出的商评字〔2015〕第 82887 号关于第 11220718 号"修美"商标无效宣告请求裁定,于法定期限内向北京知识产权法院提起行政诉讼。法院于 2016 年 3 月 3 日公开开庭审理了该案。

原告诉称:

1. 被诉裁定认定事实错误,诉争商标并未侵犯第三人的商号权:

(1) 被告以原告与第三人的商号相同为由,认定此加剧了消费者的混淆误认的程度,显属不当。

(2) 第三人的商号在中国的相关公众中不具有知名度和独创性,被告认定第三人的商号"修美"具有独创性、知名度,属认定事实错误。

2. 被告以原告违反 2001 年《商标法》第三十一条之规定,系适用法律错误。事实上,原告并未侵犯第三人的在先商号权,第三人的商号不符合法律保护的构成要件。

被告商标评审委员会辩称:

被诉裁定认定事实清楚,适用法律正确,作出裁定程序合法,原告

---

❶ 商评字〔2015〕第 82887 号《关于第 11220718 号"修美"商标无效宣告请求裁定书》。

的诉讼请求和理由不能成立，请求本院依法驳回其诉讼请求，并判令其承担本案诉讼费用。

第三人济南修美公司述称：

被诉裁定完全正确，其认定事实清楚，据以裁定的证据确凿，适用法律法规正确，符合法定程序，依法应予维持。原告的所有诉讼理由均不能成立，故请求本院判决驳回其诉讼请求。

裁决结果：

关于诉争商标是否侵犯济南修美公司在先商号权的问题，北京知识产权法院认为商号只有在经过使用产生一定知名度后才能成为2001年《商标法》第三十一条规定中的"在先权利"。同时，商号在使用中所起到的是区别不同的商业主体的作用，故只有在他人的商标与在先商号可能引起相关公众混淆误认时，才可认定在后商标的注册构成对在先商号权益的损害。

首先，济南修美公司的企业名称为"济南修美生物科技有限公司"，其中"济南"是其所在地区，"生物科技"是其经营领域，"有限公司"是其组织形式，"修美"是该公司商号，因此济南修美公司对"修美"享有商号权。而且济南修美公司成立于2005年8月，至诉争商标申请注册时，济南修美公司已经营近七年，符合"在先商号"的要求。其次，济南修美公司提交的销售发票等证据显示，其相应产品进行了一定规模的销售，同时，济南修美公司于2011年1月申请注册了"蕊莉娅"商标，2011年9月广东国际美博会以及2012年度《财智》杂志上，对"蕊莉娅"商标及"修美"商号进行了宣传推广，以上均起到提升济南修美公司知名度的效果。虽然在济南修美公司提交的商品销售及宣传的证据中，部分指向广州修美公司及北京修美公司，但考虑到两公司与济南修美公司的控股股东相同且商号相同，具有一定的关联关系，而且广州修美公司与北京修美公司的宣传亦针对"修美"商号及"蕊莉娅"商标,故在客观上提升了济南修美公司的知名度。最后,诉争商标"修美",以及济南修美公司在先注册的商标"蕊莉娅"均非汉字的固有词汇,具有一定的独创性,而东娜公司却在申请注册诉争商标后,又申请注册"蕊莉娅"商标。东娜公司连续申请注册的两个商标,均与济南修美公司密切相关,从概率上讲,此种情况难谓巧合,东娜公司主观上攀附他人商誉的故意难以排除。而"攀附他人商誉"的前提是有供攀附的"商誉"存在,由此推知,济南修美公司的商号具有一定的市场知名度,足以让他人的攀附成为可能。综上,北京知识产权法院认定济南修美公司的商号在诉争商标申请日前即具有一定的市场知名度,为相关公众及在后商标注册人所知悉。

关于诉争商标是否会与在先商号造成混淆的问题,北京知识产权法院认为,首先,诉争商标"修美"与济南修美公司的商号相比,二者文字完全相同;诉争商标核定使用在精油、洗液、化妆品等相关商品上,而济南修美公司的经营范围亦包含化妆品等商品,其提交的证据显示在先商号的知名度所及的领域亦与美容、化妆等商品紧密相关,故诉争商标与济南修美公司的商号并存于市场,容易引起相关公众的混淆误认。其次,石家庄修美公司虽主张其与济南修美公司分处不同地域,不会造成消费者混淆;但北京知识产权法院认为,当今社会已进入互联网时代,网上宣传、网上购物已极为普遍,在此背景下,市场主体分处不同地域并不能成为避免混淆的当然理由,故对石家庄修美公司的该项主张,北京知识产权法院不予支持。最后,关于石家庄修美公司提出诉争商标经过使用具有一定的知名度的主张,北京知识产权法院认为,石家庄修美公司提交的证据并不足以证明诉争商标具有较高知名度,不会导致与济南修美公司的商号混淆,故对石家庄修美公司的该项主张,北京知识产权法院不予支持。

综上所述,诉争商标的注册已侵害了济南修美公司的在先商号权,违反了2001年《商标法》第三十一条"申请商标注册不得损害他人现有的在先权利"的规定,被诉裁定结论正确,北京知识产权法院予以支持。石家庄修美公司的诉讼请求缺乏相应的事实理由和法律依据,北京知识产权法院予以驳回。依照《中华人民共和国行政诉讼法》第六十九条之规定,北京知识产权法院判决驳回原告石家庄修美生物科技有限公司的诉讼请求。❶

法律依据:

本案审理适用2001年《商标法》。

2001年《商标法》第三十一条:"申请商标注册不得损害他人现有的在先权利,也不得以不正当手段抢先注册他人已经使用并有一定影响的商标。"

对企业的启示:

商号权和商标权作为两种不同的民事权利,均受法律的保护。两种权利冲突的处理,应当遵守诚实信用、保护在先权利及禁止混淆三个原则,三者缺一不可。相关公众对商品或者服务是否产生混淆、误认应该是构成侵权的一个必要前提。

首先,就诚实信用原则而言,当出现权利冲突纠纷时,法官就需要运用该原则来判断相关权利人的行为是否符合公认的商业道德和法律的公平正义精神,并侧重审查在后注册商标权是否存在恶意利用或者攀附在先商号的商誉来获取不正当利益的故意。

其次,对于保护在先权利原则而言,则需要查明涉及权利冲突的相关权利产生的先后顺序,即哪个权利产生在前、哪个权利在后的问题,在先的权利应该得到优先的保护。

---

❶ 北京知识产权法院(2015)京知行初字第6510号行政判决书。

最后，对于禁止混淆原则而言，则需要以普通消费者的一般注意力作为评判标准，综合考虑商号本身是否具有知名度，商标、商号标识的商品或服务是否相同或类似以及注册商标使用权利人商号的方式、地域及时间等因素来确定是否会导致混淆或混淆的可能性。

就该案而言，石家庄修美公司在后注册的商标对济南修美公司在先使用的商号是否构成侵权，关键点在于在先的商号权是否具有一定知名度以及诉争商标与在先商号是否会造成消费者误认，造成了在先商号权权利人的经济利益的损害（包括损害的可能性）。该案中，北京知识产权法院认为"修美"属于臆造词汇，具有一定的独创性，且济南修美公司提交的一系列证据足以证明其商号权的知名度，且诉争商标核定使用的商品项目与济南修美公司的经营范围一致，二者并存于市场足以造成消费者误认。济南修美公司提交的证明其享有在先商号权以及其商号知名度的证据在本案中起到了关键作用，使得北京知识产权法院认可了石家庄修美公司违反了2001年《商标法》第三十一条前半部分的规定。本案对企业的启示在于，由于我国关于商号与商标的核准分属于两套不同体系，一个归国家工商企业登记部门管理，一个归国家商标局管理，造成了许多企业实际应用的商标与企业字号不一致。且商号为区域范围保护，商标为全国范围保护，这种情况的存在，不仅使得分属不同市场主体所有的商号与商标在市场上易造成消费者混淆误认，也导致了未进行商标注册保护的商号易被他人抢注。因此，企业在市场推广宣传中不仅要注重产品具体商标名称的保护，对于企业商号，也要在所从事的相关行业上提起商标注册，一方面可使两者相互统一，另一方面可有效防止他人在相关商品上对企业字号进行商标抢注，牟取不正当利益。企业只有全面认识到这一点，才能商号与商标并行，得以全面维护自身品牌利益。

案例十三

第 4194786 号"曾子圣 ZENGZISHENG"商标争议和行政诉讼案

商标图样： [曾子圣 ZENGZISHENG 图]

注册号： 4194786

商标类别： 33

商品/服务项目： 酒（饮料）；酒精饮料（啤酒除外）；烧酒；果酒（含酒精）；葡萄酒；酒（利口酒）；汽酒；米酒；含水果的酒精饮料；料酒。

被申请人： 平邑县曾子圣酒厂

申请人： 山东曾子酒业有限公司

案情介绍：

第 4194786 号争议商标"曾子圣 ZENGZISHENG"由王雷祥于 2004 年 7 月 29 日申请，于 2006 年 10 月 28 日核准注册，有效期至 2016 年 10 月 27 日，核定使用在第 33 类的酒（饮料）等商品上。2011 年 11 月 30 日，争议商标经商标局核准转让予平邑县曾子圣酒厂（以下简称"被申请人"）。

一、商标争议阶段（即：无效宣告阶段）

引证商标系由申请人于 1993 年 4 月 6 日申请，核准后经续展有效期至 2014 年 7 月 27 日，指定使用在第 33 类的酒商品上。

2010年7月20日，申请人引证其在先注册的第699346号"曾子"商标（使用商品：第33类"酒"）向商标评审委员会申请撤销争议商标，主张争议商标违反2001年《商标法》第十五条、第四十一条的规定。

申请人提交了下列证据：

1. 重大资产重组协议、平邑分公司资产转让协议；
2. "曾子圣"等商标产品的销售合同、单据；
3. 王雷祥的任职情况、工资表。

2011年7月21日，商标评审委员会向王雷祥寄送商标争议答辩通知书、争议申请书，被退回后，于2011年9月21日公告送达。王雷祥和曾子圣酒厂在商标评审阶段未提交答辩状。

商标评审委员会对争议案件的裁定结果：

争议商标与引证商标均含有"曾子"二字，易使消费者误以为二者是系列商标，从而对产源产生误认。争议商标核定使用的酒（饮料）等商品与引证商标核定使用的酒商品已构成类似商品。争议商标与引证商标已构成使用于类似商品上的近似商标。争议商标不属于违反《商标法》第十五条规定的情形。依据2001年《商标法》第二十八条、第四十一条第三款和第四十三条及《中华人民共和国商标法实施条例》第二十九条的规定，商标评审委员会裁定：争议商标予以撤销。❶

二、商标行政诉讼一审阶段

平邑县曾子圣酒厂（本案原告，原被申请人）不服上述裁定，向北京市第一中级人民法院提起诉讼。

---

❶ 商评字〔2012〕第03973号《关于第4194786号"曾子圣ZENGZISHENG"商标争议裁定》。

原告诉称：

1. 原告没有收到答辩通知，商标评审委员会剥夺了其申辩权；

2. 原告善意取得争议商标，山东曾子酒业有限公司（本案第三人，原申请人）知晓原告对争议商标的使用和申请注册，未提出异议，其提出商标争议，属于违反诚实信用原则；

3. 争议商标经过使用，具有一定的知名度；

4. 争议商标与引证商标不构成近似商标。

综上，请求法院依法撤销第03973号裁定，判令被告商标评审委员会重新作出裁定。

在一审诉讼过程中，曾子圣酒厂向原审法院提交了2012年4月26日获得的中国知名品牌证书。

被告商标评审委员会辩称：第03973号裁定认定事实清楚，适用法律正确，程序合法，请求法院维持。第三人述称：同意第03973号裁定中的意见，请求法院维持被诉裁定。

一审法院认为：

1. 争议商标"曾子圣 ZENGZISHENG"与引证商标"曾子 ZENGZI"对比，二者文字构成、含义相近，应认定为近似商标。争议商标指定使用的"酒（饮料）"等商品与引证商标核定使用的"酒"商品，功能、用途、生产部门、销售渠道相近，属于类似商品。争议商标与引证商标构成指定使用在相同或类似商品上的近似商标。

2. 曾子圣酒厂主张商标评审委员会剥夺其申辩权，但根据商标评审委员会提交的争议答辩通知书及送达信封，可以证明商标评审委员会于2011年7月21日向争议商标申请人王雷祥邮寄送达，被退回后于同年9月21日公告送达，王雷祥未在规定期限内答辩，应当视为其放弃了答辩权利。此后，争议商标于同年11月30日，经商标局核准转让予曾子圣酒厂。鉴于王雷祥已经放弃了答辩权，曾子圣酒厂不能取得王雷祥已经放弃的权利。因此，商标评审委员会未向曾子圣酒厂重新送达争议答辩通知书并无不妥，一审法院予以确认。曾子圣酒厂主张商标评审委员会作出裁定的程序违法，没有依据，一审法院不予支持。

3. 原告主张被告默认许可其使用争议商标，没有证据支持，本院不予采信；其提交的证据亦不足以证明争议商标经过使用足以与引证商标相区分。

4. 原告是否善意取得争议商标，不属于争议商标能否与引证商标共存所应当考虑的因素。

综上，第03973号裁定认定事实清楚，适用法律正确，程序合法，一审法院依法予以维持。依照《中华人民共和国行政诉讼法》第五十四条第一项之规定，判决维持国家工商行政管理总局商标评审委员会作出的商评字〔2012〕第03973号关于第4194786号"曾子圣ZENGZISHENG"商标争议裁定。❶

三、商标行政诉讼二审阶段

平邑县曾子圣酒厂（本案上诉人，原被申请人）不服原审判决，向北京市高级人民法院提起上诉。主要上诉理由有：

1. 商标评审委员会以不合法的方式送达相关材料，致使上诉人没有收到答辩通知，商标评审委员会剥夺了上诉人的答辩权，其程序违法，应予撤销。

2. 争议商标与引证商标不构成使用在相同或者类似商品上的近似商标。

3. 原申请人从未使用引证商标，而上诉人一直使用争议商标，经过大量宣传、推广，已经具有较高知名度，形成稳定的市场，消费者不会

---

❶ 北京市第一中级人民法院(2012)一中知行初字第1818号行政判决书。

产生混淆。

二审过程中上诉人补充提交 12 份证据，其中 10 份证据未在原审诉讼阶段提交，主要包括：平邑县祥源酒业有限公司企业法人营业执照、平邑县祥源酒业有限公司与山东兰陵陈香股份有限公司平邑分公司签订的合同、曾子圣酒厂与案外人签订的合同、生产许可证、宣传照片、广告费收据、文件等，上述证据用于证明王雷祥从 2002 年开始使用争议商标，争议商标已经具有知名度。本案二审庭审后，曾子圣酒厂向本院提交了证据 13，即保太销售部的注销登记证明、刘彦法身份证复印件及刘彦法证明。

同时，王雷祥述称其早已不在山东省苍山县兰陵镇酒厂家属院 0702-A8-1 处居住，但其并未向商标局申请进行地址变更。

商标评审委员会、原审第三人服从原审判决。原审第三人对上诉人相关合同的真实性不予认可，对于争议商标通过宣传取得知名度的证明内容不予认可。

北京市高级人民法院审理认为：

1. 本案上诉人提交的证据效力问题。

上诉人在二审诉讼期间新提交的证据均为复印件，且上述证据并非原审诉讼之后新形成的证据，作为行政诉讼的原告，曾子圣酒厂在原审诉讼期间无正当理由并未提供，在原审第三人对相关证据的真实性、证明内容存在异议的情况下，本院对曾子圣酒厂在二审诉讼中新提交的 11 份证据不予采信。

2. 本案二审的审理焦点为争议商标是否属于 2001 年《商标法》第二十八条规定的不应予以注册的情形。

本案中，争议商标核定使用的"酒（饮料）"等商品与引证商标核定使用的"酒"商品，功能、用途、生产部门、销售渠道相近，属于类似商品。

商标近似是指商标文字的字形、读音、含义近似，商标图形的构图、颜色、外观近似，或者文字和图形组合的整体排列组合方式和外观近似，使用在同一种或者类似商品或者服务上易使相关公众对商品或者服务的来源产生误认。

本案中，争议商标为"曾子圣 ZENGZISHENG"，引证商标为"曾子 ZENGZI"，将二者进行对比，二者的前两字完全相同，争议商标仅多一个"圣"字，从整体观察，二者文字构成、含义相近，属于近似商标。争议商标与引证商标共同使用在类似的酒商品上，易使相关公众对商品的来源产生误认，原审法院及商标评审委员会认定争议商标与引证商标构成使用在相同或类似商品上的近似商标正确。

3. 关于送达问题。

根据二审法院查明的事实，商标评审委员会向王雷祥寄送商标争议申请书、争议答辩通知书的地址为王雷祥在申请商标时记载的地址：山东省苍山县兰陵镇酒厂家属院0702-A8-1，王雷祥认可其并未向商标局申请进行地址变更，因此，商标评审委员会向该地址送达材料被退回后，进行公告送达，符合相关规定，上诉人关于商标评审委员会送达程序违法，剥夺其申辩权的主张不能成立，二审法院不予支持。

4. 上诉人在诉讼中提交的证据不足以证明争议商标经过使用足以与引证商标相区分，其关于争议商标具有知名度，已形成稳定市场的主张不能成立，二审法院不予支持。

5. 上诉人主张引证商标并未使用，不会造成相关公众混淆误认，缺乏事实依据，二审法院不予支持。

综上，原审判决认定事实清楚，适用法律正确，程序合法，应予维持。曾子圣酒厂的上诉理由均不能成立，对其上诉请求，二审法院不予支持。依照《中华人民共和国行政诉讼法》第六十一条第一项之规定，判决驳回上诉，维持原判。[1]

---

[1] 北京市高级人民法院(2012)高行终字第1582号行政判决书。

法律依据：

本案审查适用 2001 年《商标法》。

2011 年《商标法》第十五条："未经授权，代理人或者代表人以自己的名义将被代理人或者被代表人的商标进行注册，被代理人或者被代表人提出异议的，不予注册并禁止使用。"

2001 年《商标法》第二十八条："申请注册的商标，凡不符合本法有关规定或者同他人在同一种商品或者类似商品上已经注册的或者初步审定的商标相同或者近似的，由商标局驳回申请，不予公告。"

2011 年《商标法》第三十一条："申请商标注册不得损害他人现有的在先权利，也不得以不正当手段抢先注册他人已经使用并有一定影响的商标。"

2001 年《商标法》第四十一条第一款："已经注册的商标，违反本法第十条、第十一条、第十二条规定的，或者是以欺骗手段或者其他不正当手段取得注册的，由商标局宣告该注册商标无效；其他单位或者个人可以请求商标评审委员会宣告该注册商标无效。"

2001 年《商标法》第四十一条第二款规定："已经注册的商标，违反本法第十三条第二款和第三款、第十五条、第十六条第一款、第三十条、第三十一条、第三十二条规定的，自商标注册之日起五年内，在先权利人或者利害关系人可以请求商标评审委员会宣告该注册商标无效。对恶意注册的，驰名商标所有人不受五年的时间限制。"

对企业的启示：

1. 该案争议的焦点为争议商标是否属于 2001 年《商标法》第二十八条规定的不应予以注册的情形。

商标近似是指商标文字的字形、读音、含义近似，商标图形的构图、颜色、外观近似，或者文字和图形组合的整体排列组合方式和外观近似，使用在同一种或者类似商品或者服务上易使相关公众对商品或者服务的来源产生误认。

该案中，对于商品是否类似并无疑问，因此，焦点在于两商标是否构成近似商标？

首先，从商标本身来讲，争议商标为"曾子圣 ZENGZISHENG"，引证商标为"曾子 ZENGZI"，将二者进行对比，二者的前两字完全相同，争议商标仅多一个"圣"字，从整体观察，二者文字构成、含义相近，属于近似商标。

其次，《最高人民法院关于审理商标民事纠纷案件适用法律若干问题的解释》（法释〔2002〕32号）第十条规定："人民法院依据商标法第五十二条第（一）项的规定，认定商标相同或者近似按照以下原则进行：

（一）以相关公众的一般注意力为标准；

（二）既要进行对商标的整体比对，又要进行对商标主要部分的比对，比对应当在比对对象隔离的状态下分别进行；

（三）判断商标是否近似，应当考虑请求保护注册商标的显著性和知名度。"

在整体比对二者近似的前提下，由于引证商标在先具有一定的知名度，而双方当事人位于同一地域内，这种知名度被申请人足以知晓，这一要素也使得消费者更易对商品来源产生误认。因此，得出二者并存易使相关公众对商品来源产生误认的结论。

2. 本案关于被申请人未收到答辩通知等文件的问题再次提醒企业，一旦企业地址发生变更必须到商标局进行变更登记，以防止法律文件无法送达带给企业不利的法律后果。

3. 企业在诉讼案件中所提供证据的内容及程序必须符合程序法规定，否则会导致法院不予认可的后果。本案中上诉人在二审中提供的证据因违反程序法规定，未被采纳，更进一步降低了其胜诉的可能。

案例十四

第7150824号"临工豪壮"商标无效宣告和行政诉讼案

商标图样：临工豪壮
注册号：7150824
商标类别：7
商品/服务项目：播种机（机器）；植树机；沼气出料机；土特产杂品加工机械；搅拌机；搅拌机；搅拌机；粉碎机；粉碎机；粉碎机；粉碎机；装载机；装卸设备；金属拉丝机；液压手工具
被申请人：临沂豪壮工程机械有限公司
申请人：山东临工工程机械有限公司

案情介绍：

第7150824号诉争商标"临工豪壮"，由临沂豪壮工程机械有限公司于2009年1月6日申请注册，2010年4月20日，诉争商标予以初审公告，并在2010年7月20日在全部商品上予以核准注册。

一、商标争议阶段（即：无效宣告阶段）

2013年8月12日，山东临工工程机械有限公司（以下简称"临工公司"）引证其于2000年11月8日申请注册的第1691307号"**临工**"商标（核定使用商品项目为：装卸设备；起重设备；运输机（机器）；拖运设备（矿井用）；石油开采；石油精炼；工业用机器设备；压力机；装载机）向商标评审委员会针对诉争商标提起撤销注册申请。主要理由为争议商标与引证商标构成类似商品上的近似商标，并损害了临工公司合法的在先商号权益。临沂豪壮公司申请注册争议商标系出自不正当竞争的恶意，并提交了相关证据。

临沂豪壮工程机械有限公司辩称争议商标"临工豪壮"是具有创造性、新颖性的独立商标，在过去一直坚持独立使用，已经获得了一定的知名度，与引证商标未构成类似商品上的近似商标，并提交了相关证据。

2014年12月24日，商标评审委员会作出商评字〔2014〕第107138号裁定，认为：①诉争商标与引证商标核定使用的商品项目构成类似，两商标同时在上述类似商品上使用容易造成消费者混淆误认，已构成2001年《商标法》第二十八条所指的使用在同一种或类似商品上的近似商标；②诉争商标申请注册之前，临工公司生产的装载机商品在多个省市地区进行销售，其"临工"商号在市场上获得了一定商誉，在相关公众中已具有一定知名度，诉争商标完整包含临工公司的企业商号"临工"，其核定使用的搅拌机、粉碎机、播种机等商品与临工公司经营销售的装载机商品在功能用途、销售渠道等方面关联程度较高，且双方同处山东临沂一地，诉争商标在核定商品上的注册使用容易使相关公众误以为该商标所标识的商品来自于临工公司或与之有某种特定联系，从而使临工公司的利益可能受到损害，已构成2001年《商标法》第三十一条所指的"损害他人现有的在先权利"之情形。故而裁定诉争商标予以无效宣告。[1]

二、商标行政诉讼一审阶段

临沂豪壮工程机械有限公司不服上述裁定，向北京知识产权法院提

---

[1] 商评字〔2014〕第107138号《关于第7150824号"临工豪壮"商标无效宣告请求裁定书》。

起行政诉讼，一审诉讼中临沂豪壮工程机械有限公司和临工公司均提供了各自产品的使用及销售证据，北京知识产权法院认为：①争议商标"临工豪壮"与引证商标"临工"构成近似标识。争议商标核定使用的搅拌机、粉碎机、装载机等商品与引证商标核定使用的装卸设备、工业用机器设备、装载机等商品构成相同或类似商品。在诉争商标申请日前，临工公司的临工牌装卸机等产品具有一定知名度和影响力，争议商标与引证商标若共同使用于上述商品市场，容易造成消费者认为其商品来源相同或具有某种关联性，从而导致消费者对商品来源的混淆。争议商标与引证商标已构成使用在同一种或类似商品上的近似商标。②根据临工公司提交的证据，可以证明临工公司在其行业内具有一定知名度及影响力，其商号"临工"承载了其企业的商誉，与临工公司密不可分，构成在先商号权益。诉争商标"临工豪壮"完整包含临工公司商号，其核定使用的商品与临工公司经营销售的商品在功能用途、销售渠道、消费群体等方面具有共性，且临沂豪壮公司与临工公司同处一地，诉争商标的注册使用易使相关消费者误以为诉争商标标识的商品来自于临工公司或与临工公司有其他特定联系，从而损害临工公司的利益。判决驳回临沂豪壮工程有限公司的诉讼请求，维持商标评审委员会作出的被诉裁定。[1]

三、商标行政诉讼二审阶段

临沂豪壮工程机械有限公司不服原审判决，向北京市高级人民法院提起上诉。主要上诉理由有：

1. 诉争商标与引证商标不构成使用在同一种或类似商品上的近似商标，未违反2001年《商标法》第二十八条的规定。

2. "临工"不是临工公司的商号，临工公司的商号应为"山东临工"，"临工"只是临沂的工程机械的简称，临工公司不是临沂市唯一的

---

[1] 北京知识产权法院（2015）京知行初字第725号行政判决书。

生产工程机械的厂家。

3. 诉争商标通过临沂豪壮公司的使用，已经形成了稳定的客户群，得到广泛认可，未实际发生混淆误认的情形。

就临沂豪壮工程机械有限公司第一个上诉理由，北京市高级人民法院认为争议商标"临工豪壮"完整包含引证商标"临工"且未产生其他特定含义，二者构成近似标识。争议商标核定使用的搅拌机、粉碎机、装载机等商品与引证商标核定使用的装卸设备、工业用机器设备、装载机等商品在功能用途、销售渠道、消费群体等方面相近，相关公众一般认为其存在特定联系，易造成混淆，因此争议商标核定使用的商品与引证商标核定使用的商品构成类似商品。在争议商标申请日前，临工公司的临工牌装载机等产品具有一定知名度和影响力，争议商标与引证商标若同时使用于上述同一种或类似商品上，易造成消费者认为商品来源相同或具有某种关联性，从而导致消费者对商品来源的混淆。故争议商标与引证商标构成使用在同一种或类似商品上的近似商标。临沂豪壮公司的相关上诉理由缺乏事实及法律依据，二审法院对此不予支持。一审法院认定并无不当，二审法院予以支持。

就临沂豪壮工程机械有限公司第二个上诉理由，北京市高级人民法院认为，根据2004—2010年临工公司生产的SDLG牌装载机被评为中国名牌产品、2003—2006年临工公司的山东临工牌ZL系列轮式装载机产品被认定为山东名牌产品、2008年临工公司被评为2007年度中国机械工业100强企业、2005年临工公司荣获中国企业信息化500强、临工公司入选2004年度中国机械工业销售收入前100名企业等证据，可以认定临工公司在其行业内具有一定知名度及影响力，其商号"临工"承载了其企业的商誉，与临工公司密不可分。诉争商标"临工豪壮"完整包含临工公司商号，其核定使用的搅拌机、粉碎机、装载机等商品与临工公司经营销售的装载机等商品在功能用途、销售渠道、消费群体等方面具有共性，且临沂豪壮公司与临工公司同处山东省临沂市，诉争商标的注册使用易使相关消费者误认为争议商标标识的商品来自于临工公司或与临工公司有其他特定联系，从而可能损害临工公司的利益。故诉争商标的注册构成 2001 年《商标法》第三十一条规定的"损害他人现有的在先权利"的情形，临工豪壮公司的相关上诉理由依据不足，二审法院对此不予支持。

二审法院判决驳回上诉，维持原判。❶

法律依据：

本案审查适用 2001 年《商标法》。

2001 年《商标法》第二十八条："申请注册的商标，凡不符合本法有关规定或者同他人在同一种商品或者类似商品上已经注册的或者初步审定的商标相同或者近似的，由商标局驳回申请，不予公告。"

2001 年《商标法》第三十一条："申请商标注册不得损害他人现有的在先权利，也不得以不正当手段抢先注册他人已经使用并有一定影响的商标。"

2011 年《商标法》第四十四条第一款："已经注册的商标，违反本法第十三条第二款和第三款、第十五条、第十六条第一款、第三十条、第三十一条、第三十二条规定的，自商标注册之日起五年内，在先权利人或者利害关系人可以请求商标评审委员会宣告该注册商标无效。对恶意注册的，驰名商标所有人不受五年的时间限制。"

2011 年《商标法实施条例》第二十九条："商标法第四十一条第三款所称对已经注册的商标有争议，是指在先申请注册的商标注册人认为他人在后申请注册的商标与其在同一种或者类似商品上的注册商标相同或者近似。"

对企业的启示：

该案争议的焦点在于司法实践中经常遇到的商号权与商标权的冲突

---

❶ 北京市高级人民法院（2015）高行（知）终字第 3596 号行政判决书。

问题。

商号权是商事主体享有的在商事交易过程中产生的商号上的权利。是按照国家工商管理局发布的《企业名称管理规定》登记成立的。商号主要是用来区分不同的商事主体,它代表着企业的信誉。

商标权是指商标所有人依法对其注册商标所享有的专用权。是按照《商标法》的有关规定取得核准注册的。商标主要是用来区别商品或服务,代表着商品或服务的信誉。

商号和商标都是通过其本身具有的独特而显著的特征,传达给公众以鲜明的印象,从而同其他的企业或产品、服务区分开来。由于商号和商标本身凝聚着创造性的劳动,所以二者都纳入知识产权法的调整范围。

商标权与商号权冲突的表现形式主要有两种:一是在先注册商标权与在后登记商号权之间的冲突;二是在先登记商号权与在后注册商标权之间的冲突。商标权与商号权各自受不同的法律保护,相互之间不衔接,没有对各自注册或登记中所涉及的在先权利作出界定。2013年《商标法》第三十二条规定:申请注册的商标不得损害他人现有的在先权利,而对于什么是现有的在先权利、商号权是否属于在先权利的范围,商标法及其实施条例并没有作出明确规定。而企业名称登记法律法规中也没有规定企业名称中的商号不得与他人在先权利(如商标权)相冲突,只规定企业名称不得含有可能对公众造成欺骗或误解的文字或内容,而"对公众误解"应当属于商标权作为商号登记在先权利的最接近的法律用语表述了,但也没有明确商标权应当作为商号登记时在先权利的审查范围。可见,商标注册与商号登记两类法律法规都没有对各自在注册或登记过程中的在先权利作出规定,商号权没有成为商标注册的在先权利的范围,商标权也没有成为商号登记的在先权利的范围。实践中,只有《最高人民法院关于审理商标民事纠纷案件适用法律若干问题的解释》第一条第一项规定,将在先注册商标作为商号的在先权利予以保护,即将他人在先注册商标作为企业字号突出使用在相同或类似商品、造成公众误认的这种行为视为商标侵权予以处理。在该案中，在先商号权受到在后商标权侵害时，商号权人很难根据现有企业名称登记的法律法规要求职能部门查处商标权人，保护自己的商号权。只有当商号权人将商号作为自己商品的特有名称，而且该商品已经在较大地域内的市场上具有一定知名度，属于知名商品，而他人使用与该商号相同或近似的名称时，方可按照《反不正当竞争法》第五条第二项将他人的使用行为认定为不正当竞争行为进行查处。

在该案中，商标评审委员会裁定认为临工豪壮商标的注册符合2001年《商标法》第三十一条所指的"损害他人现有的在先权利"之情形。根据临工公司提供的一系列证据可知，临工公司在其行业内具有一定知名度及影响力，其商号"临工"承载了其企业的商誉，与临工公司密不可分。临工豪壮商标的申请人临沂豪壮公司与临工公司同处山东省临沂市，对临工公司知名度和影响力应当知晓，诉争商标的注册具有明显的恶意。一审和二审法院也认可了商标评审委员会的观点，对诉争商标予以无效宣告。

对于企业来说，为了避免让自己长期经营并享有一定商誉的字号成为别人的注册商标，最保险的方式就是尽量在登记企业字号之初就将具有显著性的字号作为商标注册在核心产品上，以防止后期被其他人抢注，造成消费者的混淆误认。另外，尽量保留好能够证明企业知名度的各种证据材料，万一企业字号被别人当作商标使用，在向商标评审委员会申请撤销其商标时也可以提供出证明力更强的证据，对案件的结果将有很大帮助。

案例十五

第4717224号"美德盛 MEIDESHENG 及图"商标争议及行政诉讼案

商标图样：（美德盛 MEIDESHENG 图样）

注册号：4717224

商标类别：1

商品/服务项目：肥料

被申请人：王荣祥

申请人：美盛公司

案情介绍：

第4717224号"美德盛 MEIDESHENG 及图"商标，由山东中农新肥料有限公司于2005年6月13日申请注册，2009年1月7日被核准注册，核定使用在第1类商品：肥料。2010年10月，该商标转让至美盛嘉吉化肥（天津）有限公司临清分公司名下，2012年8月，该商标又被转让至王荣祥名下。商标专用期限自2009年1月7日起至2019年1月6日止。

一、商标争议阶段

2011年5月9日，美盛农资（北京）有限公司（以下简称"美盛公司"）向商标评审委员会针对第4717224号商标提交撤销注册申请，引证商标为第4226255号"Mosaic",商品/服务项目:肥料;磷酸盐;氮;碳酸钾;农业用钾;磷酸盐(动物饲料成分);氮(动物饲料成分)及第4228482号"美盛",商品/服务项目:肥料;磷酸盐;氮;碳酸钾;农业用钾;磷酸盐(动物饲料成分);氮(动物饲料成分)。

申请理由:

1. 争议商标与引证商标构成使用在相同或类似商品上的近似商标,争议商标的注册违反了2001年《商标法》第二十八条的规定。

2. 王荣祥曾是美盛公司的销售代理商,其受让争议商标具有谋取不法利益的动机。

3. "Mosaic"是经过专业设计师设计,具有很强的独创性和显著性,美盛公司对此享有版权,此外"美盛"是美盛公司在先登记的商号名称,争议商标的注册侵犯了美盛公司的版权和商号权,违反了2001年《商标法》第三十一条的规定。

2013年2月17日,商标评审委员会作出商评字〔2013〕第03500号裁定,认为:

1. 争议商标由中文文字"美德盛"及其汉语拼音"MEIDESHENG"图形组成,其"美德盛"为显著标识之一,该文字与引证商标中的第4226255号"Mosaic"商标相比较,其文字组成、读音及视觉效果均有区别,两商标分别注册使用在第1类肥料等相同商品上,不会引起消费者的混淆、误认。争议商标与该引证商标未构成使用在相同商品上的近似商标。争议商标中的"美德盛"显著标识与引证商标中的第4228482号"美盛"商标相比较,仅中间多一个"德"字,其文字组成、呼叫及含义近似,两商标分别注册使用在第1类肥料商品上,易引起消费者的混淆误认,争议商标与该引证商标已构成使用在相同商品上的近似商标,争议商标的注册应予撤销。

2. 美盛公司认为其对"Mosaic"享有著作权,但没有提交相应证据支持该主张，且"Mosaic"中的文字为普通印刷体，其整体构图也不具有独创性，难以构成著作权法上所指的作品。同时，美盛公司提交的在案证据不足以证明在争议商标申请注册前，其"美盛"商号在肥料商品所属行业具有一定知名度，因此，美盛公司的该项主张缺乏事实依据，不予支持。综上，商标评审委员会裁定争议商标予以撤销。❶

二、行政诉讼阶段

王荣祥不服上述裁定，向北京市第一中级人民法院提起行政诉讼，美盛公司作为第三人参与该诉讼。

原告王荣祥诉称：争议商标具有显著特征，与引证商标不构成混淆。争议商标与第4228482号"美盛"商标无论从主体及拼音汉字进行对比，相关的公众施以一般的注意力不可能将两者混淆。并且，争议商标与第4228482号引证商标几乎同时申请注册，同时进入业内市场，争议商标并不存在恶意注册的行为。同时，争议商标经过原告大量的宣传和使用，在全国范围内建立了销售网络，目前在业内具有较高的知名度，不应被撤销。总之，争议商标经过大量宣传使用，具有较高知名度，相关公众能够区分出商品来源，争议商标的注册不会造成相关公众对争议商标与第4228482号引证商标的混淆误认。争议商标应予注册，请求法院撤销第03500号裁定。

被告商标评审委员会辩称：坚持其在第03500号裁定中的意见，第03500号裁定认定事实清楚，适用法律正确，程序合法，请求法院维持第03500号裁定。

第三人美盛公司陈述称：其同意商标评审委员会在第03500号裁定中的意见，请求法院维持第03500号裁定。

北京市第一中级人民法院经审理认为，本案的争议焦点为：争议商

---

❶ 商标评审委员会做出的商评字〔2013〕第03500号裁定

标的注册是否违反了 2001 年《商标法》第二十九条的规定。本案中，引证商标申请注册的时间均早于争议商标申请注册的时间，其初步审定公告及核准注册的时间均晚于争议商标的申请注册的时间，按照上述规定，应初步审定并公告申请在先的商标，即引证商标。同时，商标近似是指商标文字的字形、读音、含义或者图形的外观近似，或者文字与图形组合的整体排列组合方式、外观近似，使用在相同或者类似商品上易使相关公众对商品的来源产生误认。本案中，争议商标"美德盛MEIDESHENG 及图"由中文"美德盛"、汉语拼音"MEIDESHENG"及图形构成，其中，中文"美德盛"为争议商标的显著识别部分，而第 4228482 号"美盛"引证商标由中文"美盛"构成，争议商标的主要识别部分"美德盛"与引证商标"美盛"仅一字之差，两者的文字组成、呼叫、含义近似，争议商标与第 4228482 号"美盛"引证商标构成近似商标，两者共同使用在肥料等商品上，易使相关公众对商品来源产生混淆误认，构成使用在相同或类似商品上的近似商标，争议商标的注册违反 2001 年《商标法》第二十九条的规定。综上所述，被告商标评审委员会作出的第 03500 号裁定审查程序合法，认定事实清楚，适用法律正确，依法予以维持。[1]

争议商标与引证商标对比如下：

| 争议商标 | 第 4226255 号引证商标 | 第 4228482 号引证商标 |

法律依据：

本案审查适用 2001 年《商标法》。

2001 年《商标法》第二十八条："申请注册的商标，凡不符合本法

---

[1] 北京市第一中级人民法院作出的(2013)一中知行初字第 1789 号行政判决书。

有关规定或者同他人在同一种商品或者类似商品上已经注册的或者初步审定的商标相同或者近似的，由商标局驳回申请，不予公告。"

争议焦点：

该案的争议焦点为争议商标的注册是否违反了《商标法》规定的申请在先原则。商标的本质作用是区别商品的来源或服务的提供者，故商标需具备在相同或类似商品或服务上的排他性，当多个申请人在相同或近似的商品上申请相同或近似的商标时，商标局需依据特定的原则作出相应的取舍。我国《商标法》选择的是以申请在先为主，以使用在先为辅的原则，即在一般情况下，两个或两个以上的申请人在同一种商品或类似商品上以相同或近似的商标申请注册，初步审定并公告申请在先的商标，驳回申请在后的商标；当两个或两个以上的申请人在同一种商品或类似商品上以相同或近似的商标在同一天申请注册的，初步审定并公告使用在先的商标。

依据这一原则，判定商标评审委员会的裁定是否合法需确定的问题有：①争议商标与引证商标的申请注册时间及初步审定公告时间；②争议商标与引证商标是否近似；③争议商标与引证商标是否使用在相同或近似产品上。针对问题①，引证商标申请注册的时间均早于争议商标申请注册的时间，其初步审定公告及核准注册的时间均晚于争议商标的申请注册的时间；针对问题②，争议商标"美德盛 MEIDESHENG 及图"由中文"美德盛"、汉语拼音"MEIDESHENG"及图形构成，其中，中文"美德盛"为争议商标的显著识别部分，而第4228482号"美盛"引证商标由中文"美盛"构成，争议商标的主要识别部分"美德盛"与引证商标"美盛"仅一字之差，两者的文字组成、呼叫、含义近似，故应认定为商标近似；针对问题③，争议商标与引证商标均用于商品肥料上，所以为使用在相同商品上。综上，争议商标属于申请在后商标，应当予以撤销。

对企业的启示：

在品牌对行业竞争的影响日益增强的市场环境中，选择一个好的品牌，通过注册获得商标专用权，对企业来讲变得尤为重要，但在商标注册及维护的过程中，企业应当注意以下内容：

1. 提前做商标检索。在做品牌设计及商标注册前，应当进行充分的检索，对同行业内的商标情况有个全面的了解，检索结果既可作为自己品牌设计的参考，又可以避开现有商标，从而避免所设计出来的商标因与现有商标近似而被驳回注册，或者虽注册成功，却因侵犯他人在先权利而被无效，如该案的"美德盛"商标。

2. 提前做知识产权布局。商标具有严格的地域性，即一个国家或地区依照其本国的商标法或本地区的商标条约所授予的商标权，仅在该国或该地区有效，对他国或该地区以外的国家没有约束力。针对商标的这一特性，需要拓展国外市场的企业，应当在前期市场调查时对目的地国家当地的知识产权情况做全面的分析调研，包括目的地国家的知识产权法律法规情况、法律法规执行情况、当地同行业的商标、专利情况等，根据调查结果，及时做知识产权布局。如该案中的美盛公司若能够在进入中国市场之初甚至之前便做了知识产权布局，进行了商标注册，那么便能免掉该案的争诉。

申请人到国外申请注册商标有两种途径：一种是逐一国家注册，即分别向各国商标主管机关申请注册；另一种是马德里商标国际注册，即根据《商标国际注册马德里协定》或《商标国际注册马德里协定有关议定书》的规定，在马德里联盟成员国间所进行的商标注册。

3. 尽早进行商标注册。根据我国《商标法》"申请在先原则"的要求，在商标注册过程中，一般情况下，两个或两个以上的申请人在同一种商品或类似商品上以相同或近似的商标申请注册，先申请的效力是高于先使用的效力的，所以，企业在做商标规划时，应对企业新设计商标及时做商标注册申请，防止该商标被其他市场主体抢注，尽管在能够证明抢注主体有主观恶意的情况下，能够通过商标异议、无效宣告、侵权诉讼等途径夺回商标专用权，但需要耗费大量的人力物力。故而，企业应及时对自主品牌进行商标注册申请，以便能在同行业品牌竞争中取得优势地位。

后 记

本书精选了近年来千慧知识产权公司代理的部分行政案件和行政诉讼案件中的代表性案例，其中包括中华商标协会评选的"2017年度优秀商标代理案例"——ZOO商标撤销复审案。作为在商标代理行业耕耘二十余年的服务机构，见过了太多企业因为疏于对商标的管理而蒙受巨大损失的教训，在深深惋惜的同时，我们希望能够做些事情帮助企业，著书的想法也由此而生。

必须提到的是，随着企业商标意识的提高，近年来我们遇到的主要案件类型已经从行政授权、确权领域扩展到民事诉讼领域了，除了本书中提到的行政确权、授权类案件以外，民事侵权诉讼案件的数量增幅明显。民事诉讼是指商标注册人和商标使用人的注册商标专用权和相关权益受到他人不法侵害，故而提起的商标侵权诉讼或者涉及商标的不正当竞争案件，一般由地方中级人民法院一审管辖，常用的商标法依据包括《商标法》第五十六条、第五十七条、第五十八条、第五十九条、第六十三条和第六十四条。企业在经营过程中遇到商标侵权的情况十分常见，除了常见的商标使用侵权，还有涉嫌商业标识、广告语等商标侵权的情形。借此机会，笔者从商标专用权的权利主体角度出发，对企业经常咨询的几点问题提出几点澄清意见，以帮助企业合理合法地维护自身权利。

1. 关于侵犯商标专用权的判断标准。

未经商标注册人的许可，在同一种商品上使用与其注册商标相同的商标的，这种情况实践中很少有争议。

争议较多的是第二种情况,即"未经商标注册人的许可,在同一种商品上使用与其注册商标近似的商标,或者在类似商品上使用与其注册商标相同或者近似的商标,容易导致混淆的"。

这种情况确立了商标侵权中的"混淆原则",即容易导致混淆的,一般确立为侵权成立。实践中,确认"容易导致混淆",一般如下考虑:第一是考虑相关公众感受商标的方式、商标的具体使用情况等;第二是在是否容易导致混淆上,一般考虑商标的整体区分性和印象;第三是主要考虑商标的显著性部分,非显著性部分一般不予以考虑。

关于以上几点的判断一般是基于相关公众的感受,不以使用者的主观心态为出发点。比如实践中,侵权方一般以侵权商标是作为产品名称使用来抗辩,实际上只是侵权方的主观想法,实践中,消费者无法从专业的角度去判断商标与商品名称的区别,只要消费者通过该标识判断了商品及服务的来源,那么即使使用者坚持将注册商标做商品名称使用,也是构成了对商标注册人的侵权。

2. 关于商标不正当竞争问题。

2013年《商标法》第五十八条规定:将他人注册商标、未注册的驰名商标作为企业名称中的字号使用,误导公众,构成不正当竞争行为的,依照《中华人民共和国反不正当竞争法》处理。

实务中,很多知名商标不仅仅遭遇了商标侵权的非法侵害,而且被注册为各种各样的公司字号。面对此种情况,被侵权的市场主体可依据本条规定,以构成不正当竞争之案由,诉求法院,要求侵权方变更公司字号。

3. 关于商标的正当使用问题。

注册商标中含有的本商品的通用名称、图形、型号,或者直接表示商品的质量、主要原料、功能、用途、重量、数量及其他特点,或者含有的地名,注册商标专用权人无权禁止他人正当使用。

实务中，商标侵权的情况是复杂的，商标确权和商标侵权也是两套不同的体系，很多时候，国家商标局批准的注册商标中含有本商品的通用名称、图形、型号等要素，他人使用，并不必然构成商标侵权，有时候是一种合理使用或者正当使用，需要根据实务中的具体情况来判断。

4. 关于商标的在先使用问题。

2013年《商标法》第五十九条第三款规定：商标注册人申请商标注册前，他人已经在同一种商品或者类似商品上先于商标注册人使用与注册商标相同或者近似并有一定影响的商标的，注册商标专用权人无权禁止该使用人在原使用范围内继续使用该商标，但可以要求其附加适当区别标识。

这种情况实务中也比较常见，尤其是一些老的商标，一直使用但未注册，这种情况下即使别人注册了也可以继续使用，但需要提供证据证明在先使用的事实（很多时候，由于时间久，无法有效提供）。

笔者建议，即使有这一法律规定，最好还是要及时注册商标，不能抱有侥幸心理。

5. 关于商标侵权的赔偿额度问题。

2013年《商标法》第六十三条规定：侵犯商标专用权的赔偿数额，按照权利人因被侵权所受到的实际损失确定；实际损失难以确定的，可以按照侵权人因侵权所获得的利益确定；权利人的损失或者侵权人获得的利益难以确定的，参照该商标许可使用费的倍数合理确定。对恶意侵犯商标专用权，情节严重的，可以在按照上述方法确定数额的一倍以上三倍以下确定赔偿数额。赔偿数额应当包括权利人为制止侵权行为所支付的合理开支。

人民法院为确定赔偿数额，在权利人已经尽力举证，而与侵权行为相关的账簿、资料主要由侵权人掌握的情况下，可以责令侵权人提供与侵权行为相关的账簿、资料；侵权人不提供或者提供虚假的账簿、资料的，人民法院可以参考权利人的主张和提供的证据判定赔偿数额。权利人因被侵权所受到的实际损失、侵权人因侵权所获得的利益、注册商标许可使用费难以确定的，由人民法院根据侵权行为的情节判决给予三百万元以下的赔偿。

根据上述规定，确立了侵权赔偿的原则和顺序。首先是权利人的被侵权损失原则；其次是侵权人获利原则；再次是法定赔偿原则。实务中，由于被侵权损失和侵权人获利很难认定，一般采取法定赔偿原则。但笔者建议，即使在法定赔偿情况下，商标被侵权的权利人也要尽量举证，证明自己的损失或者对方的获利，比如侵权方的销售量（如淘宝的销售记录），比如侵权方销售的地域的广度，比如侵权方销售的时间的长短，比如权利方产品的知名度、市场占有率、利润率、销售额等，以便在法定赔偿中给法院提供更加多的指引和影响。

6. 关于商标未使用的抗辩问题。

2013年《商标法》第六十四条第一款规定：注册商标专用权人请求赔偿，被控侵权人以注册商标专用权人未使用注册商标提出抗辩的，人民法院可以要求注册商标专用权人提供此前三年内实际使用该注册商标的证据。注册商标专用权人不能证明此前三年内实际使用过该注册商标，也不能证明因侵权行为受到其他损失的，被控侵权人不承担赔偿责任。

实务中，很多商标权利人刚取得商标权，自身还未使用，就去起诉他人侵权，这种行为基于上诉规定，无法得到被控侵权人的赔偿，因此对于自身的商标，一定要强化使用的管理，一方面避免三年不使用被撤销，另一方面，也可以避免在商标侵权实务中，对方以此抗辩。

7. 关于提供合法来源，不承担赔偿责任的问题。

2013年《商标法》第六十四条第二款规定：销售不知道是侵犯注册商标专用权的商品，能证明该商品是自己合法取得并说明提供者的，不承担赔偿责任。

实务中，作为商标权利人，一般在侵权诉讼中，面临被控侵权产品的销售方和产品的生产方，一般建议同时起诉，如果只单单考虑销售方，如果对方不知道销售的是侵权产品，而且能够提供合法取得并说明提供者的证据，比如合同、发票、进货单，销售方不承担赔偿责任。

以下通过案例对上述几方面进行分析：

山东汇友金核桃食品有限责任公司（以下简称"山东汇友公司"）注册成立于2001年4月27日，经营范围包括饮料的生产、销售；农产品的初级加工、销售；苗木种植；货物进出口、技术进出口。2014年2月14日，山东汇友公司依法取得第7855898号"金核桃"商标专用权，核定使用商品为第32类：杏仁乳（饮料）；杏仁牛奶（饮料）；果茶（不含酒精）；花生牛奶（软饮料）；花生奶（软饮料）；乳酸饮料（果制品，非奶）；奶茶（非奶为主）；果子粉；植物饮料；豆类饮料。

上海爱之味食品有限公司（以下简称"上海爱之味公司"）注册成立于1994年3月2日，系由外国法人新加坡爱宝诺开发有限公司独资设立，经营范围包括从事食品生产及销售公司自产产品；食品流通；上述产品及同类产品进出口、批发、佣金代理，并提供相关配套服务。

山东汇友公司诉称，上海爱之味公司未经原告许可，在其生产的饮料产品外包装上突出使用"金核桃牛奶饮品"名称字样，造成消费者对饮料产品生产者的混淆误认，已经构成对原告商标的侵权，应当承担相应的侵权责任。济南华联超市未经山东汇友公司许可对上述侵权产品进行了大量销售，构成了对山东汇友公司商标专用权的侵犯，应依法承担相应侵权责任。

为支持其诉讼请求，山东汇友公司向法院提供的证据包括：（1）第7855898号"金核桃"商标注册证；（2）上海爱之味公司生产、济南华联超市销售侵权商品的公证证据；（3）公司前三年的财务文件，用以证明侵权行为造成其产品销售额的损失；（4）为制止侵权行为所支付的合理费用。

其中，关键证据中的第二组证据显示，上海爱之味公司的产品罐体一面正上方标有被授权使用的"让明日更健康 爱之味 FOR A HEALTHY TOMORROW 及图"商标，该商标下方竖向排列有"金核桃牛奶饮品"文字的方向一致，字体、大小、颜色相同，与"让明日更健康 爱之味 FOR A HEALTHY TOMORROW"及图商标相互分离。"金核桃牛奶饮品"文字下方有黄色核桃仁形象的图片，图片上方弧形环绕"天然金核桃 您的好选择"文字，图片下方有"金核桃 GOLD"文字。"金核桃牛奶饮品"文字一侧与其平行方向有"含天然金核桃 健康卵磷脂"文字。产品罐体另一面正上方标有"让明日更健康 爱之味 FOR A HEALTHY TOMORROW 及图"商标，紧邻该商标标有"台湾品牌 食品大厂"，其下有"严选独特的金核桃，富含多种营养，搭配高优质乳源，香浓可口""商标由台湾爱之味股份有限公司授权使用""生产商上海爱之味食品有限公司"等文字。

上海爱之味公司答辩称：（1）第 7855898 号"金核桃"商标专用权效力存在疑问，"金核桃"商标，其中"金"显著性较弱，仅是表明核桃的颜色，即金黄色，修饰"核桃"，仅是对植物名称的描述，不具有独创性和显著性，无法起到区分商品来源的作用；（2）第 7855898 号"金核桃"商标即使作为注册商标，其显著性也非常弱，知名度不高，依法只能给予与其显著性和知名度相符的法律保护；（3）该公司系合理使用行为，不构成商标侵权。上海爱之味公司的产品包装上仅将"金核桃"一词作为商品名称和对商品原料、口味等特点的描述性合理使用，并未作为商标单独、突出使用，未侵犯山东汇友公司的商标权。请求法院依法驳回山东汇友公司的诉讼请求。

一审法院经审理认为，本案中上海爱之味公司产品上使用的标识主要存在三种表现形式，对其是否侵权分别进行判断。第一种被控侵权的标识的表现形式为"金核桃牛奶饮品"七个汉字，白色艺术字体，居于产品罐体中央显著位置，作为商品名称使用。第二种被控侵权标识的表现形式为"金核桃 GOLD"汉字加英文词汇,处于罐体的正面下方的显著位置,该标识具有区别商品来源的作用,属于商标的使用。第三种被控侵权标识的表现形式为"天然金核桃 您的好选择"以及"含天然金核桃 健康卵磷脂"等文字,较前述两种明显偏小,处于罐体的不明显的位置,该标识不具有区别商品来源的作用,不属于商标的使用。综上所述,法院判定,上海爱之味公司未经商标注册人山东汇友公司的许可,在类似商品上使用的"金核桃牛奶饮品"及"金核桃 GOLD"商标与第7855898 号"金核桃"注册商标构成近似,容易导致混淆,侵犯了山东汇友公司的注册商标专用权,依法应承担停止侵权、赔偿损失的民事责任。❶

上海爱之味公司不服一审判决,向山东省高级人民法院提起上诉,请求撤销原审判决。二审法院经审理,认为原审判决认定事实清楚,适用法律正确,程序合法,予以维持。❷

本案的争议焦点在于:(1)"金核桃"究竟是否可以作为商标权的客体?(2)上海爱之味公司的商标使用和商品名称使用行为是否构成侵权?

首先,"金核桃"属于臆造词,公众并没有对该词形成某一固定含义的普遍认识,不是针对商品的主要原料的客观描述,也非针对商品特点的一种普遍性描述,因此该商标有增强显著性和区分度之作用,已经超出了为描述商品的主要原料或者说明商品及其他特点而正当使用的范畴。故而,山东汇友公司对第7855898 号"金核桃"商标享有的商标专用权理应得到法律认可和保护。

其次,在确认了第7855898 号"金核桃"商标权利后,上海爱之味公司将"金核桃"作为商标和商品名称一部分使用的行为,已经构成对商业标识的商业化使用。其显著使用方式将会使消费者对商品来源发生混淆误认,久而久之,退化"金核桃"注册商标对商品来源的区分功能,

---

❶ 山东省济南市中级人民法院(2015)济民三初字第1121 号民事判决书。
❷ 山东省高级人民法院(2016)鲁民终第1706 号民事判决书。

因此，其关于合理使用之抗辩无法成立，侵犯了山东汇友公司的商标专用权。在此需要说明的是，上海爱之味公司将他人注册商标"金核桃"作为商品名称使用，从某种程度讲，这只是使用者的主观意愿，并不是客观事实。消费者无法从专业的角度去判断商标与商品名称的区别，只要消费者通过该标识判断了商品及服务的来源，那么即使使用者坚持将注册商标做商品名称使用，也属于"商标性使用"，是构成了对商标注册人的侵权。

针对市场上纷繁复杂的商标侵权情形，我们建议拥有商标权的企业特别注意商标的使用和维护，切忌在商标使用过程中将其与商品名称混为一谈，在日常宣传和使用中，强调将商标突出使用，使其区别于商品或服务载体本身，避免将商标沦为本行业内的通用名称，从而丧失商标的本质属性。

在企业宣传和推广时，也务必提高商标相关法律意识，在商标、商品名称及商标装潢等方面的使用上，不能存在侥幸心理、固执己见，为谨慎起见可以咨询专业人士，以便寻求正确的使用方式，避免有意无意地侵犯到他人的注册商标专用权，在给别人造成损失的同时，与己也不利。